数据安全法一本通

法规应用研究中心　编

中国法制出版社
CHINA LEGAL PUBLISHING HOUSE

编辑说明

“法律一本通”系列丛书自2005年出版以来，以其科学的体系、实用的内容，深受广大读者的喜爱。2007年、2011年、2014年、2016年、2018年、2019年、2021年我们对其进行了改版，丰富了其内容，增强了其实用性，博得了广大读者的赞誉。

我们秉承“以法释法”的宗旨，在保持原有的体例之上，今年再次对“法律一本通”系列丛书进行改版，以达到“应办案所需，适学习所用”的目标。新版丛书具有以下特点：

1. 丛书以主体法的条文为序，逐条穿插关联的现行有效的法律、行政法规、部门规章、司法解释、请示答复和部分地方规范性文件，以方便读者理解和适用。

2. 丛书紧扣实践和学习两个主题，在目录上标注了重点法条，并在某些重点法条的相关规定之前，对收录的相关文件进行分类，再按分类归纳核心要点，以便读者最便捷地查找使用。

3. 丛书紧扣法律条文，在主法条的相关规定之后附上案例指引，收录最高人民法院、最高人民检察院指导性案例、公报案例以及相关机构公布的典型案例的裁判摘要、案例要旨或案情摘要等。通过相关案例，可以进一步领会和把握法律条文的适用，从而作为解决实际问题的参考。并对案例指引制作索引目录，方便读者查找。

4. 丛书以脚注的形式，对各类法律文件之间或者同一法律文件不同条文之间的适用关系、重点法条疑难之处进行说明，以便读者系统地理解我国现行各个法律部门的规则体系，从而更好地为教学科研和司法实践服务。

5. 丛书结合二维码技术的应用为广大读者提供增值服务，扫描前勒口二维码，即可免费部分使用中国法制出版社推出的【法融】数据库。【法融】数据库中“国家法律法规”栏目便于读者查阅法律文件准确全文及效力的同时，更有部分法律文件权威英文译本等独家资源分享。“最高法指导案例”和“最高检指导案例”两个栏目提供最高人民法院和最高人民检察院指导性案例的全文，为读者提供更多增值服务。

中国法制出版社

2022年12月

目　录

第一章　总　　则

第二章　数据安全与发展

第三章　数据安全制度

第四章　数据安全保护义务

第五章　政务数据安全与开放

第六章 法律责任

第七章 附 则

附录一

附录二

案例索引目录

中华人民共和国数据安全法

（2021 年 6 月 10 日第十三届全国人民代表大会常务委员会第二十九次会议通过　中华人民共和国主席令第 84 号公布　自 2021 年 9 月 1 日起施行）

目　　录

第一章　总　　则

第一条　立法目的[①]

为了规范数据处理活动，保障数据安全，促进数据开发利用，保护个人、组织的合法权益，维护国家主权、安全和发展利益，制定本法。

● 法　律

1. **《国家安全法》**（2015 年 7 月 1 日）[②]

第 2 条　国家安全是指国家政权、主权、统一和领土完整、

---

① 条文主旨为编者所加，下同。

② 本书法律文件使用简称，以下不再标注。本书所标规范性文件的日期为该文件的通过、发布、修订后公布、实施日期之一。以下不再标注。

人民福祉、经济社会可持续发展和国家其他重大利益相对处于没有危险和不受内外威胁的状态，以及保障持续安全状态的能力。

第25条 国家建设网络与信息安全保障体系，提升网络与信息安全保护能力，加强网络和信息技术的创新研究和开发应用，实现网络和信息核心技术、关键基础设施和重要领域信息系统及数据的安全可控；加强网络管理，防范、制止和依法惩治网络攻击、网络入侵、网络窃密、散布违法有害信息等网络违法犯罪行为，维护国家网络空间主权、安全和发展利益。

2. **《网络安全法》**（2016年11月7日）

第1条 为了保障网络安全，维护网络空间主权和国家安全、社会公共利益，保护公民、法人和其他组织的合法权益，促进经济社会信息化健康发展，制定本法。

第二条 适用范围

在中华人民共和国境内开展数据处理活动及其安全监管，适用本法。

在中华人民共和国境外开展数据处理活动，损害中华人民共和国国家安全、公共利益或者公民、组织合法权益的，依法追究法律责任。

● 法　律

1. **《网络安全法》**（2016年11月7日）

第2条 在中华人民共和国境内建设、运营、维护和使用网络，以及网络安全的监督管理，适用本法。

第5条 国家采取措施，监测、防御、处置来源于中华人民共和国境内外的网络安全风险和威胁，保护关键信息基础设施免受攻击、侵入、干扰和破坏，依法惩治网络违法犯罪活动，维护网络空间安全和秩序。

2. **《境外非政府组织境内活动管理法》**（2017 年 11 月 4 日）

第 5 条 境外非政府组织在中国境内开展活动应当遵守中国法律，不得危害中国的国家统一、安全和民族团结，不得损害中国国家利益、社会公共利益和公民、法人以及其他组织的合法权益。

境外非政府组织在中国境内不得从事或者资助营利性活动、政治活动，不得非法从事或者资助宗教活动。

第三条 数据及相关定义

本法所称数据，是指任何以电子或者其他方式对信息的记录。

数据处理，包括数据的收集、存储、使用、加工、传输、提供、公开等。

数据安全，是指通过采取必要措施，确保数据处于有效保护和合法利用的状态，以及具备保障持续安全状态的能力。

● 法　律

1. **《民法典》**（2020 年 5 月 28 日）

第 1034 条 自然人的个人信息受法律保护。

个人信息是以电子或者其他方式记录的能够单独或者与其他信息结合识别特定自然人的各种信息，包括自然人的姓名、出生日期、身份证件号码、生物识别信息、住址、电话号码、电子邮箱、健康信息、行踪信息等。

个人信息中的私密信息，适用有关隐私权的规定；没有规定的，适用有关个人信息保护的规定。

第 1035 条 处理个人信息的，应当遵循合法、正当、必要原则，不得过度处理，并符合下列条件：

（一）征得该自然人或者其监护人同意，但是法律、行政法规另有规定的除外；

（二）公开处理信息的规则；

（三）明示处理信息的目的、方式和范围；

（四）不违反法律、行政法规的规定和双方的约定。

个人信息的处理包括个人信息的收集、存储、使用、加工、传输、提供、公开等。

2.《**网络安全法**》（2016 年 11 月 7 日）

第 76 条 本法下列用语的含义：

（一）网络，是指由计算机或者其他信息终端及相关设备组成的按照一定的规则和程序对信息进行收集、存储、传输、交换、处理的系统。

（二）网络安全，是指通过采取必要措施，防范对网络的攻击、侵入、干扰、破坏和非法使用以及意外事故，使网络处于稳定可靠运行的状态，以及保障网络数据的完整性、保密性、可用性的能力。

（三）网络运营者，是指网络的所有者、管理者和网络服务提供者。

（四）网络数据，是指通过网络收集、存储、传输、处理和产生的各种电子数据。

（五）个人信息，是指以电子或者其他方式记录的能够单独或者与其他信息结合识别自然人个人身份的各种信息，包括但不限于自然人的姓名、出生日期、身份证件号码、个人生物识别信息、住址、电话号码等。

3.《**个人信息保护法**》（2021 年 8 月 20 日）

第 4 条 个人信息是以电子或者其他方式记录的与已识别或者可识别的自然人有关的各种信息，不包括匿名化处理后的信息。

个人信息的处理包括个人信息的收集、存储、使用、加工、传输、提供、公开、删除等。

4.《国家安全法》(2015 年 7 月 1 日)

第 25 条 国家建设网络与信息安全保障体系，提升网络与信息安全保护能力，加强网络和信息技术的创新研究和开发应用，实现网络和信息核心技术、关键基础设施和重要领域信息系统及数据的安全可控；加强网络管理，防范、制止和依法惩治网络攻击、网络入侵、网络窃密、散布违法有害信息等网络违法犯罪行为，维护国家网络空间主权、安全和发展利益。

部门规章及文件

5.《汽车数据安全管理若干规定（试行）》(2021 年 8 月 16 日)

第 3 条 本规定所称汽车数据，包括汽车设计、生产、销售、使用、运维等过程中的涉及个人信息数据和重要数据。

汽车数据处理，包括汽车数据的收集、存储、使用、加工、传输、提供、公开等。

汽车数据处理者，是指开展汽车数据处理活动的组织，包括汽车制造商、零部件和软件供应商、经销商、维修机构以及出行服务企业等。

个人信息，是指以电子或者其他方式记录的与已识别或者可识别的车主、驾驶人、乘车人、车外人员等有关的各种信息，不包括匿名化处理后的信息。

敏感个人信息，是指一旦泄露或者非法使用，可能导致车主、驾驶人、乘车人、车外人员等受到歧视或者人身、财产安全受到严重危害的个人信息，包括车辆行踪轨迹、音频、视频、图像和生物识别特征等信息。

重要数据是指一旦遭到篡改、破坏、泄露或者非法获取、非法利用，可能危害国家安全、公共利益或者个人、组织合法权益的数据，包括：

（一）军事管理区、国防科工单位以及县级以上党政机关等重要敏感区域的地理信息、人员流量、车辆流量等数据；

（二）车辆流量、物流等反映经济运行情况的数据；

（三）汽车充电网的运行数据；

（四）包含人脸信息、车牌信息等的车外视频、图像数据；

（五）涉及个人信息主体超过10万人的个人信息；

（六）国家网信部门和国务院发展改革、工业和信息化、公安、交通运输等有关部门确定的其他可能危害国家安全、公共利益或者个人、组织合法权益的数据。

第9条 汽车数据处理者处理敏感个人信息，应当符合以下要求或者符合法律、行政法规和强制性国家标准等其他要求：

（一）具有直接服务于个人的目的，包括增强行车安全、智能驾驶、导航等；

（二）通过用户手册、车载显示面板、语音以及汽车使用相关应用程序等显著方式告知必要性以及对个人的影响；

（三）应当取得个人单独同意，个人可以自主设定同意期限；

（四）在保证行车安全的前提下，以适当方式提示收集状态，为个人终止收集提供便利；

（五）个人要求删除的，汽车数据处理者应当在十个工作日内删除。

汽车数据处理者具有增强行车安全的目的和充分的必要性，方可收集指纹、声纹、人脸、心律等生物识别特征信息。

6.**《中国人民银行金融消费者权益保护实施办法》**（2020年9月15日）

第28条 本办法所称消费者金融信息，是指银行、支付机构通过开展业务或者其他合法渠道处理的消费者信息，包括个人身份信息、财产信息、账户信息、信用信息、金融交易信息及其他与特定消费者购买、使用金融产品或者服务相关的信息。

消费者金融信息的处理包括消费者金融信息的收集、存储、使用、加工、传输、提供、公开等。

第四条 基本原则

维护数据安全，应当坚持总体国家安全观，建立健全数据安全治理体系，提高数据安全保障能力。

法 律

1. **《国家安全法》**（2015 年 7 月 1 日）

第 3 条 国家安全工作应当坚持总体国家安全观，以人民安全为宗旨，以政治安全为根本，以经济安全为基础，以军事、文化、社会安全为保障，以促进国际安全为依托，维护各领域国家安全，构建国家安全体系，走中国特色国家安全道路。

2. **《密码法》**（2019 年 10 月 26 日）

第 3 条 密码工作坚持总体国家安全观，遵循统一领导、分级负责，创新发展、服务大局，依法管理、保障安全的原则。

3. **《网络安全法》**（2016 年 11 月 7 日）

第 3 条 国家坚持网络安全与信息化发展并重，遵循积极利用、科学发展、依法管理、确保安全的方针，推进网络基础设施建设和互联互通，鼓励网络技术创新和应用，支持培养网络安全人才，建立健全网络安全保障体系，提高网络安全保护能力。

4. **《生物安全法》**（2020 年 10 月 17 日）

第 3 条 生物安全是国家安全的重要组成部分。维护生物安全应当贯彻总体国家安全观，统筹发展和安全，坚持以人为本、风险预防、分类管理、协同配合的原则。

第五条 决策和协调机制

中央国家安全领导机构负责国家数据安全工作的决策和议事协调，研究制定、指导实施国家数据安全战略和有关重大方针政策，统筹协调国家数据安全的重大事项和重要工作，建立国家数据安全工作协调机制。

● 法 律

1.《国家安全法》（2015 年 7 月 1 日）

第 2 条 国家安全是指国家政权、主权、统一和领土完整、人民福祉、经济社会可持续发展和国家其他重大利益相对处于没有危险和不受内外威胁的状态，以及保障持续安全状态的能力。

第 5 条 中央国家安全领导机构负责国家安全工作的决策和议事协调，研究制定、指导实施国家安全战略和有关重大方针政策，统筹协调国家安全重大事项和重要工作，推动国家安全法治建设。

2.《网络安全法》（2016 年 11 月 7 日）

第 8 条 国家网信部门负责统筹协调网络安全工作和相关监督管理工作。国务院电信主管部门、公安部门和其他有关机关依照本法和有关法律、行政法规的规定，在各自职责范围内负责网络安全保护和监督管理工作。

县级以上地方人民政府有关部门的网络安全保护和监督管理职责，按照国家有关规定确定。

3.《国家情报法》（2018 年 4 月 27 日）

第 3 条 国家建立健全集中统一、分工协作、科学高效的国家情报体制。

中央国家安全领导机构对国家情报工作实行统一领导，制定国家情报工作方针政策，规划国家情报工作整体发展，建立健全国家情报工作协调机制，统筹协调各领域国家情报工作，研究决定国家情报工作中的重大事项。

中央军事委员会统一领导和组织军队情报工作。

4.《密码法》（2019 年 10 月 26 日）

第 4 条 坚持中国共产党对密码工作的领导。中央密码工作领导机构对全国密码工作实行统一领导，制定国家密码工作重大方针政策，统筹协调国家密码重大事项和重要工作，推进国家密码法治建设。

5.《生物安全法》（2020 年 10 月 17 日）

第 10 条 中央国家安全领导机构负责国家生物安全工作的决策和议事协调，研究制定、指导实施国家生物安全战略和有关重大方针政策，统筹协调国家生物安全的重大事项和重要工作，建立国家生物安全工作协调机制。

省、自治区、直辖市建立生物安全工作协调机制，组织协调、督促推进本行政区域内生物安全相关工作。

第六条 各地区、各部门维护数据安全的职责

各地区、各部门对本地区、本部门工作中收集和产生的数据及数据安全负责。

工业、电信、交通、金融、自然资源、卫生健康、教育、科技等主管部门承担本行业、本领域数据安全监管职责。

公安机关、国家安全机关等依照本法和有关法律、行政法规及文件的规定，在各自职责范围内承担数据安全监管职责。

国家网信部门依照本法和有关法律、行政法规及文件的规定，负责统筹协调网络数据安全和相关监管工作。

法 律

1.《国家安全法》（2015 年 7 月 1 日）

第 2 条 国家安全是指国家政权、主权、统一和领土完整、

人民福祉、经济社会可持续发展和国家其他重大利益相对处于没有危险和不受内外威胁的状态，以及保障持续安全状态的能力。

第47条 各部门、各地区应当采取有效措施，贯彻实施国家安全战略。

第48条 国家根据维护国家安全工作需要，建立跨部门会商工作机制，就维护国家安全工作的重大事项进行会商研判，提出意见和建议。

2. **《网络安全法》**（2016年11月7日）

第8条 国家网信部门负责统筹协调网络安全工作和相关监督管理工作。国务院电信主管部门、公安部门和其他有关机关依照本法和有关法律、行政法规及文件的规定，在各自职责范围内负责网络安全保护和监督管理工作。

县级以上地方人民政府有关部门的网络安全保护和监督管理职责，按照国家有关规定确定。

第10条 建设、运营网络或者通过网络提供服务，应当依照法律、行政法规的规定和国家标准的强制性要求，采取技术措施和其他必要措施，保障网络安全、稳定运行，有效应对网络安全事件，防范网络违法犯罪活动，维护网络数据的完整性、保密性和可用性。

第11条 网络相关行业组织按照章程，加强行业自律，制定网络安全行为规范，指导会员加强网络安全保护，提高网络安全保护水平，促进行业健康发展。

3. **《个人信息保护法》**（2021年8月20日）

第60条 国家网信部门负责统筹协调个人信息保护工作和相关监督管理工作。国务院有关部门依照本法和有关法律、行政法规的规定，在各自职责范围内负责个人信息保护和监督管理工作。

县级以上地方人民政府有关部门的个人信息保护和监督管理

职责，按照国家有关规定确定。

前两款规定的部门统称为履行个人信息保护职责的部门。

4.《**反恐怖主义法**》（2018 年 4 月 27 日）

第 19 条 电信业务经营者、互联网服务提供者应当依照法律、行政法规规定，落实网络安全、信息内容监督制度和安全技术防范措施，防止含有恐怖主义、极端主义内容的信息传播；发现含有恐怖主义、极端主义内容的信息的，应当立即停止传输，保存相关记录，删除相关信息，并向公安机关或者有关部门报告。

网信、电信、公安、国家安全等主管部门对含有恐怖主义、极端主义内容的信息，应当按照职责分工，及时责令有关单位停止传输、删除相关信息，或者关闭相关网站、关停相关服务。有关单位应当立即执行，并保存相关记录，协助进行调查。对互联网上跨境传输的含有恐怖主义、极端主义内容的信息，电信主管部门应当采取技术措施，阻断传播。

行政法规及文件

5.《**关键信息基础设施安全保护条例**》（2021 年 7 月 30 日）

第 3 条 在国家网信部门统筹协调下，国务院公安部门负责指导监督关键信息基础设施安全保护工作。国务院电信主管部门和其他有关部门依照本条例和有关法律、行政法规及文件的规定，在各自职责范围内负责关键信息基础设施安全保护和监督管理工作。

省级人民政府有关部门依据各自职责对关键信息基础设施实施安全保护和监督管理。

6.《**科学数据管理办法**》（2018 年 3 月 17 日）

第一章 总 则

第 1 条 为进一步加强和规范科学数据管理，保障科学数据安全，提高开放共享水平，更好支撑国家科技创新、经济社会发展和国家安全，根据《中华人民共和国科学技术进步法》、《中华人民共和国促进科技成果转化法》和《政务信息资源共享管理暂行办法》等规定，制定本办法。

第 2 条　本办法所称科学数据主要包括在自然科学、工程技术科学等领域，通过基础研究、应用研究、试验开发等产生的数据，以及通过观测监测、考察调查、检验检测等方式取得并用于科学研究活动的原始数据及其衍生数据。

第 3 条　政府预算资金支持开展的科学数据采集生产、加工整理、开放共享和管理使用等活动适用本办法。

任何单位和个人在中华人民共和国境内从事科学数据相关活动，符合本办法规定情形的，按照本办法执行。

第 4 条　科学数据管理遵循分级管理、安全可控、充分利用的原则，明确责任主体，加强能力建设，促进开放共享。

第 5 条　任何单位和个人从事科学数据采集生产、使用、管理活动应当遵守国家有关法律法规及部门规章，不得利用科学数据从事危害国家安全、社会公共利益和他人合法权益的活动。

第二章　职　责

第 6 条　科学数据管理工作实行国家统筹、各部门与各地区分工负责的体制。

第 7 条　国务院科学技术行政部门牵头负责全国科学数据的宏观管理与综合协调，主要职责是：

（一）组织研究制定国家科学数据管理政策和标准规范；

（二）协调推动科学数据规范管理、开放共享及评价考核工作；

（三）统筹推进国家科学数据中心建设和发展；

（四）负责国家科学数据网络管理平台建设和数据维护。

第 8 条　国务院相关部门、省级人民政府相关部门（以下统称主管部门）在科学数据管理方面的主要职责是：

（一）负责建立健全本部门（本地区）科学数据管理政策和规章制度，宣传贯彻落实国家科学数据管理政策；

（二）指导所属法人单位加强和规范科学数据管理；

（三）按照国家有关规定做好或者授权有关单位做好科学数据定密工作；

（四）统筹规划和建设本部门（本地区）科学数据中心，推动科学数据开放共享；

（五）建立完善有效的激励机制，组织开展本部门（本地区）所属法人单位科学数据工作的评价考核。

第9条 有关科研院所、高等院校和企业等法人单位（以下统称法人单位）是科学数据管理的责任主体，主要职责是：

（一）贯彻落实国家和部门（地方）科学数据管理政策，建立健全本单位科学数据相关管理制度；

（二）按照有关标准规范进行科学数据采集生产、加工整理和长期保存，确保数据质量；

（三）按照有关规定做好科学数据保密和安全管理工作；

（四）建立科学数据管理系统，公布科学数据开放目录并及时更新，积极开展科学数据共享服务；

（五）负责科学数据管理运行所需软硬件设施等条件、资金和人员保障。

第10条 科学数据中心是促进科学数据开放共享的重要载体，由主管部门委托有条件的法人单位建立，主要职责是：

（一）承担相关领域科学数据的整合汇交工作；

（二）负责科学数据的分级分类、加工整理和分析挖掘；

（三）保障科学数据安全，依法依规推动科学数据开放共享；

（四）加强国内外科学数据方面交流与合作。

第三章　采集、汇交与保存

第 11 条　法人单位及科学数据生产者要按照相关标准规范组织开展科学数据采集生产和加工整理，形成便于使用的数据库或数据集。

法人单位应建立科学数据质量控制体系，保证数据的准确性和可用性。

第 12 条　主管部门应建立科学数据汇交制度，在国家统一政务网络和数据共享交换平台的基础上开展本部门（本地区）的科学数据汇交工作。

第 13 条　政府预算资金资助的各级科技计划（专项、基金等）项目所形成的科学数据，应由项目牵头单位汇交到相关科学数据中心。接收数据的科学数据中心应出具汇交凭证。

各级科技计划（专项、基金等）管理部门应建立先汇交科学数据、再验收科技计划（专项、基金等）项目的机制；项目/课题验收后产生的科学数据也应进行汇交。

第 14 条　主管部门和法人单位应建立健全国内外学术论文数据汇交的管理制度。

利用政府预算资金资助形成的科学数据撰写并在国外学术期刊发表论文时需对外提交相应科学数据的，论文作者应在论文发表前将科学数据上交至所在单位统一管理。

第 15 条　社会资金资助形成的涉及国家秘密、国家安全和社会公共利益的科学数据必须按照有关规定予以汇交。

鼓励社会资金资助形成的其他科学数据向相关科学数据中心汇交。

第 16 条　法人单位应建立科学数据保存制度，配备数据存储、管理、服务和安全等必要设施，保障科学数据完整性和安全性。

第 17 条　法人单位应加强科学数据人才队伍建设，在岗位设置、绩效收入、职称评定等方面建立激励机制。

第 18 条　国务院科学技术行政部门应加强统筹布局，在条件好、资源优势明显的科学数据中心基础上，优化整合形成国家科学数据中心。

第四章　共享与利用

第 19 条　政府预算资金资助形成的科学数据应当按照开放为常态、不开放为例外的原则，由主管部门组织编制科学数据资源目录，有关目录和数据应及时接入国家数据共享交换平台，面向社会和相关部门开放共享，畅通科学数据军民共享渠道。国家法律法规有特殊规定的除外。

第 20 条　法人单位要对科学数据进行分级分类，明确科学数据的密级和保密期限、开放条件、开放对象和审核程序等，按要求公布科学数据开放目录，通过在线下载、离线共享或定制服务等方式向社会开放共享。

第 21 条　法人单位应根据需求，对科学数据进行分析挖掘，形成有价值的科学数据产品，开展增值服务。鼓励社会组织和企业开展市场化增值服务。

第 22 条　主管部门和法人单位应积极推动科学数据出版和传播工作，支持科研人员整理发表产权清晰、准确完整、共享价值高的科学数据。

第 23 条　科学数据使用者应遵守知识产权相关规定，在论文发表、专利申请、专著出版等工作中注明所使用和参考引用的科学数据。

第 24 条　对于政府决策、公共安全、国防建设、环境保护、防灾减灾、公益性科学研究等需要使用科学数据的，法人单位应当无偿提供；确需收费的，应按照规定程序和非营利原则制定合理的收费标准，向社会公布并接受监督。

对于因经营性活动需要使用科学数据的，当事人双方应当签订有偿服务合同，明确双方的权利和义务。

国家法律法规有特殊规定的，遵从其规定。

第五章　保密与安全

第25条　涉及国家秘密、国家安全、社会公共利益、商业秘密和个人隐私的科学数据，不得对外开放共享；确需对外开放的，要对利用目的、用户资质、保密条件等进行审查，并严格控制知悉范围。

第26条　涉及国家秘密的科学数据的采集生产、加工整理、管理和使用，按照国家有关保密规定执行。主管部门和法人单位应建立健全涉及国家秘密的科学数据管理与使用制度，对制作、审核、登记、拷贝、传输、销毁等环节进行严格管理。

对外交往与合作中需要提供涉及国家秘密的科学数据的，法人单位应明确提出利用数据的类别、范围及用途，按照保密管理规定程序报主管部门批准。经主管部门批准后，法人单位按规定办理相关手续并与用户签订保密协议。

第27条　主管部门和法人单位应加强科学数据全生命周期安全管理，制定科学数据安全保护措施；加强数据下载的认证、授权等防护管理，防止数据被恶意使用。

对于需对外公布的科学数据开放目录或需对外提供的科学数据，主管部门和法人单位应建立相应的安全保密审查制度。

第28条　法人单位和科学数据中心应按照国家网络安全管理规定，建立网络安全保障体系，采用安全可靠的产品和服务，完善数据管控、属性管理、身份识别、行为追溯、黑名单等管理措施，健全防篡改、防泄露、防攻击、防病毒等安全防护体系。

第29条　科学数据中心应建立应急管理和容灾备份机制，按照要求建立应急管理系统，对重要的科学数据进行异地备份。

第六章　附　则

第30条　主管部门和法人单位应建立完善科学数据管理和开放共享工作评价考核制度。

第 31 条 对于伪造数据、侵犯知识产权、不按规定汇交数据等行为，主管部门可视情节轻重对相关单位和责任人给予责令整改、通报批评、处分等处理或依法给予行政处罚。

对违反国家有关法律法规的单位和个人，依法追究相应责任。

第 32 条 主管部门可参照本办法，制定具体实施细则。涉及国防领域的科学数据管理制度，由有关部门另行规定。

第 33 条 本办法自印发之日起施行。

● 部门规章及文件

7.《个人信用信息基础数据库管理暂行办法》（2005 年 8 月 18 日）

第一章 总 则

第 1 条 为维护金融稳定，防范和降低商业银行的信用风险，促进个人信贷业务的发展，保障个人信用信息的安全和合法使用，根据《中华人民共和国中国人民银行法》等有关法律规定，制定本办法。

第 2 条 中国人民银行负责组织商业银行建立个人信用信息基础数据库（以下简称个人信用数据库），并负责设立征信服务中心，承担个人信用数据库的日常运行和管理。

第 3 条 个人信用数据库采集、整理、保存个人信用信息，为商业银行和个人提供信用报告查询服务，为货币政策制定、金融监管和法律、法规规定的其他用途提供有关信息服务。

第 4 条 本办法所称个人信用信息包括个人基本信息、个人信贷交易信息以及反映个人信用状况的其他信息。

前款所称个人基本信息是指自然人身份识别信息、职业和居住地址等信息；个人信贷交易信息是指商业银行提供的自然人在个人贷款、贷记卡、准贷记卡、担保等信用活动中形成的交易记录；反映个人信用状况的其他信息是指除信贷交易信息之外的反映个人信用状况的相关信息。

第 5 条　中国人民银行、商业银行及其工作人员应当为在工作中知悉的个人信用信息保密。

第二章　报送和整理

第 6 条　商业银行应当遵守中国人民银行发布的个人信用数据库标准及其有关要求，准确、完整、及时地向个人信用数据库报送个人信用信息。

第 7 条　商业银行不得向未经信贷征信主管部门批准建立或变相建立的个人信用信息基础数据库提供个人信用信息。

第 8 条　征信服务中心应当建立完善的规章制度和采取先进的技术手段确保个人信用信息安全。

第 9 条　征信服务中心根据生成信用报告的需要，对商业银行报送的个人信用信息进行客观整理、保存，不得擅自更改原始数据。

第 10 条　征信服务中心认为有关商业银行报送的信息可疑时，应当按有关规定的程序及时向该商业银行发出复核通知。

商业银行应当在收到复核通知之日起 5 个工作日内给予答复。

第 11 条　商业银行发现其所报送的个人信用信息不准确时，应当及时报告征信服务中心，征信服务中心收到纠错报告应当立即进行更正。

第三章　查　询

第 12 条　商业银行办理下列业务，可以向个人信用数据库查询个人信用报告：

（一）审核个人贷款申请的；

（二）审核个人贷记卡、准贷记卡申请的；

（三）审核个人作为担保人的；

（四）对已发放的个人信贷进行贷后风险管理的；

（五）受理法人或其他组织的贷款申请或其作为担保人，需要查询其法定代表人及出资人信用状况的。

第13条　除本办法第十二条第（四）项规定之外，商业银行查询个人信用报告时应当取得被查询人的书面授权。书面授权可以通过在贷款、贷记卡、准贷记卡以及担保申请书中增加相应条款取得。

第14条　商业银行应当制定贷后风险管理查询个人信用报告的内部授权制度和查询管理程序。

第15条　征信服务中心可以根据个人申请有偿提供其本人信用报告。

征信服务中心应当制定相应的处理程序，核实申请人身份。

第四章　异议处理

第16条　个人认为本人信用报告中的信用信息存在错误（以下简称异议信息）时，可以通过所在地中国人民银行征信管理部门或直接向征信服务中心提出书面异议申请。

中国人民银行征信管理部门应当在收到异议申请的2个工作日内将异议申请转交征信服务中心。

第17条　征信服务中心应当在接到异议申请的2个工作日内进行内部核查。

征信服务中心发现异议信息是由于个人信用数据库信息处理过程造成的，应当立即进行更正，并检查个人信用数据库处理程序和操作规程存在的问题。

第18条　征信服务中心内部核查未发现个人信用数据库处理过程存在问题的，应当立即书面通知提供相关信息的商业银行进行核查。

第19条　商业银行应当在接到核查通知的10个工作日内向征信服务中心作出核查情况的书面答复。异议信息确实有误的，商业银行应当采取以下措施：

（一）应当向征信服务中心报送更正信息；

（二）检查个人信用信息报送的程序；

（三）对后续报送的其他个人信用信息进行检查，发现错误的，应当重新报送。

第 20 条 征信服务中心收到商业银行重新报送的更正信息后，应当在 2 个工作日内对异议信息进行更正。

异议信息确实有误，但因技术原因暂时无法更正的，征信服务中心应当对该异议信息作特殊标注，以有别于其他异议信息。

第 21 条 经过核查，无法确认异议信息存在错误的，征信服务中心不得按照异议申请人要求更改相关个人信用信息。

第 22 条 征信服务中心应当在接受异议申请后 15 个工作日内，向异议申请人或转交异议申请的中国人民银行征信管理部门提供书面答复；异议信息得到更正的，征信服务中心同时提供更正后的信用报告。

异议信息确实有误，但因技术原因暂时无法更正异议信息的，征信服务中心应当在书面答复中予以说明，待异议信息更正后，提供更正后的信用报告。

第 23 条 转交异议申请的中国人民银行征信管理部门应当自接到征信服务中心书面答复和更正后的信用报告之日起 2 个工作日内，向异议申请人转交。

第 24 条 对于无法核实的异议信息，征信服务中心应当允许异议申请人对有关异议信息附注 100 字以内的个人声明。个人声明不得包含与异议信息无关的内容，异议申请人应当对个人声明的真实性负责。

征信服务中心应当妥善保存个人声明原始档案，并将个人声明载入异议人信用报告。

第 25 条 征信服务中心应当对处于异议处理期的信息予以标注。

第五章　安全管理

第26条　商业银行应当根据中国人民银行的有关规定，制定相关信用信息报送、查询、使用、异议处理、安全管理等方面的内部管理制度和操作规程，并报中国人民银行备案。

第27条　商业银行应当建立用户管理制度，明确管理员用户、数据上报用户和信息查询用户的职责及操作规程。

商业银行管理员用户、数据上报用户和查询用户不得互相兼职。

第28条　商业银行管理员用户应当根据操作规程，为得到相关授权的人员创建相应用户。管理员用户不得直接查询个人信用信息。

管理员用户应当加强对同级查询用户、数据上报用户与下一级管理员用户的日常管理。查询用户工作人员调离，该用户应当立即予以停用。

第29条　商业银行管理员用户、数据上报用户和查询用户须报中国人民银行征信管理部门和征信服务中心备案。

前款用户工作人员发生变动，商业银行应当在2个工作日内向中国人民银行征信管理部门和征信服务中心变更备案。

第30条　商业银行应当制定管理员用户和查询用户的口令控制制度，并定期检查口令控制执行情况。

第31条　商业银行应当建立保证个人信用信息安全的管理制度，确保只有得到内部授权的人员才能接触个人信用报告，不得将个人信用报告用于本办法第十二条规定以外的其它用。

第32条　征信服务中心应当制定信用信息采集、整理、保存、查询、异议处理、用户管理、安全管理等方面的管理制度和操作规程，明确岗位职责，完善内控制度，保障个人信用数据库的正常运行和个人信用信息的安全。

第33条　征信服务中心及其工作人员不得违反法律、法规及本办法的规定，篡改、毁损、泄露或非法使用个人信用信息，不得与自然人、法人、其它组织恶意串通，提供虚假信用报告。

第 34 条　征信服务中心应当建立个人信用数据库内部运行和外部访问的监控制度，监督个人信用数据库用户和商业银行用户的操作，防范对个人信用数据库的非法入侵。

第 35 条　征信服务中心应当建立灾难备份系统，采取必要的安全保障措施，防止系统数据丢失。

第 36 条　征信服务中心应当对商业银行的所有查询进行记录，并及时向商业银行反馈。

第 37 条　商业银行应当经常对个人信用数据库的查询情况进行检查，确保所有查询符合本办法的规定，并定期向中国人民银行及征信服务中心报告查询检查结果。

征信服务中心应当定期核查商业银行对个人信用数据库的查询情况。

第六章　罚　则

第 38 条　商业银行未按照本办法规定建立相应管理制度及操作规程的，由中国人民银行责令改正，逾期不改正的，给予警告，并处以三万元罚款。

第 39 条　商业银行有下列情形之一的，由中国人民银行责令改正，并处一万元以上三万元以下罚款；涉嫌犯罪的，依法移交司法机关处理：

（一）违反本办法规定，未准确、完整、及时报送个人信用信息的；

（二）违反本办法第七条规定的；

（三）越权查询个人信用数据库的；

（四）将查询结果用于本办法规定之外的其他目的的；

（五）违反异议处理规定的；

（六）违反本办法安全管理要求的。

第40条 商业银行有本办法第三十八条至第三十九条规定情形的，中国人民银行可以建议商业银行对直接负责的董事、高级管理人员和其他直接责任人员给予纪律处分；涉嫌犯罪的，依法移交司法机关处理。

第41条 征信服务中心工作人员有下列情形之一的，由中国人民银行依法给予行政处分；涉嫌犯罪的，依法移交司法机关处理：

（一）违反本办法规定，篡改、毁损、泄露或非法使用个人信用信息的；

（二）与自然人、法人、其它组织恶意串通，提供虚假信用报告的。

第42条 中国人民银行其他工作人员有违反本办法规定的行为，造成个人信用信息被泄露的，依法给予行政处分；涉嫌犯罪的，依法移交司法机关处理。

第七章 附 则

第43条 本办法所称商业银行，是指在中华人民共和国境内设立的商业银行、城市信用合作社、农村信用合作社以及经国务院银行业监督管理机构批准的专门从事信贷业务的其他金融机构。

第44条 本办法由中国人民银行负责解释。

第45条 本办法自2005年10月1日起施行。

8.**《小微型客车租赁经营服务管理办法》**（2021年8月11日）

第10条 小微型客车租赁经营者和接受委托提供小微型客车租赁交易撮合、信息发布等服务的电子商务平台经营者，应当遵守国家网络安全、个人信息保护、数据安全、电子商务等方面的法律法规，依法收集相关信息和数据，严格保护个人信息和重要数据，维护网络数据安全，支持配合有关部门开展相关监管工作。

第25条　小微型客车租赁经营者违反本办法，有下列行为之一的，由小微型客车租赁行政主管部门责令改正，并处3000元以上1万元以下罚款：

（一）未按照规定办理备案或者变更备案的；

（二）提供的租赁小微型客车不符合《中华人民共和国道路交通安全法》规定的上路行驶条件的；

（三）未建立小微型客车租赁经营管理档案或者未按照规定报送相关数据信息的；

（四）未在经营场所或者服务平台以显著方式明示服务项目、租赁流程、租赁车辆类型、收费标准、押金收取与退还、客服与监督电话等事项的。

小微型客车租赁经营者未取得道路运输经营许可或者出租汽车经营许可，随车提供驾驶劳务的，按照《中华人民共和国道路运输条例》《巡游出租汽车经营服务管理规定》《网络预约出租汽车经营服务管理暂行办法》中关于从事非法营运的规定进行处罚。

第26条　小微型客车租赁经营者和受委托的电子商务平台经营者，违反国家反恐怖、道路运输经营、网络安全、个人信息保护、数据安全、电子商务等方面的法律法规，按照相关规定进行处罚。

9.《工业和信息化部关于加强车联网网络安全和数据安全工作的通知》（2021年9月15日）

各省、自治区、直辖市及新疆生产建设兵团工业和信息化主管部门，各省、自治区、直辖市通信管理局，中国电信集团有限公司、中国移动通信集团有限公司、中国联合网络通信集团有限公司，有关智能网联汽车生产企业、车联网服务平台运营企业，有关标准化技术组织：

车联网是新一代网络通信技术与汽车、电子、道路交通运输等领域深度融合的新兴产业形态。智能网联汽车是搭载先进的车载传感器、控制器、执行器等装置，并融合现代通信与网络技术，实现车与车、路、人、云端等智能信息交换、共享，具备复杂环境感知、智能决策、协同控制等功能，可实现“安全、高效、舒适、节能”行驶的新一代汽车。在产业快速发展的同时，车联网安全风险日益凸显，车联网安全保障体系亟须健全完善。为推进实施《新能源汽车产业发展规划（2021-2035 年）》，加强车联网网络安全和数据安全管理工作，现将有关事项通知如下：

一、网络安全和数据安全基本要求

（一）落实安全主体责任。各相关企业要建立网络安全和数据安全管理制度，明确负责人和管理机构，落实网络安全和数据安全保护责任。强化企业内部监督管理，加大资源保障力度，及时发现并解决安全隐患。加强网络安全和数据安全宣传、教育和培训。

（二）全面加强安全保护。各相关企业要采取管理和技术措施，按照车联网网络安全和数据安全相关标准要求，加强汽车、网络、平台、数据等安全保护，监测、防范、及时处置网络安全风险和威胁，确保数据处于有效保护和合法利用状态，保障车联网安全稳定运行。

二、加强智能网联汽车安全防护

（三）保障车辆网络安全。智能网联汽车生产企业要加强整车网络安全架构设计。加强车内系统通信安全保障，强化安全认证、分域隔离、访问控制等措施，防范伪装、重放、注入、拒绝服务等攻击。加强车载信息交互系统、汽车网关、电子控制单元等关键设备和部件安全防护和安全检测。加强诊断接口（OBD）、通用串行总线（USB）端口、充电端口等的访问和权限管理。

（四）落实安全漏洞管理责任。智能网联汽车生产企业要落实《网络产品安全漏洞管理规定》有关要求，明确本企业漏洞发现、验证、分析、修补、报告等工作程序。发现或获知汽车产品存在漏洞后，应立即采取补救措施，并向工业和信息化部网络安全威胁和漏洞信息共享平台报送漏洞信息。对需要用户采取软件、固件升级等措施修补漏洞的，应当及时将漏洞风险及修补方式告知可能受影响的用户，并提供必要技术支持。

三、加强车联网网络安全防护

（五）加强车联网网络设施和网络系统安全防护能力。各相关企业要严格落实网络安全分级防护要求，加强网络设施和网络系统资产管理，合理划分网络安全域，加强访问控制管理，做好网络边界安全防护，采取防范木马病毒和网络攻击、网络侵入等危害车联网安全行为的技术措施。自行或者委托检测机构定期开展网络安全符合性评测和风险评估，及时消除风险隐患。

（六）保障车联网通信安全。各相关企业要建立车联网身份认证和安全信任机制，强化车载通信设备、路侧通信设备、服务平台等安全通信能力，采取身份认证、加密传输等必要的技术措施，防范通信信息伪造、数据篡改、重放攻击等安全风险，保障车与车、车与路、车与云、车与设备等场景通信安全。鼓励相关企业、机构接入工业和信息化部车联网安全信任根管理平台，协同推动跨车型、跨设施、跨企业互联互认互通。

（七）开展车联网安全监测预警。国家加强车联网网络安全监测平台建设，开展网络安全威胁、事件的监测预警通报和安全保障服务。各相关企业要建立网络安全监测预警机制和技术手段，对智能网联汽车、车联网服务平台及联网系统开展网络安全相关监测，及时发现网络安全事件或异常行为，并按照规定留存相关的网络日志不少于6个月。

（八）做好车联网安全应急处置。智能网联汽车生产企业、车联网服务平台运营企业要建立网络安全应急响应机制，制定网络安全事件应急预案，定期开展应急演练，及时处置安全威胁、网络攻击、网络侵入等网络安全风险。在发生危害网络安全的事件时，立即启动应急预案，采取相应的补救措施，并按照《公共互联网网络安全突发事件应急预案》等规定向有关主管部门报告。

（九）做好车联网网络安全防护定级备案。智能网联汽车生产企业、车联网服务平台运营企业要按照车联网网络安全防护相关标准，对所属网络设施和系统开展网络安全防护定级工作，并向所在省（区、市）通信管理局备案。对新建网络设施和系统，应当在规划设计阶段确定网络安全防护等级。各省（区、市）通信管理局会同工业和信息化主管部门做好定级备案审核工作。

四、加强车联网服务平台安全防护

（十）加强平台网络安全管理。车联网服务平台运营企业要采取必要的安全技术措施，加强智能网联汽车、路侧设备等平台接入安全，主机、数据存储系统等平台设施安全，以及资源管理、服务访问接口等平台应用安全防护能力，防范网络侵入、数据窃取、远程控制等安全风险。涉及在线数据处理与交易处理、信息服务业务等电信业务的，应依法取得电信业务经营许可。认定为关键信息基础设施的，要落实《关键信息基础设施安全保护条例》有关规定，并按照国家有关标准使用商用密码进行保护，自行或者委托商用密码检测机构开展商用密码应用安全性评估。

（十一）加强在线升级服务（OTA）安全和漏洞检测评估。智能网联汽车生产企业要建立在线升级服务软件包安全验证机制，采用安全可信的软件。开展在线升级软件包网络安全检测，及时发现产品安全漏洞。加强在线升级服务安全校验能力，采取身份认证、加密传输等技术措施，保障传输环境和执行环境的网络安全。加强在线升级服务全过程的网络安全监测和应急响应，定期评估网络安全状况，防范软件被伪造、篡改、损毁、泄露和病毒感染等网络安全风险。

（十二）强化应用程序安全管理。智能网联汽车生产企业、车联网服务平台运营企业要建立车联网应用程序开发、上线、使用、升级等安全管理制度，提升应用程序身份鉴别、通信安全、数据保护等安全能力。加强车联网应用程序安全检测，及时处置安全风险，防范恶意应用程序攻击和传播。

五、加强数据安全保护

（十三）加强数据分类分级管理。按照“谁主管、谁负责，谁运营、谁负责”的原则，智能网联汽车生产企业、车联网服务平台运营企业要建立数据管理台账，实施数据分类分级管理，加强个人信息与重要数据保护。定期开展数据安全风险评估，强化隐患排查整改，并向所在省（区、市）通信管理局、工业和信息化主管部门报备。所在省（区、市）通信管理局、工业和信息化主管部门要对企业履行数据安全保护义务进行监督检查。

（十四）提升数据安全技术保障能力。智能网联汽车生产企业、车联网服务平台运营企业要采取合法、正当方式收集数据，针对数据全生命周期采取有效技术保护措施，防范数据泄露、毁损、丢失、篡改、误用、滥用等风险。各相关企业要强化数据安全监测预警和应急处置能力建设，提升异常流动分析、违规跨境传输监测、安全事件追踪溯源等水平；及时处置数据安全事件，向所在省（区、市）通信管理局、工业和信息化主管部门报告较大及以上数据安全事件，并配合开展相关监督检查，提供必要技术支持。

（十五）规范数据开发利用和共享使用。智能网联汽车生产企业、车联网服务平台运营企业要合理开发利用数据资源，防范在使用自动化决策技术处理数据时，侵犯用户隐私权和知情权。明确数据共享和开发利用的安全管理和责任要求，对数据合作方数据安全保护能力进行审核评估，对数据共享使用情况进行监督管理。

（十六）强化数据出境安全管理。智能网联汽车生产企业、车联网服务平台运营企业需向境外提供在中华人民共和国境内收集和产生的重要数据的，应当依法依规进行数据出境安全评估并向所在省（区、市）通信管理局、工业和信息化主管部门报备。各省（区、市）通信管理局会同工业和信息化主管部门做好数据出境备案、安全评估等工作。

六、健全安全标准体系

（十七）加快车联网安全标准建设。加快编制车联网网络安全和数据安全标准体系建设指南。全国通信标准化技术委员会、全国汽车标准化技术委员会等要加快组织制定车联网防护定级、服务平台防护、汽车漏洞分类分级、通信交互认证、数据分类分级、事件应急响应等标准规范及相关检测评估、认证标准。鼓励各相关企业、社会团体制定高于国家标准或行业标准相关技术要求的企业标准、团体标准。

特此通知。

10.《国家健康医疗大数据标准、安全和服务管理办法（试行）》（2018 年 7 月 12 日）

第一章　总　则

第 1 条　为加强健康医疗大数据服务管理，促进“互联网+医疗健康”发展，充分发挥健康医疗大数据作为国家重要基础性战略资源的作用，根据《中华人民共和国网络安全法》等法律法规和《国务院促进大数据发展行动纲要》《国务院办公厅关于促进和规范健康医疗大数据应用发展的指导意见》《国务院办公厅关于促进“互联网+医疗健康”发展的意见》等文件精神，就健康医疗大数据标准、安全和服务管理，制定本办法。

第 2 条　我国公民在中华人民共和国境内所产生的健康和医疗数据，国家在保障公民知情权、使用权和个人隐私的基础上，根据国家战略安全和人民群众生命安全需要，加以规范管理和开发利用。

第3条 坚持以人为本、创新驱动，规范有序、安全可控，开放融合、共建共享的原则，加强健康医疗大数据的标准管理、安全管理和服务管理，推动健康医疗大数据惠民应用，促进健康医疗大数据产业发展。

第4条 本办法所称健康医疗大数据，是指在人们疾病防治、健康管理等过程中产生的与健康医疗相关的数据。

第5条 本办法适用于县级以上卫生健康行政部门（含中医药主管部门，下同）、各级各类医疗卫生机构、相关单位及个人所涉及的健康医疗大数据的管理。

第6条 国家卫生健康委员会（含国家中医药管理局，下同）会同相关部门负责统筹规划、指导、评估、监督全国健康医疗大数据的标准管理、安全管理和服务管理工作。县级以上卫生健康行政部门会同相关部门负责本行政区域内健康医疗大数据管理工作，是本行政区域内健康医疗大数据安全和应用管理的监管单位。

各级各类医疗卫生机构和相关企事业单位是健康医疗大数据安全和应用管理的责任单位。

第二章 标准管理

第7条 健康医疗大数据标准管理工作遵循政策引领、强化监督、分类指导、分级管理的原则。

第8条 国家卫生健康委员会负责统筹规划、组织制定全国健康医疗大数据标准，监督指导评估标准的应用工作，在已有的基础性通用性大数据标准基础上组织制定健康医疗大数据标准体系规划，负责制定、组织实施年度健康医疗大数据标准工作计划。省级卫生健康行政部门（含省级中医药主管部门）负责监督指导评估本地区健康医疗大数据标准的应用工作，依据国家健康医疗大数据标准体系规划，结合本地实际，负责指导和监督健康医疗大数据标准体系在本省域内落地执行。

第9条　国家卫生健康委员会鼓励医疗卫生机构、科研教育单位、相关企业或行业协会、社会团体等参与健康医疗大数据标准制定工作。公民、法人或者其他组织可提出制修订健康医疗大数据标准的立项建议，并提交相应标准项目建议书。

第10条　国家卫生健康委员会负责统一组织实施，择优确定健康医疗大数据标准起草单位和负责人，提倡多方参与协作机制，由各相关单位组成协作组参与标准起草工作。

第11条　健康医疗大数据标准起草、审查及发布的程序和要求，按照国家和行业有关规定执行。

第12条　卫生健康行政部门应当对健康医疗大数据标准的实施加强引导和监督，充分发挥各级各类医疗卫生机构、相关企业等市场主体在标准应用实施中的积极性和主动性，建立激励和促进标准应用实施的长效管理机制。

第13条　卫生健康行政部门应当建立相应的健康医疗大数据标准化产品生产和采购的激励约束机制，卫生健康行政部门要积极推进健康医疗大数据标准规范和测评工作，并将测评结果与医疗卫生机构评审评价挂钩。

第14条　国家卫生健康委员会加强健康医疗大数据技术产品和服务模式的标准体系及制度建设，组织对健康医疗大数据标准应用效果评估工作，并根据评估情况，对相关标准进行组织修订或废止等。

第15条　国家卫生健康委员会基于卫生标准管理平台，动态管理健康医疗大数据标准的开发与应用，对各级各类医疗卫生机构和企事业单位的标准应用情况进行动态监测。

第三章　安全管理

第16条　健康医疗大数据安全管理是指在数据采集、存储、挖掘、应用、运营、传输等多个环节中的安全和管理，包括国家战略安全、群众生命安全、个人信息安全的权责管理工作。

第17条　责任单位应当建立健全相关安全管理制度、操作规程和技术规范，落实“一把手”责任制，加强安全保障体系建设，强化统筹管理和协调监督，保障健康医疗大数据安全。

涉及国家秘密的健康医疗大数据的安全、管理和使用等，按照国家有关保密规定执行。责任单位应当建立健全涉及国家秘密的健康医疗大数据管理与使用制度，对制作、审核、登记、拷贝、传输、销毁等环节进行严格管理。

第18条　责任单位应当采取数据分类、重要数据备份、加密认证等措施保障健康医疗大数据安全。责任单位应当建立可靠的数据容灾备份工作机制，定期进行备份和恢复检测，确保数据能够及时、完整、准确恢复，实现长期保存和历史数据的归档管理。

第19条　责任单位应当按照国家网络安全等级保护制度要求，构建可信的网络安全环境，加强健康医疗大数据相关系统安全保障体系建设，提升关键信息基础设施和重要信息系统的安全防护能力，确保健康医疗大数据关键信息基础设施和核心系统安全可控。健康医疗大数据中心、相关信息系统等均应开展定级、备案、测评等工作。

第20条　健康医疗大数据相关系统的产品和服务提供者应当遵守国家有关网络安全审查制度，不得中断或者变相中断合理的技术支持与服务，并应当为健康医疗大数据在不同系统间的交互、共享和运营提供安全与便利条件。

第21条　责任单位应当依法依规使用健康医疗大数据有关信息，提供安全的信息查询和复制渠道，确保公民隐私保护和数据安全。

第22条　责任单位应当按照《中华人民共和国网络安全法》的要求，严格规范不同等级用户的数据接入和使用权限，并确保数据在授权范围内使用。任何单位和个人不得擅自利用和发布未经授权或超出授权范围的健康医疗大数据，不得使用非法手段获取数据。

第 23 条　责任单位应当建立严格的电子实名认证和数据访问控制，规范数据接入、使用和销毁过程的痕迹管理，确保健康医疗大数据访问行为可管、可控及服务管理全程留痕，可查询、可追溯，对任何数据泄密泄露事故及风险可追溯到相关责任单位和责任人。

第 24 条　建立健全健康医疗大数据安全管理人才培养机制，确保相关从业人员具备健康医疗大数据安全管理所要求的知识和技能。

第 25 条　责任单位应当建立健康医疗大数据安全监测和预警系统，建立网络安全通报和应急处置联动机制，开展数据安全规范和技术规范的研究工作，不断丰富网络安全相关的标准规范体系，重点防范数据资源的集聚性风险和新技术应用的潜在性风险。发生网络安全重大事件，应当按照相关法律法规和有关要求进行报告并处置。

第四章　服务管理

第 26 条　国家卫生健康委员会负责制定健康医疗大数据应用领域相关规范、标准，建立健康医疗大数据应用诚信机制和退出机制，制定健康医疗大数据挖掘、应用的安全和管理规范。

第 27 条　责任单位实施健康医疗大数据管理和服务，应当按照法律法规和相关文件规定，遵循医学伦理原则，保护个人隐私。

第 28 条　责任单位应当根据本单位健康医疗大数据管理的需求，明确相应的管理部门和岗位，按照国家授权，实行“统一分级授权、分类应用管理、权责一致”的管理制度，并建设相应的健康医疗大数据信息系统作为技术和管理支撑。

第 29 条　责任单位采集健康医疗大数据，应当严格执行国家和行业相关标准和程序，符合业务应用技术标准和管理规范，做到标准统一、术语规范、内容准确，保证服务和管理对象在本单位信息系统中身份标识唯一、基本数据项一致，所采集的信息应当严格实行信息复核终审程序，做好数据质量管理。

第 30 条　责任单位应当具备符合国家有关规定要求的数据存储、容灾备份和安全管理条件，加强对健康医疗大数据的存储管理。健康医疗大数据应当存储在境内安全可信的服务器上，因业务需要确需向境外提供的，应当按照相关法律法规及有关要求进行安全评估审核。

第 31 条　责任单位选择健康医疗大数据服务提供商时，应当确保其符合国家和行业规定及要求，具备履行相关法规制度、落实相关标准、确保数据安全的能力，建立数据安全管理、个人隐私保护、应急响应管理等方面管理制度。

第 32 条　责任单位委托有关机构存储、运营健康医疗大数据，委托单位与受托单位共同承担健康医疗大数据的管理和安全责任。受托单位应当严格按照相关法律法规和委托协议做好健康医疗大数据的存储、管理与运营工作。

第 33 条　责任单位应当结合服务和管理工作需要，及时更新、甄别、优化和维护健康医疗大数据，确保信息处于最新、连续、有效、优质和安全状态。

第 34 条　责任单位发生变更时，应当将所管理的健康医疗大数据完整、安全地移交给承接延续其职能的机构或本行政区域内的卫生健康行政部门，不得造成健康医疗大数据的损毁、丢失和泄露。

第 35 条　责任单位向社会公开健康医疗大数据时，应当遵循国家有关规定，不得泄露国家秘密、商业秘密和个人隐私，不得侵害国家利益、社会公共利益和公民、法人及其他组织的合法权益。

第 36 条　责任单位应当加强健康医疗大数据的使用和服务，创造条件规范使用健康医疗大数据，推动部分健康医疗大数据在线查询。

第 37 条　国家卫生健康委员会负责按照国家信息资源开放共享有关规定，建立健康医疗大数据开放共享的工作机制，加强健康医疗大数据的共享和交换，统筹建设健康医疗大数据上报系统平台、信息资源目录体系和共享交换体系。

第五章　管理监督

第 38 条　卫生健康行政部门应当加强监督管理，对本行政区域内各责任单位健康医疗大数据安全管理工作开展日常检查，指导监督本行政区域内各责任单位数据综合利用工作，提高数据服务质量和确保安全。各级各类医疗卫生机构应当接入相应区域全民健康信息平台，传输和备份医疗健康服务产生的数据，并向卫生健康行政部门开放监管端口。

第 39 条　卫生健康行政部门应当加强监测评估，定期开展健康医疗大数据平台和服务商的稳定和安全测评及健康医疗大数据应用的安全监测评估，建立网络安全防护、系统互联共享、公民隐私保护等软件评价和安全审查保密制度。

第 40 条　卫生健康行政部门会同相关部门建立健康医疗大数据安全管理工作责任追究制度。对于违反本办法规定的单位和个人，由主管部门视情节轻重予以约谈、督导整改、诫勉、通报批评、处分或提出给予处分的建议；构成违法的，移送司法部门依法追究法律责任。

第六章　附　则

第 41 条　本办法自印发之日起施行。

11. **《教育部机关及直属事业单位教育数据管理办法》**（2018年1月22日）

第一章　总　则

第1条　为加强教育部机关及直属事业单位教育数据管理工作，推进各类教育数据的规范管理、互联互通和共享公开，确保数据安全，更好地服务教育改革发展，依据《中华人民共和国统计法》《中华人民共和国网络安全法》《中华人民共和国政府信息公开条例》《国务院关于印发政务信息资源共享管理暂行办法的通知》等相关法律法规及国家政策，特制定本办法。

第2条　本办法所称教育数据，是指教育部机关及经法律法规授权具有行政职能的直属事业单位在履行职责过程中获取的各类数字化的数据资源，包括法定统计数据和行政记录数据。

法定统计数据是指按照《中华人民共和国统计法》的有关规定，通过国家统计局审批备案的统计调查制度采集的数据。法定统计数据为标准时点或时段的静态数据或累计数据。

行政记录数据是指行政业务管理信息系统在履行行政管理职责过程中形成的数据资源。行政记录数据主要为动态数据。

第3条　本办法适用于教育数据的采集、储存、共享、公开和安全管理等环节。

第4条　教育数据管理的基本原则是：

（一）统筹管理，各负其责。教育数据的采集、储存、共享、公开和安全管理等工作要在教育部统筹管理、统一标准的基础上，由教育部机关及直属事业单位分头实施、各负其责。

（二）推进共享，有序公开。教育数据以共享为原则，不共享为例外。公开教育数据要依照相关法律法规，在满足社会公众知情权的前提下，有序开放公共教育数据资源。

（三）规范程序，保障安全。明确教育数据各环节的管理程序，做到教育数据管理全过程有规可依。依托国家信息安全保障体系，完善教育数据共享与公开安全机制，保护个人隐私信息，保障教育数据资源安全。

第5条　教育统计调查项目和行政业务管理信息系统的负责单位为相关数据管理的第一责任主体，应根据本办法制定本部门教育数据管理的实施细则。

第6条　教育统计调查项目和行政业务管理信息系统采集的数据由负责单位进行保密审查。审查结果报部保密办公室备案。

第二章　数据采集与存储

第7条　采集教育数据需按规定程序批准。

教育部机关和直属事业单位采集教育数据，均应经过充分论证。论证内容包括数据采集的必要性和可行性，采集数据与已有教育数据的关系，数据采集机制、经费保障等。

设立新的教育统计调查项目应将论证材料报发展规划司审核，由发展规划司报部党组会或部长专题会审议同意，并报国家统计局审批或备案后方可组织实施。部机关各司局教育统计调查项目实施方案与统计调查制度应一并报发展规划司备案。

设立行政业务管理信息系统应将系统和采集数据的论证材料报教育部网络安全和信息化领导小组办公室审核，由教育部网络安全和信息化领导小组办公室报部党组会或部长专题会审议通过后实施，系统采集的数据指标报发展规划司备案。

第8条　设立新的教育统计调查项目和行政业务管理信息系统应符合精简、高效的原则，充分考虑基层学校的承受能力，数据采集遵循“一数一源”原则。凡属于共享平台可以获取的数据，原则上不得重复采集。

第9条　因工作职能变动或其他原因，需要撤销在有效期内的统计调查项目，应报分管部领导批准，并由发展规划司报国家统计局撤销备案；已超过有效期的统计调查项目，经分管部领导批准，可自行撤销并报发展规划司备案。需要撤销业务管理信息系统的，应报分管部领导批准。

第10条　教育数据的采集要遵循国家和教育部颁布的相关标准。自然人标识遵循《学校（机构）人员基础信息代码编制规则》，学校（机构）标识遵循《学校（机构）代码管理办法》。涉及综合数据指标的应采用我部统一发布的教育统计指标定义与计算公式，不在此列的应将有关指标的定义、计算公式等报发展规划司备案。

第11条　各教育统计调查项目和行政业务管理信息系统设置的指标如需变动，应经专家组论证后报分管部领导审核同意，并报发展规划司和教育部网络安全和信息化领导小组办公室备案。

第12条　数据采集单位应制定数据采集的规范程序，建立数据质量核查和技术保障制度，确保数据的真实、准确、完整和及时。

第13条　教育统计调查项目和行政业务管理信息系统均应制定完善的数据安全存储管理方案并配备必要的设施、设备，并在不同地点储存备份，确保数据存储的安全可靠。

第14条　教育部机关及直属事业单位应当根据本部门采集的教育数据，对本部门分管业务的发展状况进行数据分析，提供必要的数据监测信息、咨询意见和决策建议。

第三章　数据共享

第15条　本办法所称数据共享，是指政务部门间教育数据的共享。包括教育部机关及直属事业单位间教育数据的共享，教育部和其他政务部门间的数据共享。

第16条　教育数据资源共享分为无条件共享、有条件共享、不予共享等三种类型。

无条件共享数据是指可提供给所有部机关、直属事业单位和其他政务部门共享使用的教育数据资源。

有条件共享数据是指可提供给相关部机关、直属事业单位和其他相关政务部门共享使用或依双方协议提供共享使用的教育数据资源。

不予共享数据是指不宜提供给部机关及直属事业单位和其他政务部门共享使用的教育数据。

第 17 条　凡列入不予共享类的教育数据资源，必须有法律、行政法规或党中央、国务院政策依据。

第 18 条　共享数据的生产和提供部门应按照“谁主管，谁提供，谁负责”的原则，及时提供、维护和更新共享数据，保障数据的完整性、准确性，确保所提供的共享数据与本部门的数据一致。在向使用部门提供共享数据时，需明确数据的共享范围和用途。

第 19 条　因履行职责需要使用共享数据的部门，应按照“谁经手，谁使用，谁管理，谁负责”的原则，依法依规使用共享数据，加强共享数据使用的全过程管理。

第 20 条　使用部门需共享数据时，应向数据提供方提出明确的共享需求和用途，提供部门应及时响应并无偿提供共享服务。共享各类数据的基本流程如下：

属于无条件共享类的数据资源，使用部门在共享平台上直接获取；

属于有条件共享类的数据资源，使用部门通过共享平台向提供部门提出申请，提供部门应在 10 个工作日内予以答复，使用部门按答复意见使用共享数据，对不予共享的，提供部门应说明理由。

第 21 条　涉及国家秘密、商业秘密和个人隐私的教育数据资源，使用部门和提供部门应当签订教育数据资源共享安全保密协议，按照约定方式共享数据资源。

第 22 条　使用部门获得的共享数据仅限内部使用，如需对外提供或发布，应当向提供部门提出书面申请，经同意后，方可对外提供或发布。使用部门未经授权，不得将获取的共享数据资源挪作他用，不得以任何方式用于社会有偿服务或其他商业活动，并对共享数据资源的滥用、非授权使用、未经许可的扩散以及泄露等行为及后果承担全部责任。

第 23 条　使用部门对获取的共享数据有疑义或发现有明显错误的，应及时反馈给提供部门予以校核。

第四章　数据公开

第 24 条　本办法所称数据公开，是指依照相关法律法规向社会公众公开教育数据。教育数据资源公开分为主动公开、依申请公开、不予公开等三种类型。

教育统计调查项目和行政管理信息系统负责部门应依照《中华人民共和国统计法》《教育部信息公开指南》，结合本部门工作实际，科学确定本单位教育数据的资源公开属性，并及时做好数据公开工作。

第 25 条　公开数据不得泄露国家秘密、商业秘密和个人隐私，切实维护数据资源主体的合法权益。经权利人同意公开或者不公开可能对公共利益造成重大影响的涉及商业秘密、个人隐私的数据资源，可予以公开。

第 26 条　主动公开类数据均应通过公开平台开放数据资源，并可通过年鉴、光盘等专门出版物形式公开数据。依申请公开类的数据资源，应依据《教育部信息公开指南》要求提供。

第五章　教育政务信息资源目录

第 27 条　教育部实行教育政务信息资源目录管理制度。教育政务信息资源目录包括教育信息资源的分类、责任方、格式、属性、更新时限、共享类型、共享方式、公开类型、公开方式、使用要求等内容。教育政务信息资源目录是信息资源共享、公开和业务协同的基础和依据。

第 28 条　负责教育数据生产的部机关及直属事业单位，应按照《政务信息资源目录编制指南（试行）》要求和统一标准，编制、审核、发布本部门《教育政务信息资源目录》，并确保其准确、完整、合规。

第29条　各单位《教育政务信息资源目录》应按要求及时报送发展规划司，由发展规划司汇总并报分管部领导审定，形成《教育部教育政务信息资源目录》。

第30条　负责教育数据生产的部机关及直属事业单位，应建立本部门资源目录更新维护制度，每年应当至少进行一次全面维护。如资源目录要素内容发生调整或可共享与公开的教育数据资源出现变化时，应当在7个工作日内进行数据资源目录的更新操作，并报发展规划司备案，及时纳入到《教育部教育政务信息资源目录》中。

第31条　部机关及直属事业单位新设立教育统计调查项目或行政业务管理信息系统时，应在上报项目立项申请前预编项目《教育政务信息资源目录》，作为项目审批要件。项目建成后，应将项目《教育政务信息资源目录》及时纳入《教育部教育政务信息资源目录》中，作为项目验收的必要条件。

第六章　数据资源共享、公开平台

第32条　教育部设立统一的教育数据资源共享交换平台，用于支撑教育数据的共享交换，管理《教育部教育政务信息资源目录》。共享平台应按照涉密信息系统分级保护要求，依托国家电子政务外网进行建设和管理。

第33条　无条件共享数据资源必须依据整合共建原则，通过接入共享平台实现基础数据的统筹管理与维护。部机关及直属事业单位可通过共享平台直接获取并使用共享数据。共享平台接入国家数据共享交换平台，其他政务部门可通过国家数据共享交换平台获取并使用共享数据。

第34条　教育部设立教育数据资源公开平台，面向社会公众提供教育数据服务。公开平台应按照国家互联网及网络安全等相关法律法规及政策建设和管理。部机关及直属事业单位可通过公开平台面向社会公开教育数据资源。

第 35 条 教育统计调查项目和行政管理业务信息系统责任单位负责本部门系统与共享平台的联通保障工作，并按照《教育部教育政务信息资源目录》向共享平台和公开平台提供相应的教育数据资源。

第 36 条 教育部教育管理信息中心作为技术支撑部门，负责共享平台与国家数据共享交换平台的联通工作和教育部教育数据公开平台的管理维护工作。

第七章 数据安全管理

第 37 条 教育部机关及直属事业单位设立的教育统计调查项目和行政业务管理信息系统，均应根据有关法律法规，制定涵盖数据采集、存储、共享、公开、使用等全过程的数据安全管理办法，开展数据风险评估，确定数据共享、公开类型，明确责任人，落实安全管理责任制。教育管理信息中心负责共享平台和公开平台的安全防护工作，确保教育数据安全。

第 38 条 教育部网络安全和信息化领导小组办公室负责制定教育数据网络安全管理制度，指导督促教育数据采集、存储、共享、使用全过程的网络安全保障工作，组织开展教育数据安全风险评估和安全管理审查。

第 39 条 共享数据涉及国家秘密、商业秘密和个人隐私的，提供部门和使用部门应当遵守有关保密的法律法规，在数据共享工作中分别承担相应的安全保障责任。

第八章 监督与保障

第 40 条 发展规划司和教育部网络安全和信息化领导小组办公室分别负责教育统计调查项目和教育行政业务管理信息系统的核准与检查监督工作，并对核准与检查监督项目或系统发出通知单。

第 41 条 发展规划司和教育部网络安全和信息化领导小组办公室对不符合国家及本办法有关规定的申请项目和系统，不予立项，财务部门不予安排运维经费。正在运行实施的项目与系统，如有不符合本办法规定的情况，应按检查通知单要求限期整改，对经反复催促仍未按规定完成整改的，在部内予以通报。

第九章 附 则

第 42 条 本办法由发展规划司和教育部网络安全和信息化领导小组办公室负责解释。

第 43 条 本办法自 2018 年 1 月 22 日起施行。

12. **《中国银保监会监管数据安全管理办法（试行）》**（2020 年 9 月 23 日）

第一章 总 则

第 1 条 为规范银保监会监管数据安全管理工作，提高监管数据安全保护能力，防范监管数据安全风险，依据《中华人民共和国网络安全法》《中华人民共和国银行业监督管理法》《中华人民共和国保险法》《工作秘密管理暂行办法》等法律法规及有关规定，制定本办法。

第 2 条 本办法所称监管数据是指银保监会在履行监管职责过程中，依法定期采集，经监管信息系统记录、生成和存储的，或经银保监会各业务部门认定的数字、指标、报表、文字等各类信息。

本办法所称监管信息系统是指以满足监管需求为目的开发建设的，具有数据采集、处理、存储等功能的信息系统。

第 3 条 本办法所称监管数据安全是指监管数据在采集、处理、存储、使用等活动（以下简称监管数据活动）中，处于可用、完整和可审计状态，未发生泄露、篡改、损毁、丢失或非法使用等情况。

第 4 条 银保监会及受托机构开展监管数据活动，适用本办法。

本办法所称受托机构是指受银保监会委托或委派，为银保监会提供监管数据采集、处理或存储服务的企事业单位。

第5条 开展监管数据活动，必须遵守相关法律和行政法规。任何单位和个人对在监管数据活动中知悉的国家秘密、工作秘密、商业秘密和个人信息，应当依照相关规定予以保密。

第6条 银保监会建立健全监管数据安全协同管理体系，推动银保监会有关业务部门、各级派出机构、受托机构等共同参与监管数据安全保护工作，加强培训教育，形成共同维护监管数据安全的良好环境。

第二章 工作职责

第7条 监管数据安全管理实行归口管理，建立统筹协调、分工负责的管理机制。

银保监会统计信息部门是归口管理部门，负责统筹监管数据安全管理工作。银保监会各业务部门负责本部门监管数据安全管理工作。

第8条 归口管理部门具体职责包括：

（一）制定监管数据安全工作规则和管理流程；

（二）制定监管数据安全技术防护措施；

（三）组织实施监管数据安全评估和监督检查。

第9条 各业务部门具体职责包括：

（一）规范本部门监管数据安全使用，明确具体工作要求，落实相关责任；

（二）组织开展本部门监管数据安全管理工作；

（三）协助归口管理部门实施监管数据安全监督检查。

第三章 监管数据采集、存储和加工处理

第10条 监管数据的采集应按照安全、准确、完整和依法合规的原则进行，避免重复、过度采集。

第 11 条　监管数据应通过监管工作网或金融专网进行传输。因客观条件限制需要通过物理介质、互联网或其它网络传输的，应经归口管理部门评估同意。

第 12 条　监管数据应存储在银保监会机房，并具有完备的备份措施。确有必要存储在受托机构机房的，应经归口管理部门评估同意。

第 13 条　监管数据存储期限、存储介质管理应按照国家和银保监会有关规定执行。

第 14 条　监管数据的加工处理应在监管工作权限或受托范围内进行。未经归口管理部门同意，任何单位和个人不得将代码、接口、算法模型和开发工具等接入监管信息系统。

第 15 条　监管数据采集、传输、存储、加工处理、转移交换、销毁，以及用于系统开发测试等活动，应根据监管数据类型和管理要求采取分级分类安全技术防护措施。

第四章　监管数据使用

第 16 条　监管数据仅限于银保监会履行监管工作职责使用。纪检监察、司法、审计等党政机关为履行工作职责需要使用监管数据时，按照有关规定办理。

第 17 条　监管数据的使用行为应通过管理和技术手段确保可追溯。监管数据用于信息系统开发测试以及对外展示时，应经过脱敏处理。

第 18 条　使用未公开披露的监管数据，原则上应在不可连接互联网的台式机或笔记本等银保监会工作机中进行。因客观条件限制需采取虚拟专用网络等方式使用监管数据时，应经归口管理部门评估同意。

第 19 条　因工作需要下载的监管数据，仅可存储于银保监会的工作机中。承载监管数据的使用介质应妥善保管，防止数据泄露。

第20条　在使用监管数据过程中产生的加工数据、汇总结果等信息应视同监管数据进行安全管理。

第21条　监管数据对外披露应由指定业务部门按照有关规定和流程实施。

第22条　各业务部门因工作需要向非党政机关单位、个人提供监管数据时，应充分评估数据安全风险，经本部门主要负责人同意后实施，必要时与对方签订备忘录和保密协议并报归口管理部门备案。

与境外监管机构或国际组织共享监管数据时，应由国际事务部门依照银保监会签署的监管合作谅解备忘录、合作协议等约定或其他有关工作安排进行管理。

法律法规另有规定的，从其规定。

第23条　各业务部门因工作需要和系统下线停用监管数据时，应及时对其采取封存或销毁措施。

第五章　监管数据委托服务管理

第24条　各业务部门监管数据采集涉及受托机构提供服务时，应事先与归口管理部门沟通并会签同意。受托机构的技术服务方案，应通过归口管理部门的安全评估。技术服务方案发生变更的，应事先报归口管理部门进行安全评估。

安全评估不通过的，不得开展委托服务或建立委派关系。

第25条　为银保监会提供监管数据服务的受托机构，应满足以下基本条件：

（一）具备从事监管数据工作所需系统的自主研发及运维能力；

（二）具备相关信息安全管理资质认证；

（三）拥有自主产权或已签订长期租赁合同的机房；

（四）网络和信息系统具备有效的安全保护和稳定运行措施，三年内未发生网络安全重大事件；

（五）具备有效的监管数据安全管理措施，能够保障银保监会各部门对监管数据的访问和控制；

（六）具有监管数据备份体系、应急组织体系和业务连续性计划。

第26条 银保监会通过与受托机构签订协议，确立监管数据委托服务关系。协议应明确服务项目、期限、安全管理责任和终止事由等内容。

银保监会通过委派方式确立监管数据服务关系的，应下达委派任务书。

第27条 因有关政策调整导致原委托或委派事项无需继续履行，或发现受托机构监管数据服务出现重大安全问题的，银保监会有权终止委托或委派关系。

委托或委派关系终止时，受托机构应及时、完整地移交监管数据，并销毁因委托或委派事项而获取的监管数据，不得保留相关数据备份等内容。

第六章　监督管理

第28条 各业务部门及受托机构应按照监管数据安全工作规则定期开展自查，发现监管数据安全缺陷、漏洞等风险时，应立即采取补救措施。

第29条 归口管理部门应定期对各业务部门及受托机构开展监管数据安全管理评估检查工作。

各业务部门及受托机构对于评估和检查中发现的问题应制定整改措施，及时整改，并向归口管理部门报送整改报告。

第30条 各业务部门及受托机构发生以下监管数据重大安全风险事项时，应立即采取应急处置措施，及时消除安全隐患，防止危害扩大，并于48小时内向归口管理部门报告。

（一）监管数据发生泄露或非法使用；

（二）监管数据发生损毁或丢失；

（三）承载监管数据的信息系统或网络发生系统性故障造成服务中断 4 小时以上；

（四）承载监管数据的信息系统或网络遭受非法入侵、发生有害信息或计算机病毒的大规模传播等破坏；

（五）监管数据安全事件引发舆情；

（六）《网络安全重大事件判定指南》列明的其他影响监管数据安全的网络安全重大事件。

辖区发生以上监管数据重大安全风险事项时，各银保监局应立即采取补救措施，并于 48 小时内向银保监会归口管理部门报告。

第 31 条 归口管理部门应建立监管数据安全事件通报工作机制，及时通报监管数据安全事件。

第七章 附 则

第 32 条 涉密监管数据按照国家和银保监会保密管理有关规定进行管理。

第 33 条 各银保监局承担辖区监管数据安全管理责任，参照本办法制定辖区监管数据安全管理办法，明确职责和管理要求，强化监管数据安全保护。

第 34 条 本办法自印发之日起施行。

13. 文化和旅游部、国家发展改革委、教育部、工业和信息化部、公安部、财政部、交通运输部、农业农村部、商务部、市场监管总局《关于深化“互联网+旅游”推动旅游业高质量发展的意见》（2020 年 11 月 30 日）

二、重点任务

（一）加快建设智慧旅游景区。制定出台智慧旅游景区建设指南和相关要求，明确在线预约预订、分时段预约游览、流量监测监控、科学引导分流、非接触式服务、智能导游导览等建设规范，落实“限量、预约、错峰”要求。国有旅游景区应于 2021

年底前全部提供在线预约预订服务。引导旅游景区开发数字化体验产品并普及景区电子地图、线路推荐、语音导览等智慧化服务。建设一批世界级旅游景区和度假区，树立智慧旅游景区样板。推进乡村旅游资源和产品数字化建设，打造一批全国智慧旅游示范村镇。支持旅游景区运用数字技术充分展示特色文化内涵，积极打造数字博物馆、数字展览馆等，提升旅游体验。

（二）完善旅游信息基础设施。加快提升国家全域旅游示范区、国家5A级旅游景区、国家级旅游度假区等各类旅游重点区域5G网络覆盖水平。推动停车场、旅游集散与咨询中心、游客服务中心、旅游专用道路及景区内部引导标识系统等数字化与智能化改造升级。推进物联网感知设施建设，加强对旅游资源、设施设备和相关人力资源的实时监测与管理，推动无人化、非接触式基础设施普及与应用。进一步规范各地区旅游大数据中心建设，建立省域统一的数据标准并逐步推广至全国，实现涉旅数据整合和共享，发挥数据综合服务和应用效能。

（三）创新旅游公共服务模式。厘清政府公共服务与市场旅游信息服务边界，鼓励各地区采取政府与市场相结合的旅游公共服务平台运营模式，提升平台服务效能，实现可持续运营与发展。各地区要进一步拓宽旅游公共服务信息采集渠道，有效整合文化和旅游、公安、交通、气象等部门的相关数据信息，综合运用大数据、云计算等技术，在平台上及时发布旅游景区实时游客量、道路出行、气象预警等信息，引导旅游资源优化配置。依法依规推动政府与企业间相关数据资源共享。推进旅游厕所数字化建设，实现信息查询、路线导航、意见反馈等功能。完善入境游客移动支付方案，为其旅游消费提供便利。在为老年人等特殊群体保留线下服务的基础上，支持旅游公共服务平台开发专门应用程序和界面，优化使用体验。

（四）加大线上旅游营销力度。统筹线上线下，强化品牌引领，实施国家旅游宣传推广精品建设工程。通过互联网有效整合线下资源，总结推广全域旅游发展经验模式，推动建设一批世界级旅游城市。开展长城、大运河、长征、黄河等国家文化公园，以及丝绸之路等重要主题旅游线上推广行动，打造一批世界级旅游线路。鼓励旅游景区、旅游饭店、博物馆等与互联网服务平台合作建设网上旗舰店，实现门票在线预订、旅游信息展示、会员管理、优惠券团购、文化和旅游创意产品销售等方面功能。鼓励电商平台拓展“旅游+地理标志产品+互联网+现代物流”功能，扩大线上销售规模。鼓励采用网络直播、网站专题专栏、小程序等线上营销方式，推介全国乡村旅游重点村镇、中国美丽休闲乡村和乡村休闲旅游精品景点线路。结合旅游扶贫，通过人员培训或技术帮扶等多种方式，推动更多贫困地区旅游业商户“触网”，利用网络直播平台开展营销。支持各地区建立旅游营销科学评价机制，提升旅游营销成效。

（五）加强旅游监管服务。通过大数据采集分析加强旅游安全监测，提升旅游领域突发事件预警和应急处置能力。推动北斗系统等导航定位、可穿戴设备、电子围栏、遥感卫星等技术和设备在自助旅游、特种旅游中的运用。完善全国旅游监管服务平台，健全中央—地方旅游监管服务平台体系，形成旅游市场信息化、智能化监管服务格局。鼓励各地区建设基于大数据的旅游市场经济运行监测体系，实时监测区域旅游消费趋势，建立数据导向的政策调整机制。

（六）提升旅游治理能力。推广旅游电子合同使用，推进旅游电子合同标准制定。推动各地区建立健全线上旅游投诉和处理机制，提高游客投诉快速处理能力，打击欺客宰客行为。用好文化、旅游市场严重失信名单管理制度，对列入严重失信名单的市场主体和从业人员，依法依规实施联合惩戒，构建放心消费环境。创新旅游统计应用，提高旅游统计的时效性、科学性和精准性。

（七）扶持旅游创新创业。鼓励以产品和内容为载体开展业态融合创新，支持建设一批旅游营销创新基地，孵化一批具有较高传播力和影响力的旅游品牌。引导云旅游、云演艺、云娱乐、云直播、云展览等新业态发展，培育“网络体验+消费”新模式。引导旅游企业、大中专院校、科研机构建立产学研合作机制，积极开展科技创新支撑下的应用研发，通过举办各级各类创新创意大赛等方式，提高创新成果转化率，推广一批优秀应用案例和行业解决方案。开展数字文旅商结合促进行动，促进旅游业线上线下深度融合。在确保房屋安全的前提下，推动“互联网+旅游民宿”规范发展，研究出台相关政策，推广一批应用示范。

（八）保障旅游数据安全。按照数据安全和个人信息保护相关法律法规要求，落实旅游数据安全管理责任，保障旅游数据收集、传输、存储、共享、使用、销毁等全生命周期安全，防止数据丢失、毁损、泄露和篡改。定期开展安全风险和隐患排查，增强应急处置能力。对存在重大旅游数据信息安全风险隐患的地区，采取通报、约谈等方式推动严肃整改。

三、保障措施

（一）完善政策环境。各地区、各部门要结合新技术、新业态、新模式在旅游领域的应用试点和示范，积极推进体制机制改革，探索有利于创新成果转化的政策环境。加强“互联网+旅游”领域内容创作、产品研发、模式创新等知识产权保护，健全线上线下维权机制，增强企业创新动力和活力。建立健全智慧旅游标准规范体系，引导规范智慧旅游发展。

（二）加强要素支撑。统筹用好相关资金，结合实际对“互联网+旅游”关键领域、薄弱环节和重点项目等予以支持。创新投融资方式，支持符合条件的“互联网+旅游”企业发行债券。经认定的“互联网+旅游”高新技术企业，按规定享受相应的财税优惠政策。推进“互联网+旅游”人才队伍建设，加快相关专业升级和数字化改造，创新培养培训模式，完善激励机制。

（三）抓好组织实施。各有关部门要按照职责分工，研究具体政策措施，协同推进任务落实。各地区要研究制定符合本地区实际的落实方案，完善相关配套政策。文化和旅游部要会同有关部门加强跟踪分析和协调指导，重要情况及时报告国务院。

14. 工业和信息化部、教育部、人力资源和社会保障部、生态环境部、国家卫生健康委员会、应急管理部国务院国有资产监督管理委员会、国家市场监督管理总局、国家能源局、国家国防科技工业局《加强工业互联网安全工作的指导意见》（2019 年 7 月 26 日）

二、主要任务

（一）推动工业互联网安全责任落实

1. 依法落实企业主体责任。工业互联网企业明确工业互联网安全责任部门和责任人，建立健全重点设备装置和系统平台联网前后的风险评估、安全审计等制度，建立安全事件报告和问责机制，加大安全投入，部署有效安全技术防护手段，保障工业互联网安全稳定运行。由网络安全事件引发的安全生产事故，按照安全生产有关法规进行处置。

2. 政府履行监督管理责任。工业和信息化部组织开展工业互联网安全相关政策制定、标准研制等综合性工作，并对装备制造、电子信息及通信等主管行业领域的工业互联网安全开展行业指导管理。地方工业和信息化主管部门指导本行政区域内应用工业互联网的工业企业的安全工作，同步推进安全产业发展，并联合应急管理部门推进工业互联网在安全生产监管中的作用；地方通信管理局监管本行政区域内标识解析系统、公共工业互联网平台等的安全工作，并在公共互联网上对联网设备、系统等进行安全监测。生态环境、卫生健康、能源、国防科技工业等部门根据各自职责，开展本行业领域工业互联网推广应用的安全指导、监管工作。

（二）构建工业互联网安全管理体系

3. 健全安全管理制度。围绕工业互联网安全监督检查、风险评估、数据保护、信息共享和通报、应急处置等方面建立健全安全管理制度和工作机制，强化对企业的安全监管。

4. 建立分类分级管理机制。建立工业互联网行业分类指导目录、企业分级指标体系，制定工业互联网行业企业分类分级指南，形成重点企业清单，强化逐级负责的政府监管模式，实施差异化管理。

5. 建立工业互联网安全标准体系。推动工业互联网设备、控制、网络（含标识解析系统）、平台、数据等重点领域安全标准的研究制定，建设安全技术与标准试验验证环境，支持专业机构、企业积极参与相关国际标准制定，加快标准落地实施。

（三）提升企业工业互联网安全防护水平

6. 夯实设备和控制安全。督促工业企业部署针对性防护措施，加强工业生产、主机、智能终端等设备安全接入和防护，强化控制网络协议、装置装备、工业软件等安全保障，推动设备制造商、自动化集成商与安全企业加强合作，提升设备和控制系统的本质安全。

7. 提升网络设施安全。指导工业企业、基础电信企业在网络化改造及部署 IPv6、应用 5G 的过程中，落实安全标准要求并开展安全评估，部署安全设施，提升企业内外网的安全防护能力。要求标识解析系统的建设运营单位同步加强安全防护技术能力建设，确保标识解析系统的安全运行。

8. 强化平台和工业应用程序（APP）安全。要求工业互联网平台的建设、运营单位按照相关标准开展平台建设，在平台上线前进行安全评估，针对边缘层、IaaS 层（云基础设施）、平台层

（工业 PaaS）、应用层（工业 SaaS）分层部署安全防护措施。建立健全工业 APP 应用前安全检测机制，强化应用过程中用户信息和数据安全保护。

（四）强化工业互联网数据安全保护能力

9. 强化企业数据安全防护能力。明确数据收集、存储、处理、转移、删除等环节安全保护要求，指导企业完善研发设计、工业生产、运维管理、平台知识机理和数字化模型等数据的防窃密、防篡改和数据备份等安全防护措施，鼓励商用密码在工业互联网数据保护工作中的应用。

10. 建立工业互联网全产业链数据安全管理体系。依据工业门类领域、数据类型、数据价值等建立工业互联网数据分级分类管理制度，开展重要数据出境安全评估和监测，完善重大工业互联网数据泄露事件触发响应机制。

（五）建设国家工业互联网安全技术手段

11. 建设国家、省、企业三级协同的工业互联网安全技术保障平台。工业和信息化部统筹建设国家工业互联网安全技术保障平台。工业基础较好的省、自治区、直辖市先期试点建设省级技术保障平台。支持鼓励机械制造、电子信息、航空航天等重点行业企业建设企业级安全平台，强化地方、企业与国家平台之间的系统对接、数据共享、业务协作，打造整体态势感知、信息共享和应急协同能力。

12. 建立工业互联网安全基础资源库。建设工业互联网资产目录库、工业协议库、安全漏洞库、恶意代码病毒库和安全威胁信息库等基础资源库，推动研制面向典型行业工业互联网安全应急处置、安全事件现场取证等工具集，加强工业互联网安全资源储备。

13. 建设工业互联网安全测试验证环境。搭建面向机械制造、电子信息、航空航天等行业的工业互联网安全攻防演练环境，测试、验证各环节存在的网络安全风险以及相应的安全防护解决方案，提升识别安全隐患、抵御安全威胁、化解安全风险的能力。

（六）加强工业互联网安全公共服务能力

14. 开展工业互联网安全评估认证。构建工业互联网设备、网络、平台、工业 APP 等的安全评估体系，依托产业联盟、行业协会等第三方机构为工业互联网企业持续开展安全能力评测评估服务，推动工业互联网安全测评机构的审核认定。

15. 提升工业互联网安全服务水平。鼓励和支持专业机构、网络安全企业等提供安全诊断评估、安全咨询、数据保护、代码检查、系统加固、云端防护等服务。鼓励基础电信企业、互联网企业、系统解决方案提供商等依托专业技术优势，加强与工业互联网企业的需求对接，输出安全保障服务。

（七）推动工业互联网安全科技创新与产业发展

16. 支持工业互联网安全科技创新。加大对工业互联网安全技术研发和成果转化的支持力度，强化标识解析系统安全、平台安全、工业控制系统安全、数据安全、5G 安全等相关核心技术研究，加强攻击防护、漏洞挖掘、态势感知等安全产品研发。支持通过众测众研等创新方式，聚集社会力量，提升漏洞隐患发现技术能力。支持专业机构、高校、企业等联合建设工业互联网安全创新中心和安全实验室。探索利用人工智能、大数据、区块链等新技术提升安全防护水平。

17. 促进工业互联网安全产业发展。充分利用国家和地方网络安全产业园（基地）等形式，整合相关行业资源，打造产学研用协同创新发展平台，形成工业互联网安全对外展示和市场服务能力，培育一批核心技术水平高、市场竞争能力强、辐射带动范围广的工业互联网安全企业。在汽车、电子信息、航空航天、能源等重点领域开展试点示范，遴选优秀安全解决方案和最佳实践，并加强应用推广。

三、保障措施

（一）加强组织领导，健全工作机制。在工业互联网专项工作组的统一指导下，加强统筹协调，强化部门协同、部省合作，构建各负其责、紧密配合、运转高效的工作机制。各地工业和信息化、教育、人力资源社会保障、生态环境、卫生健康、应急管理、国有资产监管、市场监管、能源、国防科技工业等主管部门及地方通信管理局要加强配合，形成合力。

（二）加大支持力度，优化创新环境。各地相关部门要结合本地工业互联网发展现状，优化政府支持机制和方式，加大对工业互联网安全的支持力度，鼓励企业技术创新和安全应用，加快建设工业互联网安全技术手段，推动安全产业集聚发展。

（三）发挥市场作用，汇聚多方力量。充分发挥市场在资源配置中的决定性作用，以工业互联网企业的安全需求为着力点，形成市场需求牵引、政府支持推动的发展局面。汇聚政产学研用多方力量，逐步建立覆盖决策研究、公共研发、标准推进、联盟论坛、人才培养等的创新支撑平台，形成支持工业互联网安全发展合力。

（四）加强宣传教育，加快人才培养。深入推进产教融合、校企合作，建立安全人才联合培养机制，培养复合型、创新型高技能人才。开展工业互联网安全宣传教育，提升企业和相关从业人员网络安全意识。开展网络安全演练、安全竞赛等，培养选拔不同层次的工业互联网安全从业人员。依托国家专业机构等，打造技术领先、业界知名的工业互联网安全高端智库。

15.《国务院安委会办公室、国家减灾委办公室、应急管理部关于加强应急基础信息管理的通知》（2019 年 4 月 18 日）

各省、自治区、直辖市及新疆生产建设兵团安全生产委员会、减灾委员会，应急管理厅（局），各有关部门和单位：

加强应急基础信息管理，整合各方资源，推进信息共享共用，对强化灾害事故风险和隐患监管，提升安全生产和综合防灾减灾救灾水平，推动形成统一指挥、专常兼备、反应灵敏、上下联动、平战结合的中国特色应急管理体制，有效保障人民群众生命财产安全和社会稳定具有重要作用。根据《中华人民共和国突发事件应对法》关于“国务院建立全国统一的突发事件信息系统”的规定，应急管理部将牵头规划建设全国应急管理大数据应用平台，现就依托该平台加强应急基础信息管理的有关事项通知如下：

一、夯实工作基础

（一）构建一体化全覆盖的全国应急管理大数据应用平台。应急管理部根据全国应急管理一盘棋一张网的要求，按照国家政务服务平台“互联网+监管”系统建设方案，规划和建设全国应急管理大数据应用平台，依托国家数据共享交换平台体系，充分利用大数据、云计算、物联网等技术，实现重大风险和隐患在线监测、超前预警预报和灾害事故高效处置。各地区、各有关部门、各行业企业要在加强自身信息化建设、健全完善相关系统的基础上，将本地区、本部门掌握的安全生产、自然灾害防治领域的风险和隐患信息以及灾害事故信息逐步接入，形成纵向贯通、横向集成、安全可靠、覆盖安全生产和自然灾害防治全部行业领域的全国应急管理大数据应用平台。各地区、各有关部门根据自身职责权限使用全国应急管理大数据应用平台，协同做好灾害事故的防范处置工作，全面提升应急管理能力水平。

二、实现风险和隐患信息的动态监测管理

（二）深入开展风险和隐患排查。各地区、各有关部门要督促企业对生产安全事故风险进行辨识、分析和评价，制定落实管控措施，形成风险清单；要督促企业建立经常性安全生产隐患排查治理制度，形成隐患排查治理清单；要与企业建立互联互通的信息系统，及时采集企业安全生产基本信息和风险隐患清单等信息，监督企业提升履行风险辨识管控、隐患排查治理等主体责任的信息化、智能化水平。要建立健全自然灾害风险调查、巡查、评估制度，掌握自然灾害隐患底数，分级分类做好各种类自然灾害风险及综合风险的评估工作。

（三）加强风险和隐患的监测预警。各地区、各有关部门要围绕遏制重特大生产安全事故，高起点规划、有重点有步骤地推动煤矿、非煤矿山、危险化学品、烟花爆竹、交通运输、金属冶炼、渔业生产等高危行业领域企业提升重大风险智能监测系统覆盖密度和建设质量，健全完善多种感知设备科学布局的先进物联网监测系统，有效管控重特大生产安全事故风险；要加快开展安全生产风险监测预警工作，接入高危行业企业重点安全生产在线监测监控数据，实现远程网上巡查和在线执法，监督企业有效落实安全生产主体责任。要综合运用现场巡查、传感器监测、视频监测、遥感监测等多种手段开展自然灾害隐患动态监测，提高自然灾害监测预警的时效性和工作质量。

（四）建立统一完善的风险和隐患信息监督管理体系。各地区、各有关部门要在督促指导企业全面开展风险辨识管控和隐患排查治理、深入开展自然灾害风险调查评估的基础上，分级分类建立覆盖所有行业和重点企业以及各种类型自然灾害的风险和隐患信息数据库，并全部接入全国应急管理大数据应用平台。应急管理部按照分级属地的原则，依托全国应急管理大数据应用平台，建立抽查巡查制度，对有关部门和企业安全生产风险监测系统运行情况以及自然灾害风险调查评估开展情况进行监督。

三、强化灾害事故信息的报送管理

（五）动态监测灾害事故发生发展情况。各地区、各有关部门要充分运用全国应急管理大数据应用平台，第一时间发布和接收预警警报信息，及时掌握灾害事故线索和可能造成人员伤亡、重大财产损失的苗头性、趋势性、敏感性信息，强化分析研判，实现对灾害事故的动态监测，确保及时发现灾害事故并迅速开展处置。

（六）第一时间报送灾害事故信息。各地区、各有关部门、各行业企业要严格落实灾害事故信息报送主体责任，强化报送意识，分级分类做好信息报送工作。要在严格执行灾害事故信息报送有关规定的同时，依托全国应急管理大数据应用平台开展同步报送。要切实提升灾害事故现场图像信息报送能力，通过全国应急管理大数据应用平台及时报送灾害事故现场图像、遥感信息以及相关的多媒体资料。

（七）建立完善灾害事故信息直报机制。应急管理部建立灾害事故信息直报机制，确保灾害事故早发现、早报告、早处置。县级以上地方各级应急管理部门、消防救援队伍和灾害信息员接到特别重大、重大及可能造成重大影响的灾害事故信息后，要及时通过全国应急管理大数据应用平台直接向应急管理部报送。应急管理部接报后，立即向党中央、国务院报告，并视情通报相关部门和灾害事故发生地省级人民政府。

四、深化应急基础信息的分析和应用

（八）提升应急智能预测预警水平。应急管理部指导各地区、各有关部门运用大数据等先进技术分析重大风险和重大隐患信息变化情况，查找潜在危险源，加强预测研判，提升以数据为支撑的应急智能预测预警水平；利用应急基础信息深化巨灾和复合型灾难研究，完善灾害事故趋势分析和应急预测模型，研判灾情发生和发展规律，为应急管理提供前瞻性对策和措施建议，最大程度预防和减少灾害事故造成的人员伤亡和财产损失。

（九）强化应急指挥辅助决策。各地区、各有关部门依托全国应急管理大数据应用平台实现灾害事故应对的资源调度和力量部署科学化，完善应急指挥调度体系，开展对灾情态势、受灾群众疏散与安置等信息的综合分析和动态展示，建立连接各级应急管理部门、应急救援队伍、灾害事故现场的应急救援指挥网络，实现统一指挥、多方联动、协同应对，有力保障应急指挥决策的科学高效。

（十）支撑构建科学完备的监管体系。各地区、各有关部门依托全国应急管理大数据应用平台，大力提升各类灾害事故风险和隐患监管的信息化水平，分级分类构建源头治理、动态管理、应急处置相结合的风险和隐患监管体系，努力实现对灾害事故风险和隐患的全领域、全方位、全过程管控，确保各地区、各行业、各重点企业的风险和隐患监管责任落实到位；大力推进“互联网+监管”系统建设，建立以“双随机、一公开”监管为基本手段，以重点监管为补充，以信用监管为基础的新型监管机制。

五、加强应急基础信息的统一发布管理

（十一）建立统一的应急基础信息发布制度。应急管理部建立健全应急基础信息发布制度，统筹应急基础信息发布工作。对接入全国应急管理大数据应用平台的信息，按照预警级别、紧急程度、发展态势和可能造成的危害程度，由县级以上各级人民政府依照《中华人民共和国突发事件应对法》有关规定发布。

（十二）及时发布传播应急基础信息。各地区、各有关部门加强与广播、电视、报纸、互联网等社会媒体和基础电信运营商等信息发布渠道的协调对接，按照相关法律法规和制度规定，及时向社会发布应急基础信息，确保发布内容准确、传播渠道畅通。应急基础信息发布后，要加强对相关舆情的监测分析，及时发现处置各类舆情事件，为应急管理工作营造良好舆论氛围。

（十三）严格管理应急基础信息发布行为。应急管理部依托全国应急管理大数据应用平台，加强与外交、工业和信息化、公安、民政、气象、自然资源、生态环境、交通运输、铁路、水利、农业农村、广播电视等部门单位及军队有关单位的工作联动和信息共享交换，定期沟通会商，协调解决应急基础信息发布中的重要事项。严禁各地区、各有关部门未经授权擅自发布有关信息。

六、组织与保障

（十四）加强组织领导。应急基础信息管理工作由应急管理部负责牵头实施，国务院安委会、国家减灾委相关成员单位在职责范围内负责具体工作。应急管理部抓好应急基础信息管理工作的统筹协调、整体推进和督促落实，各地区、各有关部门、各行业企业各负其责、各司其职，做好资金保障、任务落实等方面的协同配合。要把建立健全应急基础信息管理体系放在重要位置，切实加强组织领导，明确工作责任，制定实施方案，防止出现监测空白和信息孤岛，确保应急基础信息管理工作有序开展。

（十五）确保网络运行与信息数据安全。应急管理部严格贯彻落实国家网络安全等级保护制度要求，分级、分域建立安全保障系统，保障全国应急管理大数据应用平台建设及运行过程的物理与环境安全、网络和设备安全、应用和数据安全以及管理安全。各地区、各有关部门、各行业企业要建立健全数据安全管理与使用制度，采取措施加强数据全生命周期安全保护，防止数据泄露和被恶意篡改。信息的收集、报送单位要做好应急基础信息定密工作，并在数据采集、加工整理、管理和使用过程中严格执行国家有关保密规定。

（十六）建立健全监督考核责任制。应急管理部建立健全应急基础信息管理监督考核工作责任制，采用日常监督、定期与不定期网上抽查相结合、单位自查与现场督导相结合等多种方式，督促有关单位和人员落实责任；建立应急基础信息管理工作常态化评价机制，督促应急基础信息体系建设、数据系统统筹整合和信息资源共享工作的落实，对履职不力的单位及人员依法依规问责。

第七条 权益保护

国家保护个人、组织与数据有关的权益，鼓励数据依法合理有效利用，保障数据依法有序自由流动，促进以数据为关键要素的数字经济发展。

法　律

1. **《民法典》**（2020 年 5 月 28 日）

第 127 条　法律对数据、网络虚拟财产的保护有规定的，依照其规定。

2. **《网络安全法》**（2016 年 11 月 7 日）

第 12 条　国家保护公民、法人和其他组织依法使用网络的权利，促进网络接入普及，提升网络服务水平，为社会提供安全、便利的网络服务，保障网络信息依法有序自由流动。

任何个人和组织使用网络应当遵守宪法法律，遵守公共秩序，尊重社会公德，不得危害网络安全，不得利用网络从事危害国家安全、荣誉和利益，煽动颠覆国家政权、推翻社会主义制度，煽动分裂国家、破坏国家统一，宣扬恐怖主义、极端主义，宣扬民族仇恨、民族歧视，传播暴力、淫秽色情信息，编造、传播虚假信息扰乱经济秩序和社会秩序，以及侵害他人名誉、隐私、知识产权和其他合法权益等活动。

3. **《电子商务法》**（2018 年 8 月 31 日）

第 69 条　国家维护电子商务交易安全，保护电子商务用户信息，鼓励电子商务数据开发应用，保障电子商务数据依法有序自由流动。

国家采取措施推动建立公共数据共享机制，促进电子商务经营者依法利用公共数据。

4. **《海南自由贸易港法》**（2021 年 6 月 10 日）

第 42 条　海南自由贸易港依法建立安全有序自由便利的数

据流动管理制度，依法保护个人、组织与数据有关的权益，有序扩大通信资源和业务开放，扩大数据领域开放，促进以数据为关键要素的数字经济发展。

国家支持海南自由贸易港探索实施区域性国际数据跨境流动制度安排。

案例指引①

1. 计算机公司诉网络技术公司著作权侵权、不正当竞争纠纷案

案情摘要：网络技术公司在运营的某游戏平台过程中，收集了平台上游戏用户的账号、密码等个人信息，以及游戏运行数据。计算机公司起诉认为网络技术公司关联其游戏用户账号信息并存储游戏数据的行为，构成不正当竞争。广州互联网法院经审理认为，对游戏用户的原始数据收集不是计算机公司专属的权利，网络技术公司在获得游戏用户授权、不破坏计算机公司的技术保护措施、且未妨害计算机公司收集和使用数据的情况下，收集平台上游戏用户的原始数据，不具有可责性，不构成对计算机公司的不正当竞争。

本案在审理涉数据权益不正当竞争纠纷中，坚持以促进数据合法有序获取、流通与运用，防止数据封闭和数据垄断为导向，为网络主体合理开发数据资源、开展数据正当竞争划定边界。

2. 余某某诉网络科技公司隐私权、个人信息保护纠纷案

案情摘要：车主余某某发现在某 APP 上可以付费获得其历史车况报告，认为侵犯其个人信息权益及隐私权，遂起诉请求案涉网络科技公司属下该 APP 删除信息，并赔偿损失。广州互联网法院经审理认为，经有效脱敏化处理的历史车况信息不能关联到车辆所有人等特定自然人，不属于个人信息或隐私，故判决驳回余某某的全部诉讼请求。

---

① 本部分收录的案例为广州互联网法院 2021 年发布的涉数据及虚拟财产十大典型案例，参见广州互联网法院网站，https：//www.gzinternetcourt.gov.cn/#/articleDetail？id=uzpj9c02270ceuou0ulnwnc20nfqmpe0&titleType=advancedSearch&type=WorkTrends&apiType=routine，最后访问时间：2022 年 11 月 22 日。

该案判决兼顾个人信息保护与数据有序流动，对鼓励二手车车况数据的开放使用，促进二手车交易行业依法合规发展，服务保障数据要素市场创新发展具有积极意义。

第八条 数据处理者的义务

开展数据处理活动，应当遵守法律、法规，尊重社会公德和伦理，遵守商业道德和职业道德，诚实守信，履行数据安全保护义务，承担社会责任，不得危害国家安全、公共利益，不得损害个人、组织的合法权益。

法　律

1.《网络安全法》（2016 年 11 月 7 日）

第 9 条　网络运营者开展经营和服务活动，必须遵守法律、行政法规及文件，尊重社会公德，遵守商业道德，诚实信用，履行网络安全保护义务，接受政府和社会的监督，承担社会责任。

2.《民法典》（2020 年 5 月 28 日）

第 7 条　民事主体从事民事活动，应当遵循诚信原则，秉持诚实，恪守承诺。

第 8 条　民事主体从事民事活动，不得违反法律，不得违背公序良俗。

3.《促进科技成果转化法》（2015 年 8 月 29 日）

第 3 条　科技成果转化活动应当有利于加快实施创新驱动发展战略，促进科技与经济的结合，有利于提高经济效益、社会效益和保护环境、合理利用资源，有利于促进经济建设、社会发展和维护国家安全。

科技成果转化活动应当尊重市场规律，发挥企业的主体作用，遵循自愿、互利、公平、诚实信用的原则，依照法律法规规定和合同约定，享有权益，承担风险。科技成果转化活动中的知识产权受法律保护。

科技成果转化活动应当遵守法律法规，维护国家利益，不得损害社会公共利益和他人合法权益。

行政法规及文件

4.《优化营商环境条例》（2019 年 10 月 22 日）

第 9 条 市场主体应当遵守法律法规，恪守社会公德和商业道德，诚实守信、公平竞争，履行安全、质量、劳动者权益保护、消费者权益保护等方面的法定义务，在国际经贸活动中遵循国际通行规则。

第九条 社会共治

国家支持开展数据安全知识宣传普及，提高全社会的数据安全保护意识和水平，推动有关部门、行业组织、科研机构、企业、个人等共同参与数据安全保护工作，形成全社会共同维护数据安全和促进发展的良好环境。

法 律

1.《网络安全法》（2016 年 11 月 7 日）

第 6 条 国家倡导诚实守信、健康文明的网络行为，推动传播社会主义核心价值观，采取措施提高全社会的网络安全意识和水平，形成全社会共同参与促进网络安全的良好环境。

2.《个人信息保护法》（2021 年 8 月 20 日）

第 11 条 国家建立健全个人信息保护制度，预防和惩治侵害个人信息权益的行为，加强个人信息保护宣传教育，推动形成政府、企业、相关社会组织、公众共同参与个人信息保护的良好环境。

3.《生物安全法》（2020 年 10 月 17 日）

第 7 条 各级人民政府及其有关部门应当加强生物安全法律

法规和生物安全知识宣传普及工作，引导基层群众性自治组织、社会组织开展生物安全法律法规和生物安全知识宣传，促进全社会生物安全意识的提升。

相关科研院校、医疗机构以及其他企业事业单位应当将生物安全法律法规和生物安全知识纳入教育培训内容，加强学生、从业人员生物安全意识和伦理意识的培养。

新闻媒体应当开展生物安全法律法规和生物安全知识公益宣传，对生物安全违法行为进行舆论监督，增强公众维护生物安全的社会责任意识。

● 部门规章及文件

4.《**中国银保监会监管数据安全管理办法（试行）**》（2020 年 9 月 23 日）

第 6 条　银保监会建立健全监管数据安全协同管理体系，推动银保监会有关业务部门、各级派出机构、受托机构等共同参与监管数据安全保护工作，加强培训教育，形成共同维护监管数据安全的良好环境。

第十条 行业组织的义务

相关行业组织按照章程，依法制定数据安全行为规范和团体标准，加强行业自律，指导会员加强数据安全保护，提高数据安全保护水平，促进行业健康发展。

● 法　律

1.《**密码法**》（2019 年 10 月 26 日）

第 30 条　商用密码领域的行业协会等组织依照法律、行政法规及文件及其章程的规定，为商用密码从业单位提供信息、技术、培训等服务，引导和督促商用密码从业单位依法开展商用密码活动，加强行业自律，推动行业诚信建设，促进行业健康发展。

2. **《网络安全法》**（2016 年 11 月 7 日）

第 11 条 网络相关行业组织按照章程，加强行业自律，制定网络安全行为规范，指导会员加强网络安全保护，提高网络安全保护水平，促进行业健康发展。

3. **《期货和衍生品法》**（2022 年 4 月 20 日）

第 104 条 期货业协会履行下列职责：

（一）制定和实施行业自律规则，监督、检查会员的业务活动及从业人员的执业行为，对违反法律、行政法规、国家有关规定、协会章程和自律规则的，按照规定给予纪律处分或者实施其他自律管理措施；

（二）对会员之间、会员与交易者之间发生的纠纷进行调解；

（三）依法维护会员的合法权益，向国务院期货监督管理机构反映会员的建议和要求；

（四）组织期货从业人员的业务培训，开展会员间的业务交流；

（五）教育会员和期货从业人员遵守期货法律法规和政策，组织开展行业诚信建设，建立行业诚信激励约束机制；

（六）开展交易者教育和保护工作，督促会员落实交易者适当性管理制度，开展期货市场宣传；

（七）对会员的信息安全工作实行自律管理，督促会员执行国家和行业信息安全相关规定和技术标准；

（八）组织会员就期货行业的发展、运作及有关内容进行研究，收集整理、发布期货相关信息，提供会员服务，组织行业交流，引导行业创新发展；

（九）期货业协会章程规定的其他职责。

● 部门规章及文件

4. **《电信和互联网用户个人信息保护规定》**（2013 年 7 月 16 日）

第 21 条 鼓励电信和互联网行业协会依法制定有关用户个

人信息保护的自律性管理制度，引导会员加强自律管理，提高用户个人信息保护水平。

5.《**网络信息内容生态治理规定**》（2019 年 12 月 15 日）

第 27 条 鼓励行业组织建立完善行业自律机制，制定网络信息内容生态治理行业规范和自律公约，建立内容审核标准细则，指导会员单位建立健全服务规范、依法提供网络信息内容服务、接受社会监督。

第十一条 跨境流动

国家积极开展数据安全治理、数据开发利用等领域的国际交流与合作，参与数据安全相关国际规则和标准的制定，促进数据跨境安全、自由流动。

法 律

1.《**网络安全法**》（2016 年 11 月 7 日）

第 7 条 国家积极开展网络空间治理、网络技术研发和标准制定、打击网络违法犯罪等方面的国际交流与合作，推动构建和平、安全、开放、合作的网络空间，建立多边、民主、透明的网络治理体系。

2.《**个人信息保护法**》（2021 年 8 月 20 日）

第 12 条 国家积极参与个人信息保护国际规则的制定，促进个人信息保护方面的国际交流与合作，推动与其他国家、地区、国际组织之间的个人信息保护规则、标准等互认。

3.《**电子商务法**》（2018 年 8 月 31 日）

第 73 条 国家推动建立与不同国家、地区之间跨境电子商务的交流合作，参与电子商务国际规则的制定，促进电子签名、电子身份等国际互认。

国家推动建立与不同国家、地区之间的跨境电子商务争议解决机制。

4.《**海南自由贸易港法**》（2021年6月10日）

第9条 国家支持海南自由贸易港主动适应国际经济贸易规则发展和全球经济治理体系改革新趋势，积极开展国际交流合作。

第42条 海南自由贸易港依法建立安全有序自由便利的数据流动管理制度，依法保护个人、组织与数据有关的权益，有序扩大通信资源和业务开放，扩大数据领域开放，促进以数据为关键要素的数字经济发展。

国家支持海南自由贸易港探索实施区域性国际数据跨境流动制度安排。

5.《**生物安全法**》（2020年10月17日）

第6条 国家加强生物安全领域的国际合作，履行中华人民共和国缔结或者参加的国际条约规定的义务，支持参与生物科技交流合作与生物安全事件国际救援，积极参与生物安全国际规则的研究与制定，推动完善全球生物安全治理。

第十二条 投诉举报

任何个人、组织都有权对违反本法规定的行为向有关主管部门投诉、举报。收到投诉、举报的部门应当及时依法处理。

有关主管部门应当对投诉、举报人的相关信息予以保密，保护投诉、举报人的合法权益。

● 法　律

1.《**网络安全法**》（2016年11月7日）

第14条 任何个人和组织有权对危害网络安全的行为向网信、电信、公安等部门举报。收到举报的部门应当及时依法作出处理；不属于本部门职责的，应当及时移送有权处理的部门。

有关部门应当对举报人的相关信息予以保密，保护举报人的合法权益。

2.《个人信息保护法》（2021 年 8 月 20 日）

第 65 条 任何组织、个人有权对违法个人信息处理活动向履行个人信息保护职责的部门进行投诉、举报。收到投诉、举报的部门应当依法及时处理，并将处理结果告知投诉、举报人。

履行个人信息保护职责的部门应当公布接受投诉、举报的联系方式。

第二章 数据安全与发展

第十三条 统筹发展

国家统筹发展和安全，坚持以数据开发利用和产业发展促进数据安全，以数据安全保障数据开发利用和产业发展。

● 法 律

1.《电子商务法》（2018 年 8 月 31 日）

第 69 条 国家维护电子商务交易安全，保护电子商务用户信息，鼓励电子商务数据开发应用，保障电子商务数据依法有序自由流动。

国家采取措施推动建立公共数据共享机制，促进电子商务经营者依法利用公共数据。

2.《生物安全法》（2020 年 10 月 17 日）

第 3 条 生物安全是国家安全的重要组成部分。维护生物安全应当贯彻总体国家安全观，统筹发展和安全，坚持以人为本、风险预防、分类管理、协同配合的原则。

第十四条 大数据战略

国家实施大数据战略，推进数据基础设施建设，鼓励和支持数据在各行业、各领域的创新应用。

省级以上人民政府应当将数字经济发展纳入本级国民经济和社会发展规划，并根据需要制定数字经济发展规划。

法　律

1.《网络安全法》（2016年11月7日）

第3条　国家坚持网络安全与信息化发展并重，遵循积极利用、科学发展、依法管理、确保安全的方针，推进网络基础设施建设和互联互通，鼓励网络技术创新和应用，支持培养网络安全人才，建立健全网络安全保障体系，提高网络安全保护能力。

2.《密码法》（2019年10月26日）

第11条　县级以上人民政府应当将密码工作纳入本级国民经济和社会发展规划，所需经费列入本级财政预算。

部门规章及文件

3. 国家发展改革委、中央网信办、工业和信息化部、国家能源局《关于加快构建全国一体化大数据中心协同创新体系的指导意见》（2020年12月23日）

二、发展目标

到2025年，全国范围内数据中心形成布局合理、绿色集约的基础设施一体化格局。东西部数据中心实现结构性平衡，大型、超大型数据中心运行电能利用效率降到1.3以下。数据中心集约化、规模化、绿色化水平显著提高，使用率明显提升。公共云服务体系初步形成，全社会算力获取成本显著降低。政府部门间、政企间数据壁垒进一步打破，数据资源流通活力明显增强。大数据协同应用效果凸显，全国范围内形成一批行业数据大脑、城市数据大脑，全社会算力资源、数据资源向智力资源高效转化的态势基本形成，数据安全保障能力稳步提升。

三、创新大数据中心体系构建

统筹围绕国家重大区域发展战略，根据能源结构、产业布局、市场发展、气候环境等，在京津冀、长三角、粤港澳大湾区、成渝等重点区域，以及部分能源丰富、气候适宜的地区布局大数据中心国家枢纽节点。节点内部优化网络、能源等配套资源，引导数据中心集群化发展；汇聚联通政府和社会化算力资源，构建一体化算力服务体系；完善数据流通共性支撑平台，优化数据要素流通环境；牵引带动数据加工分析、流通交易、软硬件研发制造等大数据产业生态集聚发展。节点之间建立高速数据传输网络，支持开展全国性算力资源调度，形成全国算力枢纽体系。（发展改革委、工业和信息化部、中央网信办牵头，各地区、各部门负责）

四、优化数据中心布局

（一）优化数据中心供给结构。发展区域数据中心集群，加强区域协同联动，优化政策环境，引导区域范围内数据中心集聚，促进规模化、集约化、绿色化发展。引导各省（自治区、直辖市）充分整合利用现有资源，以市场需求为导向，有序发展规模适中、集约绿色的数据中心，服务本地区算力资源需求。对于效益差、能耗高的小散数据中心，要加快改造升级，提升效能。（工业和信息化部、发展改革委牵头，各地区负责）

（二）推进网络互联互通。优化国家互联网骨干直连点布局，推进新型互联网交换中心建设，提升电信运营商和互联网企业互联互通质量，优化数据中心跨网、跨地域数据交互，实现更高质量数据传输服务。积极推动在区域数据中心集群间，以及集群和主要城市间建立数据中心直连网络。加大对数据中心网络质量和保障能力的监测，提高网络通信质量。推动降低国内省际数字专线电路、互联网接入带宽等主要通信成本。（工业和信息化部牵头，各地区负责）

（三）强化能源配套机制。探索建立电力网和数据网联动建设、协同运行机制，进一步降低数据中心用电成本。加快制定数据中心能源效率国家标准，推动完善绿色数据中心标准体系。引导清洁能源开发使用，加快推广应用先进节能技术。鼓励数据中心运营方加强内部能耗数据监测和管理，提高能源利用效率。鼓励各地区结合布局导向，探索优化能耗政策，在区域范围内探索跨省能耗和效益分担共享合作。推动绿色数据中心建设，加快数据中心节能和绿色化改造。（工业和信息化部、发展改革委、国家能源局牵头，各地区负责）

（四）拓展基础设施国际合作。持续加强数据中心建设与使用的国际交流合作。围绕“一带一路”建设，加快推动数据中心联通共用，提升全球化信息服务能力。加速“一带一路”国际关口局、边境站、跨境陆海缆建设，沿途积极开展国际数据中心建设或合作运营。整合算力和数据资源，加快提升产业链端到端交付能力和运营能力，促进开展高质量国际合作。（中央网信办、工业和信息化部、发展改革委牵头，各地区负责）

五、推动算力资源服务化

（一）构建一体化算力服务体系。加快建立完善云资源接入和一体化调度机制，以云服务方式提供算力资源，降低算力使用成本和门槛。支持建设高水平云服务平台，进一步提升资源调度能力。支持政企合作，打造集成基础算力资源和公共数据开发利用环境的公共算力服务，面向政府、企业和公众提供低成本、广覆盖、可靠安全的算力服务。支持企业发挥市场化主体作用，创新技术模式和服务体验，打造集成专业算力资源和行业数据开发利用环境的行业算力服务，支撑行业数字化转型和新业态新模式培育。（发展改革委、工业和信息化部牵头，各地区、各部门按职责分工负责）

（二）优化算力资源需求结构。以应用为导向，充分发挥云集约调度优势，引导各行业合理使用算力资源，提升基础设施利用效能。对于需后台加工存储、对网络时延要求不高的业务，支持向能源丰富、气候适宜地区的数据中心集群调度；对于面向高频次业务调用、对网络时延要求极高的业务，支持向城市级高性能、边缘数据中心调度；对于其它算力需求，支持向本区域内数据中心集群调度。（各地区、各部门按职责分别负责）

六、加速数据流通融合

（一）健全数据流通体制机制。加快完善数据资源采集、处理、确权、使用、流通、交易等环节的制度法规和机制化运营流程。建立完善数据资源质量评估与价格形成机制。完善覆盖原始数据、脱敏处理数据、模型化数据和人工智能化数据等不同数据开发层级的新型大数据综合交易机制。探索有利于超大规模数据要素市场形成的财税金融政策体系。开展数据管理能力评估贯标，引导各行业、各领域提升数据管理能力。（发展改革委、中央网信办、工业和信息化部牵头，各有关部门按职责分工负责）

（二）促进政企数据对接融合。通过开放数据集、提供数据接口、数据沙箱等多种方式，鼓励开放对于民生服务、社会治理和产业发展具有重要价值的数据。探索形成政企数据融合的标准规范和对接机制，支持政企双方数据联合校验和模型对接，有效满足政府社会治理、公共服务和市场化增值服务需求。（中央网信办、发展改革委牵头，各地区、各部门按职能分工负责）

（三）深化政务数据共享共用。充分依托全国一体化政务服务平台，发挥国家数据共享交换平台数据交换通道的支撑作用，建立健全政务数据共享责任清单机制，拓展政务数据共享范围。加快建设完善数据共享标准体系，解决跨部门、跨地区、跨层级数据标准不一、数据理解难、机器可读性差、语义分歧等问题，进一步打破部门数据壁垒。（国务院办公厅、发展改革委牵头，各地区、各部门按职责分工负责）

七、深化大数据应用创新

（一）提升政务大数据综合治理能力。围绕国家重大战略布局，推动开展大数据综合应用。依托全国一体化政务服务平台和国家“互联网+监管”系统，深化政务服务和监管大数据分析应用。支持各部门利用行业和监管数据，建设面向公共卫生、自然灾害等重大突发事件处置的“数据靶场”，定期开展“数据演习”，为重大突发事件期间开展决策研判和调度指挥提供数据支撑。（国务院办公厅、发展改革委牵头，各部门、各地区按职能分工负责）

（二）加强大数据公共服务支撑。聚焦大数据应用共性需求，鼓励构建集成自然语言处理、视频图像解析、数据可视化、语音智能问答、多语言机器翻译、数据挖掘分析等功能的大数据通用算法模型和控件库，提供规范统一的大数据服务支持。（各地区、各部门负责）

（三）推动行业数字化转型升级。支持打造“行业数据大脑”，推动大数据在各行业领域的融合应用。引导支持各行业上云用云，丰富云上应用供给，加快数字化转型步伐。推动以大数据、云服务促进新业态新模式发展，支持企业线上线下业务融合，培育数据驱动型企业。（各地区、各部门负责）

（四）推进工业大数据平台建设。支持工业互联网大数据中心标准建设，加强工业互联网数据汇聚、共享和创新应用，赋能制造业高质量发展。鼓励构建重点产业、重大工程数据库，为工业发展态势监测分析和预警预判提供数据支撑。（工业和信息化部牵头，各地区、各部门按职能分工负责）

（五）加快城市大数据创新应用。支持打造“城市数据大脑”，健全政府社会协同共治机制，加快形成统一规范、互联互通、安全可靠的城市数据供应链，面向城市治理、公共服务、产业发展等提供数据支撑。加快构建城市级大数据综合应用平台，打通城市数据感知、分析、决策和执行环节，促进提升城市治理

水平和服务能力。（各地区负责）

八、强化大数据安全防护

（一）推动核心技术突破及应用。围绕服务器芯片、云操作系统、云数据库、中间件、分布式计算与存储、数据流通模型等环节，加强对关键技术产品的研发支持。鼓励IT设备制造商、数据中心和云服务提供商、数字化转型企业等产业力量联合攻关，加快科技创新突破和安全可靠产品应用。（发展改革委、工业和信息化部、中央网信办牵头，各地区负责）

（二）强化大数据安全保障。加快构建贯穿基础网络、数据中心、云平台、数据、应用等一体协同安全保障体系，提高大数据安全可靠水平。基础网络、数据中心、云服务平台等严格落实网络安全法律法规和政策标准要求，开展通信网络安全防护工作，同步规划、同步建设和同步运行网络安全设施，提升应对高级威胁攻击能力。加快研究完善海量数据汇聚融合的风险识别与防护技术、数据脱敏技术、数据安全合规性评估认证、数据加密保护机制及相关技术监测手段等。各行业加强上云应用的安全防护，保障业务在线安全运行。（中央网信办、发展改革委、工业和信息化部牵头，各地区、各部门负责）

九、保障措施

（一）完善工作机制。各地区、各部门要提高认识，加强跨地区、跨部门、跨层级协同联动。依托促进大数据发展部际联席会议制度，发展改革委、工业和信息化部、中央网信办会同有关部门建立一体化大数据中心协同创新体系工作机制，充分发挥专家决策咨询的作用。各地区要建立工作协调机制，统筹相关力量，积极推动大数据中心体系建设。（各地区、各部门负责）

（二）抓好任务落实。各地区、各部门要结合实际，坚持小切口大带动，在大数据机制管理、产业布局、技术创新、安全评估、标准制定、应用协同等方面积极探索，积累和推广先进经验。鼓励各地区创新相关配套政策，制定符合自身特点的一体化大数据中心建设规划和协同创新实施方案，并加快推进落实。（各地区、各部门负责）

第十五条　数据开发与公共服务

国家支持开发利用数据提升公共服务的智能化水平。提供智能化公共服务，应当充分考虑老年人、残疾人的需求，避免对老年人、残疾人的日常生活造成障碍。

● 法　律

1.《残疾人保障法》（2018年10月26日）

第3条　残疾人在政治、经济、文化、社会和家庭生活等方面享有同其他公民平等的权利。

残疾人的公民权利和人格尊严受法律保护。

禁止基于残疾的歧视。禁止侮辱、侵害残疾人。禁止通过大众传播媒介或者其他方式贬低损害残疾人人格。

第4条　国家采取辅助方法和扶持措施，对残疾人给予特别扶助，减轻或者消除残疾影响和外界障碍，保障残疾人权利的实现。

第41条　国家保障残疾人享有平等参与文化生活的权利。

各级人民政府和有关部门鼓励、帮助残疾人参加各种文化、体育、娱乐活动，积极创造条件，丰富残疾人精神文化生活。

第52条　国家和社会应当采取措施，逐步完善无障碍设施，推进信息交流无障碍，为残疾人平等参与社会生活创造无障碍环境。

各级人民政府应当对无障碍环境建设进行统筹规划，综合协调，加强监督管理。

第53条　无障碍设施的建设和改造，应当符合残疾人的实际需要。

新建、改建和扩建建筑物、道路、交通设施等，应当符合国家有关无障碍设施工程建设标准。

各级人民政府和有关部门应当按照国家无障碍设施工程建设规定，逐步推进已建成设施的改造，优先推进与残疾人日常工作、生活密切相关的公共服务设施的改造。

对无障碍设施应当及时维修和保护。

2. **《老年人权益保障法》**（2018 年 12 月 29 日）

第 3 条 国家保障老年人依法享有的权益。

老年人有从国家和社会获得物质帮助的权利，有享受社会服务和社会优待的权利，有参与社会发展和共享发展成果的权利。

禁止歧视、侮辱、虐待或者遗弃老年人。

第 4 条 积极应对人口老龄化是国家的一项长期战略任务。

国家和社会应当采取措施，健全保障老年人权益的各项制度，逐步改善保障老年人生活、健康、安全以及参与社会发展的条件，实现老有所养、老有所医、老有所为、老有所学、老有所乐。

第 64 条 国家制定无障碍设施工程建设标准。新建、改建和扩建道路、公共交通设施、建筑物、居住区等，应当符合国家无障碍设施工程建设标准。

各级人民政府和有关部门应当按照国家无障碍设施工程建设标准，优先推进与老年人日常生活密切相关的公共服务设施的改造。

无障碍设施的所有人和管理人应当保障无障碍设施正常使用。

第 66 条 国家和社会应当重视、珍惜老年人的知识、技能、经验和优良品德，发挥老年人的专长和作用，保障老年人参与经济、政治、文化和社会生活。

第十六条　数据技术研究和产品、产业体系培育发展

国家支持数据开发利用和数据安全技术研究，鼓励数据开发利用和数据安全等领域的技术推广和商业创新，培育、发展数据开发利用和数据安全产品、产业体系。

● 法　律

1. **《网络安全法》**（2016 年 11 月 7 日）

第 3 条　国家坚持网络安全与信息化发展并重，遵循积极利用、科学发展、依法管理、确保安全的方针，推进网络基础设施建设和互联互通，鼓励网络技术创新和应用，支持培养网络安全人才，建立健全网络安全保障体系，提高网络安全保护能力。

第 18 条　国家鼓励开发网络数据安全保护和利用技术，促进公共数据资源开放，推动技术创新和经济社会发展。

国家支持创新网络安全管理方式，运用网络新技术，提升网络安全保护水平。

2. **《国家安全法》**（2015 年 7 月 1 日）

第 25 条　国家建设网络与信息安全保障体系，提升网络与信息安全保护能力，加强网络和信息技术的创新研究和开发应用，实现网络和信息核心技术、关键基础设施和重要领域信息系统及数据的安全可控；加强网络管理，防范、制止和依法惩治网络攻击、网络入侵、网络窃密、散布违法有害信息等网络违法犯罪行为，维护国家网络空间主权、安全和发展利益。

3. **《密码法》**（2019 年 10 月 26 日）

第 9 条　国家鼓励和支持密码科学技术研究和应用，依法保护密码领域的知识产权，促进密码科学技术进步和创新。

国家加强密码人才培养和队伍建设，对在密码工作中作出突出贡献的组织和个人，按照国家有关规定给予表彰和奖励。

4. **《科学技术进步法》**（2021 年 12 月 24 日）

第 6 条　国家鼓励科学技术研究开发与高等教育、产业发展

相结合，鼓励学科交叉融合和相互促进。

国家加强跨地区、跨行业和跨领域的科学技术合作，扶持革命老区、民族地区、边远地区、欠发达地区的科学技术进步。

国家加强军用与民用科学技术协调发展，促进军用与民用科学技术资源、技术开发需求的互通交流和技术双向转移，发展军民两用技术。

第 102 条 国务院科学技术行政部门应当会同国务院有关主管部门，建立科学技术研究基地、科学仪器设备等资产和科学技术文献、科学技术数据、科学技术自然资源、科学技术普及资源等科学技术资源的信息系统和资源库，及时向社会公布科学技术资源的分布、使用情况。

科学技术资源的管理单位应当向社会公布所管理的科学技术资源的共享使用制度和使用情况，并根据使用制度安排使用；法律、行政法规规定应当保密的，依照其规定。

科学技术资源的管理单位不得侵犯科学技术资源使用者的知识产权，并应当按照国家有关规定确定收费标准。管理单位和使用者之间的其他权利义务关系由双方约定。

5.《**生物安全法**》（2020 年 10 月 17 日）

第 5 条 国家鼓励生物科技创新，加强生物安全基础设施和生物科技人才队伍建设，支持生物产业发展，以创新驱动提升生物科技水平，增强生物安全保障能力。

第十七条 数据安全标准体系建设

国家推进数据开发利用技术和数据安全标准体系建设。国务院标准化行政主管部门和国务院有关部门根据各自的职责，组织制定并适时修订有关数据开发利用技术、产品和数据安全相关标准。国家支持企业、社会团体和教育、科研机构等参与标准制定。

● 法 律

1.《标准化法》(2017 年 11 月 4 日)

第 10 条 对保障人身健康和生命财产安全、国家安全、生态环境安全以及满足经济社会管理基本需要的技术要求，应当制定强制性国家标准。

国务院有关行政主管部门依据职责负责强制性国家标准的项目提出、组织起草、征求意见和技术审查。国务院标准化行政主管部门负责强制性国家标准的立项、编号和对外通报。国务院标准化行政主管部门应当对拟制定的强制性国家标准是否符合前款规定进行立项审查，对符合前款规定的予以立项。

省、自治区、直辖市人民政府标准化行政主管部门可以向国务院标准化行政主管部门提出强制性国家标准的立项建议，由国务院标准化行政主管部门会同国务院有关行政主管部门决定。社会团体、企业事业组织以及公民可以向国务院标准化行政主管部门提出强制性国家标准的立项建议，国务院标准化行政主管部门认为需要立项的，会同国务院有关行政主管部门决定。

强制性国家标准由国务院批准发布或者授权批准发布。

法律、行政法规和国务院决定对强制性标准的制定另有规定的，从其规定。

第 15 条 制定强制性标准、推荐性标准，应当在立项时对有关行政主管部门、企业、社会团体、消费者和教育、科研机构等方面的实际需求进行调查，对制定标准的必要性、可行性进行论证评估；在制定过程中，应当按照便捷有效的原则采取多种方式征求意见，组织对标准相关事项进行调查分析、实验、论证，并做到有关标准之间的协调配套。

第 16 条 制定推荐性标准，应当组织由相关方组成的标准化技术委员会，承担标准的起草、技术审查工作。制定强制性标准，可以委托相关标准化技术委员会承担标准的起草、技术审查工作。未组成标准化技术委员会的，应当成立专家组承担相关标准的起草、技术审查工作。标准化技术委员会和专家组的组成应当具有广泛代表性。

第 18 条 国家鼓励学会、协会、商会、联合会、产业技术联盟等社会团体协调相关市场主体共同制定满足市场和创新需要的团体标准，由本团体成员约定采用或者按照本团体的规定供社会自愿采用。

制定团体标准，应当遵循开放、透明、公平的原则，保证各参与主体获取相关信息，反映各参与主体的共同需求，并应当组织对标准相关事项进行调查分析、实验、论证。

国务院标准化行政主管部门会同国务院有关行政主管部门对团体标准的制定进行规范、引导和监督。

第 19 条 企业可以根据需要自行制定企业标准，或者与其他企业联合制定企业标准。

第 20 条 国家支持在重要行业、战略性新兴产业、关键共性技术等领域利用自主创新技术制定团体标准、企业标准。

第 21 条 推荐性国家标准、行业标准、地方标准、团体标准、企业标准的技术要求不得低于强制性国家标准的相关技术要求。

国家鼓励社会团体、企业制定高于推荐性标准相关技术要求的团体标准、企业标准。

第 22 条 制定标准应当有利于科学合理利用资源，推广科学技术成果，增强产品的安全性、通用性、可替换性，提高经济效益、社会效益、生态效益，做到技术上先进、经济上合理。

禁止利用标准实施妨碍商品、服务自由流通等排除、限制市场竞争的行为。

2. **《网络安全法》**（2016 年 11 月 7 日）

第 15 条 国家建立和完善网络安全标准体系。国务院标准化行政主管部门和国务院其他有关部门根据各自的职责，组织制定并适时修订有关网络安全管理以及网络产品、服务和运行安全的国家标准、行业标准。

国家支持企业、研究机构、高等学校、网络相关行业组织参与网络安全国家标准、行业标准的制定。

3.《**密码法**》（2019 年 10 月 26 日）

第 22 条 国家建立和完善商用密码标准体系。

国务院标准化行政主管部门和国家密码管理部门依据各自职责，组织制定商用密码国家标准、行业标准。

国家支持社会团体、企业利用自主创新技术制定高于国家标准、行业标准相关技术要求的商用密码团体标准、企业标准。

国家标准①

4.《**信息安全技术 健康医疗数据安全指南**》（2020 年 12 月 14 日 GB/T 39725-2020）

5.《**信息安全技术 政务信息共享 数据安全技术要求**》（2020 年 11 月 19 日 GB/T 39477-2020）

6.《**信息安全技术 大数据安全管理指南**》（2019 年 8 月 30 日 GB/T 37973-2019）

7.《**信息安全技术 数据安全能力成熟度模型**》（2019 年 8 月 30 日 GB/T 37988-2019）

8.《**智能交通 数据安全服务**》（2019 年 5 月 10 日 GB/T 37373-2019）

---

① 囿于篇幅有限，此处仅收录相关国家标准的名称，读者可在国家标准全文公开系统查阅全文。http://openstd.samr.gov.cn/bzgk/gb/std_list?p.p1=0&p.p90=circulation_date&p.p91=desc&p.p2=%E6%95%B0%E6%8D%AE%E5%AE%89%E5%85%A8。下同，不再特别说明。

第十八条 检测认证

国家促进数据安全检测评估、认证等服务的发展，支持数据安全检测评估、认证等专业机构依法开展服务活动。

国家支持有关部门、行业组织、企业、教育和科研机构、有关专业机构等在数据安全风险评估、防范、处置等方面开展协作。

● 法 律

1. **《网络安全法》**（2016 年 11 月 7 日）

第 17 条 国家推进网络安全社会化服务体系建设，鼓励有关企业、机构开展网络安全认证、检测和风险评估等安全服务。

第 23 条 网络关键设备和网络安全专用产品应当按照相关国家标准的强制性要求，由具备资格的机构安全认证合格或者安全检测符合要求后，方可销售或者提供。国家网信部门会同国务院有关部门制定、公布网络关键设备和网络安全专用产品目录，并推动安全认证和安全检测结果互认，避免重复认证、检测。

● 行政法规及文件

2. **《关键信息基础设施安全保护条例》**（2021 年 7 月 30 日）

第 15 条 专门安全管理机构具体负责本单位的关键信息基础设施安全保护工作，履行下列职责：

（一）建立健全网络安全管理、评价考核制度，拟订关键信息基础设施安全保护计划；

（二）组织推动网络安全防护能力建设，开展网络安全监测、检测和风险评估；

（三）按照国家及行业网络安全事件应急预案，制定本单位应急预案，定期开展应急演练，处置网络安全事件；

（四）认定网络安全关键岗位，组织开展网络安全工作考核，提出奖励和惩处建议；

（五）组织网络安全教育、培训；

（六）履行个人信息和数据安全保护责任，建立健全个人信息和数据安全保护制度；

（七）对关键信息基础设施设计、建设、运行、维护等服务实施安全管理；

（八）按照规定报告网络安全事件和重要事项。

部门规章及文件

3.《互联网保险业务监管办法》（2020 年 12 月 7 日）

第 37 条 保险机构应严格按照网络安全相关法律法规，建立完善与互联网保险业务发展相适应的信息技术基础设施和安全保障体系，提升信息化和网络安全保障能力：

（一）按照国家相关标准要求，采取边界防护、入侵检测、数据保护以及灾难恢复等技术手段，加强信息系统和业务数据的安全管理。

（二）制定网络安全应急预案，定期开展应急演练，建立快速应急响应机制，开展网络安全实时监测，发现问题后立即采取防范和处置措施，并按照银行业保险业突发事件报告、应对相关规定及时向负责日常监管的银保监会或其派出机构、当地公安网安部门报告。

（三）对提供技术支持和客户服务的合作机构加强合规管理，督促其保障服务质量和网络安全，其相关信息系统至少应获得网络安全等级保护二级认证。

（四）防范假冒网站、假冒互联网应用程序等与互联网保险业务相关的违法犯罪活动，开辟专门渠道接受公众举报。

第十九条　交易管理

国家建立健全数据交易管理制度，规范数据交易行为，培育数据交易市场。

法　律

1.《民法典》（2020年5月28日）

第127条　法律对数据、网络虚拟财产的保护有规定的，依照其规定。

部门规章及文件

2.《网络交易监督管理办法》（2021年3月15日）

第6条　市场监督管理部门引导网络交易经营者、网络交易行业组织、消费者组织、消费者共同参与网络交易市场治理，推动完善多元参与、有效协同、规范有序的网络交易市场治理体系。

第二十条　人才培养

国家支持教育、科研机构和企业等开展数据开发利用技术和数据安全相关教育和培训，采取多种方式培养数据开发利用技术和数据安全专业人才，促进人才交流。

法　律

1.《网络安全法》（2016年11月7日）

第18条　国家鼓励开发网络数据安全保护和利用技术，促进公共数据资源开放，推动技术创新和经济社会发展。

国家支持创新网络安全管理方式，运用网络新技术，提升网络安全保护水平。

第20条　国家支持企业和高等学校、职业学校等教育培训机构开展网络安全相关教育与培训，采取多种方式培养网络安全人才，促进网络安全人才交流。

2.《国家安全法》（2015 年 7 月 1 日）

第 74 条 国家采取必要措施，招录、培养和管理国家安全工作专门人才和特殊人才。

根据维护国家安全工作的需要，国家依法保护有关机关专门从事国家安全工作人员的身份和合法权益，加大人身保护和安置保障力度。

3.《教育法》（2021 年 4 月 29 日）

第 47 条 国家鼓励企业事业组织、社会团体及其他社会组织同高等学校、中等职业学校在教学、科研、技术开发和推广等方面进行多种形式的合作。

企业事业组织、社会团体及其他社会组织和个人，可以通过适当形式，支持学校的建设，参与学校管理。

第 53 条 国家鼓励社会团体、社会文化机构及其他社会组织和个人开展有益于受教育者身心健康的社会文化教育活动。

第 67 条 国家鼓励开展教育对外交流与合作，支持学校及其他教育机构引进优质教育资源，依法开展中外合作办学，发展国际教育服务，培养国际化人才。

教育对外交流与合作坚持独立自主、平等互利、相互尊重的原则，不得违反中国法律，不得损害国家主权、安全和社会公共利益。

第三章 数据安全制度

第二十一条 分类分级保护制度

国家建立数据分类分级保护制度，根据数据在经济社会发展中的重要程度，以及一旦遭到篡改、破坏、泄露或者非法获取、非法利用，对国家安全、公共利益或者个人、组织合法权益造成的危害程度，对数据实行分类分级保护。国家数据安全工作协调机制统筹协调有关部门制定重要数据目录，加强对重要数据的保护。

关系国家安全、国民经济命脉、重要民生、重大公共利益等数据属于国家核心数据，实行更加严格的管理制度。

各地区、各部门应当按照数据分类分级保护制度，确定本地区、本部门以及相关行业、领域的重要数据具体目录，对列入目录的数据进行重点保护。

● 法　律

1. **《网络安全法》**（2016 年 11 月 7 日）

第 21 条　国家实行网络安全等级保护制度。网络运营者应当按照网络安全等级保护制度的要求，履行下列安全保护义务，保障网络免受干扰、破坏或者未经授权的访问，防止网络数据泄露或者被窃取、篡改：

（一）制定内部安全管理制度和操作规程，确定网络安全负责人，落实网络安全保护责任；

（二）采取防范计算机病毒和网络攻击、网络侵入等危害网络安全行为的技术措施；

（三）采取监测、记录网络运行状态、网络安全事件的技术措施，并按照规定留存相关的网络日志不少于六个月；

（四）采取数据分类、重要数据备份和加密等措施；

（五）法律、行政法规及文件规定的其他义务。

第 37 条　关键信息基础设施的运营者在中华人民共和国境内运营中收集和产生的个人信息和重要数据应当在境内存储。因业务需要，确需向境外提供的，应当按照国家网信部门会同国务院有关部门制定的办法进行安全评估；法律、行政法规及文件另有规定的，依照其规定。

部门规章及文件

2.《工业数据分类分级指南（试行）》（2020 年 2 月 27 日）

第一章　总　则

第 1 条　为贯彻《促进大数据发展行动纲要》《大数据产业发展规划（2016-2020 年）》有关要求，更好推动《数据管理能力成熟度评估模型》（GB/T 36073-2018）贯标和《工业控制系统信息安全防护指南》落实，指导企业提升工业数据管理能力，促进工业数据的使用、流动与共享，释放数据潜在价值，赋能制造业高质量发展，制定本指南。

第 2 条　本指南所指工业数据是工业领域产品和服务全生命周期产生和应用的数据，包括但不限于工业企业在研发设计、生产制造、经营管理、运维服务等环节中生成和使用的数据，以及工业互联网平台企业（以下简称平台企业）在设备接入、平台运行、工业 APP 应用等过程中生成和使用的数据。

第 3 条　本指南适用于工业和信息化主管部门、工业企业、平台企业等开展工业数据分类分级工作。涉及国家秘密信息的工业数据，应遵守保密法律法规的规定，不适用本指南。

第 4 条　工业数据分类分级以提升企业数据管理能力为目标，坚持问题导向、目标导向和结果导向相结合，企业主体、行业指导和属地监管相结合，分类标识、逐类定级和分级管理相结合。

第二章　数据分类

第 5 条　工业企业结合生产制造模式、平台企业结合服务运营模式，分析梳理业务流程和系统设备，考虑行业要求、业务规模、数据复杂程度等实际情况，对工业数据进行分类梳理和标识，形成企业工业数据分类清单。

第 6 条　工业企业工业数据分类维度包括但不限于研发数据域（研发设计数据、开发测试数据等）、生产数据域（控制信息、工况状态、工艺参数、系统日志等）、运维数据域（物流数据、产品售后服务数据等）、管理数据域（系统设备资产信息、客户与产品信息、产品供应链数据、业务统计数据等）、外部数据域（与其他主体共享的数据等）。

第 7 条 平台企业工业数据分类维度包括但不限于平台运营数据域（物联采集数据、知识库模型库数据、研发数据等）和企业管理数据域（客户数据、业务合作数据、人事财务数据等）。

第三章 数据分级

第 8 条 根据不同类别工业数据遭篡改、破坏、泄露或非法利用后，可能对工业生产、经济效益等带来的潜在影响，将工业数据分为一级、二级、三级等 3 个级别。

第 9 条 潜在影响符合下列条件之一的数据为三级数据：

（一）易引发特别重大生产安全事故或突发环境事件，或造成直接经济损失特别巨大；

（二）对国民经济、行业发展、公众利益、社会秩序乃至国家安全造成严重影响。

第 10 条 潜在影响符合下列条件之一的数据为二级数据：

（一）易引发较大或重大生产安全事故或突发环境事件，给企业造成较大负面影响，或直接经济损失较大；

（二）引发的级联效应明显，影响范围涉及多个行业、区域或者行业内多个企业，或影响持续时间长，或可导致大量供应商、客户资源被非法获取或大量个人信息泄露；

（三）恢复工业数据或消除负面影响所需付出的代价较大。

第 11 条 潜在影响符合下列条件之一的数据为一级数据：

（一）对工业控制系统及设备、工业互联网平台等的正常生产运行影响较小；

（二）给企业造成负面影响较小，或直接经济损失较小；

（三）受影响的用户和企业数量较少、生产生活区域范围较小、持续时间较短；

（四）恢复工业数据或消除负面影响所需付出的代价较小。

第四章　分级管理

第12条　工业和信息化部负责制定工业数据分类分级制度规范，指导、协调开展工业数据分类分级工作。各地工业和信息化主管部门负责指导和推动辖区内工业数据分类分级工作。有关行业、领域主管部门可参考本指南，指导和推动本行业、本领域工业数据分类分级工作。

第13条　工业企业、平台企业等企业承担工业数据管理的主体责任，要建立健全相关管理制度，实施工业数据分类分级管理并开展年度复查，并在企业系统、业务等发生重大变更时应及时更新分类分级结果。有条件的企业可结合实际设立数据管理机构，配备专职人员。

第14条　企业应按照《工业控制系统信息安全防护指南》等要求，结合工业数据分级情况，做好防护工作。

企业针对三级数据采取的防护措施，应能抵御来自国家级敌对组织的大规模恶意攻击；针对二级数据采取的防护措施，应能抵御大规模、较强恶意攻击；针对一级数据采取的防护措施，应能抵御一般恶意攻击。

第15条　鼓励企业在做好数据管理的前提下适当共享一、二级数据，充分释放工业数据的潜在价值。二级数据只对确需获取该级数据的授权机构及相关人员开放。三级数据原则上不共享，确需共享的应严格控制知悉范围。

第16条　工业数据遭篡改、破坏、泄露或非法利用时，企业应根据事先制定的应急预案立即进行应急处置。涉及三级数据时，还应将事件及时上报数据所在地的省级工业和信息化主管部门，并于应急工作结束后30日内补充上报事件处置情况。

部门规章及文件

3. 《证券期货业数据分类分级指引》[①]（2018 年 9 月 27 日）

第二十二条　风险机制

国家建立集中统一、高效权威的数据安全风险评估、报告、信息共享、监测预警机制。国家数据安全工作协调机制统筹协调有关部门加强数据安全风险信息的获取、分析、研判、预警工作。

法　律

1. 《网络安全法》（2016 年 11 月 7 日）

第 51 条　国家建立网络安全监测预警和信息通报制度。国家网信部门应当统筹协调有关部门加强网络安全信息收集、分析和通报工作，按照规定统一发布网络安全监测预警信息。

第 52 条　负责关键信息基础设施安全保护工作的部门，应当建立健全本行业、本领域的网络安全监测预警和信息通报制度，并按照规定报送网络安全监测预警信息。

2. 《密码法》（2019 年 10 月 26 日）

第 17 条　密码管理部门根据工作需要会同有关部门建立核心密码、普通密码的安全监测预警、安全风险评估、信息通报、重大事项会商和应急处置等协作机制，确保核心密码、普通密码安全管理的协同联动和有序高效。

密码工作机构发现核心密码、普通密码泄密或者影响核心密码、普通密码安全的重大问题、风险隐患的，应当立即采取应对措施，并及时向保密行政管理部门、密码管理部门报告，由保密

---

① 囿于篇幅有限，全文参见中国证券监督管理委员会网站，http://www.csrc.gov.cn/pub/zjhpublic/zjh/201809/t20180929_344804.htm。

行政管理部门、密码管理部门会同有关部门组织开展调查、处置，并指导有关密码工作机构及时消除安全隐患。

● 行政法规及文件

3.《**关键信息基础设施安全保护条例**》（2021 年 7 月 30 日）

第 23 条 国家网信部门统筹协调有关部门建立网络安全信息共享机制，及时汇总、研判、共享、发布网络安全威胁、漏洞、事件等信息，促进有关部门、保护工作部门、运营者以及网络安全服务机构等之间的网络安全信息共享。

● 部门规章及文件

4.《**公共互联网网络安全威胁监测与处置办法**》（2017 年 8 月 9 日）

第 2 条 本办法所称公共互联网网络安全威胁是指公共互联网上存在或传播的、可能或已经对公众造成危害的网络资源、恶意程序、安全隐患或安全事件，包括：

（一）被用于实施网络攻击的恶意 IP 地址、恶意域名、恶意 URL、恶意电子信息，包括木马和僵尸网络控制端，钓鱼网站，钓鱼电子邮件、短信/彩信、即时通信等；

（二）被用于实施网络攻击的恶意程序，包括木马、病毒、僵尸程序、移动恶意程序等；

（三）网络服务和产品中存在的安全隐患，包括硬件漏洞、代码漏洞、业务逻辑漏洞、弱口令、后门等；

（四）网络服务和产品已被非法入侵、非法控制的网络安全事件，包括主机受控、数据泄露、网页篡改等；

（五）其他威胁网络安全或存在安全隐患的情形。

第 3 条 工业和信息化部负责组织开展全国公共互联网网络安全威胁监测与处置工作。各省、自治区、直辖市通信管理局负责组织开展本行政区域内公共互联网网络安全威胁监测与处置工作。工业和信息化部和各省、自治区、直辖市通信管理局以下统称为电信主管部门。

第4条 网络安全威胁监测与处置工作坚持及时发现、科学认定、有效处置的原则。

第5条 相关专业机构、基础电信企业、网络安全企业、互联网企业、域名注册管理和服务机构等应当加强网络安全威胁监测与处置工作，明确责任部门、责任人和联系人，加强相关技术手段建设，不断提高网络安全威胁监测与处置的及时性、准确性和有效性。

第6条 相关专业机构、基础电信企业、网络安全企业、互联网企业、域名注册管理和服务机构等监测发现网络安全威胁后，属于本单位自身问题的，应当立即进行处置，涉及其他主体的，应当及时将有关信息按照规定的内容要素和格式提交至工业和信息化部和相关省、自治区、直辖市通信管理局。

工业和信息化部建立网络安全威胁信息共享平台，统一汇集、存储、分析、通报、发布网络安全威胁信息；制定相关接口规范，与相关单位网络安全监测平台实现对接。国家计算机网络应急技术处理协调中心负责平台建设和运行维护工作。

5. **《国家网络安全事件应急预案》**（2017年1月10日）

3.1 预警分级

网络安全事件预警等级分为四级：由高到低依次用红色、橙色、黄色和蓝色表示，分别对应发生或可能发生特别重大、重大、较大和一般网络安全事件。

3.2 预警监测

各单位按照“谁主管谁负责、谁运行谁负责”的要求，组织对本单位建设运行的网络和信息系统开展网络安全监测工作。重点行业主管或监管部门组织指导做好本行业网络安全监测工作。各省（区、市）网信部门结合本地区实际，统筹组织开展对本地区网络和信息系统的安全监测工作。各省（区、市）、各部门将重要监测信息报应急办，应急办组织开展跨省（区、市）、跨部门的网络安全信息共享。

3.3　预警研判和发布

各省（区、市）、各部门组织对监测信息进行研判，认为需要立即采取防范措施的，应当及时通知有关部门和单位，对可能发生重大及以上网络安全事件的信息及时向应急办报告。各省（区、市）、各部门可根据监测研判情况，发布本地区、本行业的橙色及以下预警。

应急办组织研判，确定和发布红色预警和涉及多省（区、市）、多部门、多行业的预警。

预警信息包括事件的类别、预警级别、起始时间、可能影响范围、警示事项、应采取的措施和时限要求、发布机关等。

第二十三条　数据安全应急处置

国家建立数据安全应急处置机制。发生数据安全事件，有关主管部门应当依法启动应急预案，采取相应的应急处置措施，防止危害扩大，消除安全隐患，并及时向社会发布与公众有关的警示信息。

法　律

1.《网络安全法》（2016 年 11 月 7 日）

第 25 条　网络运营者应当制定网络安全事件应急预案，及时处置系统漏洞、计算机病毒、网络攻击、网络侵入等安全风险；在发生危害网络安全的事件时，立即启动应急预案，采取相应的补救措施，并按照规定向有关主管部门报告。

第 53 条　国家网信部门协调有关部门建立健全网络安全风险评估和应急工作机制，制定网络安全事件应急预案，并定期组织演练。

负责关键信息基础设施安全保护工作的部门应当制定本行业、本领域的网络安全事件应急预案，并定期组织演练。

网络安全事件应急预案应当按照事件发生后的危害程度、影响范围等因素对网络安全事件进行分级，并规定相应的应急处置措施。

第 55 条 发生网络安全事件，应当立即启动网络安全事件应急预案，对网络安全事件进行调查和评估，要求网络运营者采取技术措施和其他必要措施，消除安全隐患，防止危害扩大，并及时向社会发布与公众有关的警示信息。

2.**《国家安全法》**（2015 年 7 月 1 日）

第 67 条 国家健全国家安全危机的信息报告和发布机制。

国家安全危机事件发生后，履行国家安全危机管控职责的有关机关，应当按照规定准确、及时报告，并依法将有关国家安全危机事件发生、发展、管控处置及善后情况统一向社会发布。

3.**《突发事件应对法》**（2007 年 8 月 30 日）

第 22 条 所有单位应当建立健全安全管理制度，定期检查本单位各项安全防范措施的落实情况，及时消除事故隐患；掌握并及时处理本单位存在的可能引发社会安全事件的问题，防止矛盾激化和事态扩大；对本单位可能发生的突发事件和采取安全防范措施的情况，应当按照规定及时向所在地人民政府或者人民政府有关部门报告。

第 51 条 发生突发事件，严重影响国民经济正常运行时，国务院或者国务院授权的有关主管部门可以采取保障、控制等必要的应急措施，保障人民群众的基本生活需要，最大限度地减轻突发事件的影响。

第 58 条 突发事件的威胁和危害得到控制或者消除后，履行统一领导职责或者组织处置突发事件的人民政府应当停止执行依照本法规定采取的应急处置措施，同时采取或者继续实施必要措施，防止发生自然灾害、事故灾难、公共卫生事件的次生、衍生事件或者重新引发社会安全事件。

● 行政法规及文件

4.《**突发事件应急预案管理办法**》（2013 年 10 月 25 日）

第 2 条 本办法所称应急预案，是指各级人民政府及其部门、基层组织、企事业单位、社会团体等为依法、迅速、科学、有序应对突发事件，最大程度减少突发事件及其造成的损害而预先制定的工作方案。

第 3 条 应急预案的规划、编制、审批、发布、备案、演练、修订、培训、宣传教育等工作，适用本办法。

第 4 条 应急预案管理遵循统一规划、分类指导、分级负责、动态管理的原则。

第 5 条 应急预案编制要依据有关法律、行政法规和制度，紧密结合实际，合理确定内容，切实提高针对性、实用性和可操作性。

● 部门规章及文件

5.《**国家网络安全事件应急预案**》（2017 年 1 月 10 日）

2.1 领导机构与职责

在中央网络安全和信息化领导小组（以下简称“领导小组”）的领导下，中央网络安全和信息化领导小组办公室（以下简称“中央网信办”）统筹协调组织国家网络安全事件应对工作，建立健全跨部门联动处置机制，工业和信息化部、公安部、国家保密局等相关部门按照职责分工负责相关网络安全事件应对工作。必要时成立国家网络安全事件应急指挥部（以下简称“指挥部”），负责特别重大网络安全事件处置的组织指挥和协调。

第二十四条 安全审查

国家建立数据安全审查制度，对影响或者可能影响国家安全的数据处理活动进行国家安全审查。

依法作出的安全审查决定为最终决定。

法 律

1.《国家安全法》（2015 年 7 月 1 日）

第 59 条 国家建立国家安全审查和监管的制度和机制，对影响或者可能影响国家安全的外商投资、特定物项和关键技术、网络信息技术产品和服务、涉及国家安全事项的建设项目，以及其他重大事项和活动，进行国家安全审查，有效预防和化解国家安全风险。

第 60 条 中央国家机关各部门依照法律、行政法规行使国家安全审查职责，依法作出国家安全审查决定或者提出安全审查意见并监督执行。

第 61 条 省、自治区、直辖市依法负责本行政区域内有关国家安全审查和监管工作。

2.《网络安全法》（2016 年 11 月 7 日）

第 35 条 关键信息基础设施的运营者采购网络产品和服务，可能影响国家安全的，应当通过国家网信部门会同国务院有关部门组织的国家安全审查。

3.《生物安全法》（2020 年 10 月 17 日）

第 20 条 国家建立生物安全审查制度。对影响或者可能影响国家安全的生物领域重大事项和活动，由国务院有关部门进行生物安全审查，有效防范和化解生物安全风险。

4.《外商投资法》（2019 年 3 月 15 日）

第 35 条 国家建立外商投资安全审查制度，对影响或者可能影响国家安全的外商投资进行安全审查。

依法作出的安全审查决定为最终决定。

5.《密码法》（2019 年 10 月 26 日）

第 27 条 法律、行政法规和国家有关规定要求使用商用密码进行保护的关键信息基础设施，其运营者应当使用商用密码进行保护，自行或者委托商用密码检测机构开展商用密码应用安全性评估。商用密码应用安全性评估应当与关键信息基础设施安全检测评估、网络安全等级测评制度相衔接，避免重复评估、测评。

关键信息基础设施的运营者采购涉及商用密码的网络产品和服务，可能影响国家安全的，应当按照《中华人民共和国网络安全法》的规定，通过国家网信部门会同国家密码管理部门等有关部门组织的国家安全审查。

● 部门规章及文件

6.《网络安全审查办法》（2021 年 12 月 28 日）

第 1 条 为了确保关键信息基础设施供应链安全，保障网络安全和数据安全，维护国家安全，根据《中华人民共和国国家安全法》、《中华人民共和国网络安全法》、《中华人民共和国数据安全法》、《关键信息基础设施安全保护条例》，制定本办法。

第 2 条 关键信息基础设施运营者采购网络产品和服务，网络平台运营者开展数据处理活动，影响或者可能影响国家安全的，应当按照本办法进行网络安全审查。

前款规定的关键信息基础设施运营者、网络平台运营者统称为当事人。

第 3 条 网络安全审查坚持防范网络安全风险与促进先进技术应用相结合、过程公正透明与知识产权保护相结合、事前审查与持续监管相结合、企业承诺与社会监督相结合，从产品和服务以及数据处理活动安全性、可能带来的国家安全风险等方面进行审查。

第 4 条　在中央网络安全和信息化委员会领导下，国家互联网信息办公室会同中华人民共和国国家发展和改革委员会、中华人民共和国工业和信息化部、中华人民共和国公安部、中华人民共和国国家安全部、中华人民共和国财政部、中华人民共和国商务部、中国人民银行、国家市场监督管理总局、国家广播电视总局、中国证券监督管理委员会、国家保密局、国家密码管理局建立国家网络安全审查工作机制。

网络安全审查办公室设在国家互联网信息办公室，负责制定网络安全审查相关制度规范，组织网络安全审查。

第 5 条　关键信息基础设施运营者采购网络产品和服务的，应当预判该产品和服务投入使用后可能带来的国家安全风险。影响或者可能影响国家安全的，应当向网络安全审查办公室申报网络安全审查。

关键信息基础设施安全保护工作部门可以制定本行业、本领域预判指南。

第 6 条　对于申报网络安全审查的采购活动，关键信息基础设施运营者应当通过采购文件、协议等要求产品和服务提供者配合网络安全审查，包括承诺不利用提供产品和服务的便利条件非法获取用户数据、非法控制和操纵用户设备，无正当理由不中断产品供应或者必要的技术支持服务等。

第 7 条　掌握超过 100 万用户个人信息的网络平台运营者赴国外上市，必须向网络安全审查办公室申报网络安全审查。

第 8 条　当事人申报网络安全审查，应当提交以下材料：

（一）申报书；

（二）关于影响或者可能影响国家安全的分析报告；

（三）采购文件、协议、拟签订的合同或者拟提交的首次公开募股（IPO）等上市申请文件；

（四）网络安全审查工作需要的其他材料。

第9条　网络安全审查办公室应当自收到符合本办法第八条规定的审查申报材料起10个工作日内，确定是否需要审查并书面通知当事人。

第10条　网络安全审查重点评估相关对象或者情形的以下国家安全风险因素：

（一）产品和服务使用后带来的关键信息基础设施被非法控制、遭受干扰或者破坏的风险；

（二）产品和服务供应中断对关键信息基础设施业务连续性的危害；

（三）产品和服务的安全性、开放性、透明性、来源的多样性，供应渠道的可靠性以及因为政治、外交、贸易等因素导致供应中断的风险；

（四）产品和服务提供者遵守中国法律、行政法规、部门规章情况；

（五）核心数据、重要数据或者大量个人信息被窃取、泄露、毁损以及非法利用、非法出境的风险；

（六）上市存在关键信息基础设施、核心数据、重要数据或者大量个人信息被外国政府影响、控制、恶意利用的风险，以及网络信息安全风险；

（七）其他可能危害关键信息基础设施安全、网络安全和数据安全的因素。

第11条　网络安全审查办公室认为需要开展网络安全审查的，应当自向当事人发出书面通知之日起30个工作日内完成初步审查，包括形成审查结论建议和将审查结论建议发送网络安全审查工作机制成员单位、相关部门征求意见；情况复杂的，可以延长15个工作日。

第12条　网络安全审查工作机制成员单位和相关部门应当自收到审查结论建议之日起15个工作日内书面回复意见。

网络安全审查工作机制成员单位、相关部门意见一致的，网络安全审查办公室以书面形式将审查结论通知当事人；意见不一致的，按照特别审查程序处理，并通知当事人。

第 13 条　按照特别审查程序处理的，网络安全审查办公室应当听取相关单位和部门意见，进行深入分析评估，再次形成审查结论建议，并征求网络安全审查工作机制成员单位和相关部门意见，按程序报中央网络安全和信息化委员会批准后，形成审查结论并书面通知当事人。

第 14 条　特别审查程序一般应当在 90 个工作日内完成，情况复杂的可以延长。

第 15 条　网络安全审查办公室要求提供补充材料的，当事人、产品和服务提供者应当予以配合。提交补充材料的时间不计入审查时间。

第 16 条　网络安全审查工作机制成员单位认为影响或者可能影响国家安全的网络产品和服务以及数据处理活动，由网络安全审查办公室按程序报中央网络安全和信息化委员会批准后，依照本办法的规定进行审查。

为了防范风险，当事人应当在审查期间按照网络安全审查要求采取预防和消减风险的措施。

第 17 条　参与网络安全审查的相关机构和人员应当严格保护知识产权，对在审查工作中知悉的商业秘密、个人信息，当事人、产品和服务提供者提交的未公开材料，以及其他未公开信息承担保密义务；未经信息提供方同意，不得向无关方披露或者用于审查以外的目的。

第 18 条　当事人或者网络产品和服务提供者认为审查人员有失客观公正，或者未能对审查工作中知悉的信息承担保密义务的，可以向网络安全审查办公室或者有关部门举报。

第 19 条　当事人应当督促产品和服务提供者履行网络安全

审查中作出的承诺。

网络安全审查办公室通过接受举报等形式加强事前事中事后监督。

第20条 当事人违反本办法规定的，依照《中华人民共和国网络安全法》、《中华人民共和国数据安全法》的规定处理。

第21条 本办法所称网络产品和服务主要指核心网络设备、重要通信产品、高性能计算机和服务器、大容量存储设备、大型数据库和应用软件、网络安全设备、云计算服务，以及其他对关键信息基础设施安全、网络安全和数据安全有重要影响的网络产品和服务。

第22条 涉及国家秘密信息的，依照国家有关保密规定执行。

国家对数据安全审查、外商投资安全审查另有规定的，应当同时符合其规定。

第23条 本办法自2022年2月15日起施行。2020年4月13日公布的《网络安全审查办法》（国家互联网信息办公室、国家发展和改革委员会、工业和信息化部、公安部、国家安全部、财政部、商务部、中国人民银行、国家市场监督管理总局、国家广播电视总局、国家保密局、国家密码管理局令第6号）同时废止。

第二十五条 出口管制

国家对与维护国家安全和利益、履行国际义务相关的属于管制物项的数据依法实施出口管制。

● 法 律

1. **《网络安全法》**（2016年11月7日）

第37条 关键信息基础设施的运营者在中华人民共和国境内运营中收集和产生的个人信息和重要数据应当在境内存储。因业务需要，确需向境外提供的，应当按照国家网信部门会同国务院有关部门制定的办法进行安全评估；法律、行政法规另有规定的，依照其规定。

2.《出口管制法》（2020年10月17日）

第2条 国家对两用物项、军品、核以及其他与维护国家安全和利益、履行防扩散等国际义务相关的货物、技术、服务等物项（以下统称管制物项）的出口管制，适用本法。

前款所称管制物项，包括物项相关的技术资料等数据。

本法所称出口管制，是指国家对从中华人民共和国境内向境外转移管制物项，以及中华人民共和国公民、法人和非法人组织向外国组织和个人提供管制物项，采取禁止或者限制性措施。

本法所称两用物项，是指既有民事用途，又有军事用途或者有助于提升军事潜力，特别是可以用于设计、开发、生产或者使用大规模杀伤性武器及其运载工具的货物、技术和服务。

本法所称军品，是指用于军事目的的装备、专用生产设备以及其他相关货物、技术和服务。

本法所称核，是指核材料、核设备、反应堆用非核材料以及相关技术和服务。

第12条 国家对管制物项的出口实行许可制度。

出口管制清单所列管制物项或者临时管制物项，出口经营者应当向国家出口管制管理部门申请许可。

出口管制清单所列管制物项以及临时管制物项之外的货物、技术和服务，出口经营者知道或者应当知道，或者得到国家出口管制管理部门通知，相关货物、技术和服务可能存在以下风险的，应当向国家出口管制管理部门申请许可：

（一）危害国家安全和利益；

（二）被用于设计、开发、生产或者使用大规模杀伤性武器及其运载工具；

（三）被用于恐怖主义目的。

出口经营者无法确定拟出口的货物、技术和服务是否属于本法规定的管制物项，向国家出口管制管理部门提出咨询的，国家出口管制管理部门应当及时答复。

第32条 国家出口管制管理部门根据缔结或者参加的国际条约，或者按照平等互惠原则，与其他国家或者地区、国际组织等开展出口管制合作与交流。

中华人民共和国境内的组织和个人向境外提供出口管制相关信息，应当依法进行；可能危害国家安全和利益的，不得提供。

3.**《密码法》**（2019年10月26日）

第28条 国务院商务主管部门、国家密码管理部门依法对涉及国家安全、社会公共利益且具有加密保护功能的商用密码实施进口许可，对涉及国家安全、社会公共利益或者中国承担国际义务的商用密码实施出口管制。商用密码进口许可清单和出口管制清单由国务院商务主管部门会同国家密码管理部门和海关总署制定并公布。

大众消费类产品所采用的商用密码不实行进口许可和出口管制制度。

第二十六条 对等反歧视措施

任何国家或者地区在与数据和数据开发利用技术等有关的投资、贸易等方面对中华人民共和国采取歧视性的禁止、限制或者其他类似措施的，中华人民共和国可以根据实际情况对该国家或者地区对等采取措施。

法　律

1.**《个人信息保护法》**（2021年8月20日）

第43条 任何国家或者地区在个人信息保护方面对中华人民共和国采取歧视性的禁止、限制或者其他类似措施的，中华人民共和国可以根据实际情况对该国家或者地区对等采取措施。

2.《外商投资法》（2019 年 3 月 15 日）

第 28 条 外商投资准入负面清单规定禁止投资的领域，外国投资者不得投资。

外商投资准入负面清单规定限制投资的领域，外国投资者进行投资应当符合负面清单规定的条件。

外商投资准入负面清单以外的领域，按照内外资一致的原则实施管理。

第 29 条 外商投资需要办理投资项目核准、备案的，按照国家有关规定执行。

第 30 条 外国投资者在依法需要取得许可的行业、领域进行投资的，应当依法办理相关许可手续。

有关主管部门应当按照与内资一致的条件和程序，审核外国投资者的许可申请，法律、行政法规另有规定的除外。

第 34 条 国家建立外商投资信息报告制度。外国投资者或者外商投资企业应当通过企业登记系统以及企业信用信息公示系统向商务主管部门报送投资信息。

外商投资信息报告的内容和范围按照确有必要的原则确定；通过部门信息共享能够获得的投资信息，不得再行要求报送。

第 35 条 国家建立外商投资安全审查制度，对影响或者可能影响国家安全的外商投资进行安全审查。

依法作出的安全审查决定为最终决定。

3.《出口管制法》（2020 年 10 月 17 日）

第 48 条 任何国家或者地区滥用出口管制措施危害中华人民共和国国家安全和利益的，中华人民共和国可以根据实际情况对该国家或者地区对等采取措施。

4.《对外贸易法》（2016 年 11 月 7 日）

第 7 条 任何国家或者地区在贸易方面对中华人民共和国采

取歧视性的禁止、限制或者其他类似措施的，中华人民共和国可以根据实际情况对该国家或者该地区采取相应的措施。

5.《**反外国制裁法**》（2021 年 6 月 10 日）

第 3 条 中华人民共和国反对霸权主义和强权政治，反对任何国家以任何借口、任何方式干涉中国内政。

外国国家违反国际法和国际关系基本准则，以各种借口或者依据其本国法律对我国进行遏制、打压，对我国公民、组织采取歧视性限制措施，干涉我国内政的，我国有权采取相应反制措施。

第 13 条 对于危害我国主权、安全、发展利益的行为，除本法规定外，有关法律、行政法规、部门规章可以规定采取其他必要的反制措施。

● 部门规章及文件

6.《**阻断外国法律与措施不当域外适用办法**》（2021 年 1 月 9 日）

第 5 条 中国公民、法人或者其他组织遇到外国法律与措施禁止或者限制其与第三国（地区）及其公民、法人或者其他组织正常的经贸及相关活动情形的，应当在 30 日内向国务院商务主管部门如实报告有关情况。报告人要求保密的，国务院商务主管部门及其工作人员应当为其保密。

第 6 条 有关外国法律与措施是否存在不当域外适用情形，由工作机制综合考虑下列因素评估确认：

（一）是否违反国际法和国际关系基本准则；

（二）对中国国家主权、安全、发展利益可能产生的影响；

（三）对中国公民、法人或者其他组织合法权益可能产生的影响；

（四）其他应当考虑的因素。

第 12 条 对外国法律与措施不当域外适用，中国政府可以根据实际情况和需要，采取必要的反制措施。

第四章　数据安全保护义务

第二十七条　义务的履行方式

开展数据处理活动应当依照法律、法规的规定，建立健全全流程数据安全管理制度，组织开展数据安全教育培训，采取相应的技术措施和其他必要措施，保障数据安全。利用互联网等信息网络开展数据处理活动，应当在网络安全等级保护制度的基础上，履行上述数据安全保护义务。

重要数据的处理者应当明确数据安全负责人和管理机构，落实数据安全保护责任。

● 法　律

1. **《网络安全法》**（2016 年 11 月 7 日）

第 9 条　网络运营者开展经营和服务活动，必须遵守法律、行政法规，尊重社会公德，遵守商业道德，诚实信用，履行网络安全保护义务，接受政府和社会的监督，承担社会责任。

第 10 条　建设、运营网络或者通过网络提供服务，应当依照法律、行政法规的规定和国家标准的强制性要求，采取技术措施和其他必要措施，保障网络安全、稳定运行，有效应对网络安全事件，防范网络违法犯罪活动，维护网络数据的完整性、保密性和可用性。

第 21 条　国家实行网络安全等级保护制度。网络运营者应当按照网络安全等级保护制度的要求，履行下列安全保护义务，保障网络免受干扰、破坏或者未经授权的访问，防止网络数据泄露或者被窃取、篡改：

（一）制定内部安全管理制度和操作规程，确定网络安全负责人，落实网络安全保护责任；

（二）采取防范计算机病毒和网络攻击、网络侵入等危害网络安全行为的技术措施；

（三）采取监测、记录网络运行状态、网络安全事件的技术措施，并按照规定留存相关的网络日志不少于六个月；

（四）采取数据分类、重要数据备份和加密等措施；

（五）法律、行政法规规定的其他义务。

2. **《个人信息保护法》**（2021 年 8 月 20 日）

第 9 条 个人信息处理者应当对其个人信息处理活动负责，并采取必要措施保障所处理的个人信息的安全。

第 11 条 国家建立健全个人信息保护制度，预防和惩治侵害个人信息权益的行为，加强个人信息保护宣传教育，推动形成政府、企业、相关社会组织、公众共同参与个人信息保护的良好环境。

3. **《电子商务法》**（2018 年 8 月 31 日）

第 30 条 电子商务平台经营者应当采取技术措施和其他必要措施保证其网络安全、稳定运行，防范网络违法犯罪活动，有效应对网络安全事件，保障电子商务交易安全。

电子商务平台经营者应当制定网络安全事件应急预案，发生网络安全事件时，应当立即启动应急预案，采取相应的补救措施，并向有关主管部门报告。

● 案例指引

俞某华诉网络科技公司网络服务合同案①

案情摘要：俞某华的某直播平台账号显示在异地被登录并被盗

① 本案例为广州互联网法院 2021 年发布的涉数据及虚拟财产十大典型案例，同时也是 2021 年最高人民法院发布互联网十大典型案例。参见广州互联网法院网站，https：//www. gzinternetcourt. gov. cn/#/articleDetail？ id = uzpj9c02270ceuou0ulnwnc20nfqmpe0&titleType = advancedSearch&type = WorkTrends&apiType = routine，最后访问时间：2022 年 11 月 22 日。

刷了价值 1180 元的红钻券。俞某华立即联系平台运营商案涉网络科技公司，但其未采取措施致代表其等级身份的“券”被盗用。俞某华遂起诉网络科技公司请求赔偿损失。广州互联网法院经审理认为，网络科技公司向用户提供的防盗措施不够周密，且未能提供或保存被盗财产的流向等信息，在技术和服务上存在一定疏漏，对俞某华的损失负有次要责任，故判令网络科技公司赔偿被盗损失的 40%的责任。

本案判决为妥善调处网络服务合同纠纷、完善网络服务提供者责任承担规则提供了范例。裁判结果有利于提高对网络虚拟财产的保护水平，亦有助于加强用户和网络服务提供者的安全保障意识和责任意识。

第二十八条 符合社会公共利益义务

开展数据处理活动以及研究开发数据新技术，应当有利于促进经济社会发展，增进人民福祉，符合社会公德和伦理。

法　律

1.《民法典》（2020 年 5 月 28 日）

第 10 条　处理民事纠纷，应当依照法律；法律没有规定的，可以适用习惯，但是不得违背公序良俗。

2.《网络安全法》（2016 年 11 月 7 日）

第 9 条　网络运营者开展经营和服务活动，必须遵守法律、行政法规，尊重社会公德，遵守商业道德，诚实信用，履行网络安全保护义务，接受政府和社会的监督，承担社会责任。

第 13 条　国家支持研究开发有利于未成年人健康成长的网络产品和服务，依法惩治利用网络从事危害未成年人身心健康的活动，为未成年人提供安全、健康的网络环境。

3.《个人信息保护法》（2021 年 8 月 20 日）

第 10 条　任何组织、个人不得非法收集、使用、加工、传输他人个人信息，不得非法买卖、提供或者公开他人个人信息；不得从事危害国家安全、公共利益的个人信息处理活动。

4.《生物安全法》（2020 年 10 月 17 日）

第 34 条 国家加强对生物技术研究、开发与应用活动的安全管理，禁止从事危及公众健康、损害生物资源、破坏生态系统和生物多样性等危害生物安全的生物技术研究、开发与应用活动。

从事生物技术研究、开发与应用活动，应当符合伦理原则。

第二十九条 风险监测及处置义务

开展数据处理活动应当加强风险监测，发现数据安全缺陷、漏洞等风险时，应当立即采取补救措施；发生数据安全事件时，应当立即采取处置措施，按照规定及时告知用户并向有关主管部门报告。

● 法 律

1.《民法典》（2020 年 5 月 28 日）

第 1038 条 信息处理者不得泄露或者篡改其收集、存储的个人信息；未经自然人同意，不得向他人非法提供其个人信息，但是经过加工无法识别特定个人且不能复原的除外。

信息处理者应当采取技术措施和其他必要措施，确保其收集、存储的个人信息安全，防止信息泄露、篡改、丢失；发生或者可能发生个人信息泄露、篡改、丢失的，应当及时采取补救措施，按照规定告知自然人并向有关主管部门报告。

2.《网络安全法》（2016 年 11 月 7 日）

第 22 条 网络产品、服务应当符合相关国家标准的强制性要求。网络产品、服务的提供者不得设置恶意程序；发现其网络产品、服务存在安全缺陷、漏洞等风险时，应当立即采取补救措施，按照规定及时告知用户并向有关主管部门报告。

网络产品、服务的提供者应当为其产品、服务持续提供安全维护；在规定或者当事人约定的期限内，不得终止提供安全维护。

网络产品、服务具有收集用户信息功能的，其提供者应当向用户明示并取得同意；涉及用户个人信息的，还应当遵守本法和有关法律、行政法规关于个人信息保护的规定。

第 25 条 网络运营者应当制定网络安全事件应急预案，及时处置系统漏洞、计算机病毒、网络攻击、网络侵入等安全风险；在发生危害网络安全的事件时，立即启动应急预案，采取相应的补救措施，并按照规定向有关主管部门报告。

第 42 条 网络运营者不得泄露、篡改、毁损其收集的个人信息；未经被收集者同意，不得向他人提供个人信息。但是，经过处理无法识别特定个人且不能复原的除外。

网络运营者应当采取技术措施和其他必要措施，确保其收集的个人信息安全，防止信息泄露、毁损、丢失。在发生或者可能发生个人信息泄露、毁损、丢失的情况时，应当立即采取补救措施，按照规定及时告知用户并向有关主管部门报告。

3. **《个人信息保护法》**（2021 年 8 月 20 日）

第 57 条 发生或者可能发生个人信息泄露、篡改、丢失的，个人信息处理者应当立即采取补救措施，并通知履行个人信息保护职责的部门和个人。通知应当包括下列事项：

（一）发生或者可能发生个人信息泄露、篡改、丢失的信息种类、原因和可能造成的危害；

（二）个人信息处理者采取的补救措施和个人可以采取的减轻危害的措施；

（三）个人信息处理者的联系方式。

个人信息处理者采取措施能够有效避免信息泄露、篡改、丢失造成危害的，个人信息处理者可以不通知个人；履行个人信息保护职责的部门认为可能造成危害的，有权要求个人信息处理者通知个人。

4.《**电子商务法**》（2018 年 8 月 31 日）

第 30 条 电子商务平台经营者应当采取技术措施和其他必要措施保证其网络安全、稳定运行，防范网络违法犯罪活动，有效应对网络安全事件，保障电子商务交易安全。

电子商务平台经营者应当制定网络安全事件应急预案，发生网络安全事件时，应当立即启动应急预案，采取相应的补救措施，并向有关主管部门报告。

第三十条 风险评估义务

重要数据的处理者应当按照规定对其数据处理活动定期开展风险评估，并向有关主管部门报送风险评估报告。

风险评估报告应当包括处理的重要数据的种类、数量，开展数据处理活动的情况，面临的数据安全风险及其应对措施等。

● 法 律

1.《**网络安全法**》（2016 年 11 月 7 日）

第 17 条 国家推进网络安全社会化服务体系建设，鼓励有关企业、机构开展网络安全认证、检测和风险评估等安全服务。

第 53 条 国家网信部门协调有关部门建立健全网络安全风险评估和应急工作机制，制定网络安全事件应急预案，并定期组织演练。

负责关键信息基础设施安全保护工作的部门应当制定本行业、本领域的网络安全事件应急预案，并定期组织演练。

网络安全事件应急预案应当按照事件发生后的危害程度、影响范围等因素对网络安全事件进行分级，并规定相应的应急处置措施。

2.《个人信息保护法》（2021年8月20日）

第36条 国家机关处理的个人信息应当在中华人民共和国境内存储；确需向境外提供的，应当进行安全评估。安全评估可以要求有关部门提供支持与协助。

第55条 有下列情形之一的，个人信息处理者应当事前进行个人信息保护影响评估，并对处理情况进行记录：

（一）处理敏感个人信息；

（二）利用个人信息进行自动化决策；

（三）委托处理个人信息、向其他个人信息处理者提供个人信息、公开个人信息；

（四）向境外提供个人信息；

（五）其他对个人权益有重大影响的个人信息处理活动。

第56条 个人信息保护影响评估应当包括下列内容：

（一）个人信息的处理目的、处理方式等是否合法、正当、必要；

（二）对个人权益的影响及安全风险；

（三）所采取的保护措施是否合法、有效并与风险程度相适应。

个人信息保护影响评估报告和处理情况记录应当至少保存三年。

第三十一条 重要数据出境安全管理规则

关键信息基础设施的运营者在中华人民共和国境内运营中收集和产生的重要数据的出境安全管理，适用《中华人民共和国网络安全法》的规定；其他数据处理者在中华人民共和国境内运营中收集和产生的重要数据的出境安全管理办法，由国家网信部门会同国务院有关部门制定。

法 律

1.《网络安全法》（2016 年 11 月 7 日）

第 31 条 国家对公共通信和信息服务、能源、交通、水利、金融、公共服务、电子政务等重要行业和领域，以及其他一旦遭到破坏、丧失功能或者数据泄露，可能严重危害国家安全、国计民生、公共利益的关键信息基础设施，在网络安全等级保护制度的基础上，实行重点保护。关键信息基础设施的具体范围和安全保护办法由国务院制定。

国家鼓励关键信息基础设施以外的网络运营者自愿参与关键信息基础设施保护体系。

第 35 条 关键信息基础设施的运营者采购网络产品和服务，可能影响国家安全的，应当通过国家网信部门会同国务院有关部门组织的国家安全审查。

第 37 条 关键信息基础设施的运营者在中华人民共和国境内运营中收集和产生的个人信息和重要数据应当在境内存储。因业务需要，确需向境外提供的，应当按照国家网信部门会同国务院有关部门制定的办法进行安全评估；法律、行政法规另有规定的，依照其规定。

2.《密码法》（2019 年 10 月 26 日）

第 27 条 法律、行政法规和国家有关规定要求使用商用密码进行保护的关键信息基础设施，其运营者应当使用商用密码进行保护，自行或者委托商用密码检测机构开展商用密码应用安全性评估。商用密码应用安全性评估应当与关键信息基础设施安全检测评估、网络安全等级测评制度相衔接，避免重复评估、测评。

关键信息基础设施的运营者采购涉及商用密码的网络产品和服务，可能影响国家安全的，应当按照《中华人民共和国网络安全法》的规定，通过国家网信部门会同国家密码管理部门等有关部门组织的国家安全审查。

● 部门规章及文件

3.《数据出境安全评估办法》(2022 年 7 月 7 日)

第 1 条 为了规范数据出境活动，保护个人信息权益，维护国家安全和社会公共利益，促进数据跨境安全、自由流动，根据《中华人民共和国网络安全法》、《中华人民共和国数据安全法》、《中华人民共和国个人信息保护法》等法律法规，制定本办法。

第 2 条 数据处理者向境外提供在中华人民共和国境内运营中收集和产生的重要数据和个人信息的安全评估，适用本办法。法律、行政法规另有规定的，依照其规定。

第 3 条 数据出境安全评估坚持事前评估和持续监督相结合、风险自评估与安全评估相结合，防范数据出境安全风险，保障数据依法有序自由流动。

第 4 条 数据处理者向境外提供数据，有下列情形之一的，应当通过所在地省级网信部门向国家网信部门申报数据出境安全评估：

(一) 数据处理者向境外提供重要数据；

(二) 关键信息基础设施运营者和处理 100 万人以上个人信息的数据处理者向境外提供个人信息；

(三) 自上年 1 月 1 日起累计向境外提供 10 万人个人信息或者 1 万人敏感个人信息的数据处理者向境外提供个人信息；

(四) 国家网信部门规定的其他需要申报数据出境安全评估的情形。

第 5 条 数据处理者在申报数据出境安全评估前，应当开展数据出境风险自评估，重点评估以下事项：

(一) 数据出境和境外接收方处理数据的目的、范围、方式等的合法性、正当性、必要性；

(二) 出境数据的规模、范围、种类、敏感程度，数据出境可能对国家安全、公共利益、个人或者组织合法权益带来的风险；

(三) 境外接收方承诺承担的责任义务，以及履行责任义务的管理和技术措施、能力等能否保障出境数据的安全；

（四）数据出境中和出境后遭到篡改、破坏、泄露、丢失、转移或者被非法获取、非法利用等的风险，个人信息权益维护的渠道是否通畅等；

（五）与境外接收方拟订立的数据出境相关合同或者其他具有法律效力的文件等（以下统称法律文件）是否充分约定了数据安全保护责任义务；

（六）其他可能影响数据出境安全的事项。

第6条　申报数据出境安全评估，应当提交以下材料：

（一）申报书；

（二）数据出境风险自评估报告；

（三）数据处理者与境外接收方拟订立的法律文件；

（四）安全评估工作需要的其他材料。

第7条　省级网信部门应当自收到申报材料之日起5个工作日内完成完备性查验。申报材料齐全的，将申报材料报送国家网信部门；申报材料不齐全的，应当退回数据处理者并一次性告知需要补充的材料。

国家网信部门应当自收到申报材料之日起7个工作日内，确定是否受理并书面通知数据处理者。

第8条　数据出境安全评估重点评估数据出境活动可能对国家安全、公共利益、个人或者组织合法权益带来的风险，主要包括以下事项：

（一）数据出境的目的、范围、方式等的合法性、正当性、必要性；

（二）境外接收方所在国家或者地区的数据安全保护政策法规和网络安全环境对出境数据安全的影响；境外接收方的数据保护水平是否达到中华人民共和国法律、行政法规的规定和强制性国家标准的要求；

（三）出境数据的规模、范围、种类、敏感程度，出境中和出境后遭到篡改、破坏、泄露、丢失、转移或者被非法获取、非法利用等的风险；

（四）数据安全和个人信息权益是否能够得到充分有效保障；

（五）数据处理者与境外接收方拟订立的法律文件中是否充分约定了数据安全保护责任义务；

（六）遵守中国法律、行政法规、部门规章情况；

（七）国家网信部门认为需要评估的其他事项。

第9条 数据处理者应当在与境外接收方订立的法律文件中明确约定数据安全保护责任义务，至少包括以下内容：

（一）数据出境的目的、方式和数据范围，境外接收方处理数据的用途、方式等；

（二）数据在境外保存地点、期限，以及达到保存期限、完成约定目的或者法律文件终止后出境数据的处理措施；

（三）对于境外接收方将出境数据再转移给其他组织、个人的约束性要求；

（四）境外接收方在实际控制权或者经营范围发生实质性变化，或者所在国家、地区数据安全保护政策法规和网络安全环境发生变化以及发生其他不可抗力情形导致难以保障数据安全时，应当采取的安全措施；

（五）违反法律文件约定的数据安全保护义务的补救措施、违约责任和争议解决方式；

（六）出境数据遭到篡改、破坏、泄露、丢失、转移或者被非法获取、非法利用等风险时，妥善开展应急处置的要求和保障个人维护其个人信息权益的途径和方式。

第10条 国家网信部门受理申报后，根据申报情况组织国务院有关部门、省级网信部门、专门机构等进行安全评估。

第11条 安全评估过程中，发现数据处理者提交的申报材料不符合要求的，国家网信部门可以要求其补充或者更正。数据处理者无正当理由不补充或者更正的，国家网信部门可以终止安全评估。

数据处理者对所提交材料的真实性负责，故意提交虚假材料的，按照评估不通过处理，并依法追究相应法律责任。

第12条 国家网信部门应当自向数据处理者发出书面受理通知书之日起45个工作日内完成数据出境安全评估；情况复杂或者需要补充、更正材料的，可以适当延长并告知数据处理者预计延长的时间。

评估结果应当书面通知数据处理者。

第13条 数据处理者对评估结果有异议的，可以在收到评估结果15个工作日内向国家网信部门申请复评，复评结果为最终结论。

第14条 通过数据出境安全评估的结果有效期为2年，自评估结果出具之日起计算。在有效期内出现以下情形之一的，数据处理者应当重新申报评估：

（一）向境外提供数据的目的、方式、范围、种类和境外接收方处理数据的用途、方式发生变化影响出境数据安全的，或者延长个人信息和重要数据境外保存期限的；

（二）境外接收方所在国家或者地区数据安全保护政策法规和网络安全环境发生变化以及发生其他不可抗力情形、数据处理者或者境外接收方实际控制权发生变化、数据处理者与境外接收方法律文件变更等影响出境数据安全的；

（三）出现影响出境数据安全的其他情形。

有效期届满，需要继续开展数据出境活动的，数据处理者应当在有效期届满60个工作日前重新申报评估。

第15条 参与安全评估工作的相关机构和人员对在履行职责中知悉的国家秘密、个人隐私、个人信息、商业秘密、保密商务信息等数据应当依法予以保密，不得泄露或者非法向他人提供、非法使用。

第16条 任何组织和个人发现数据处理者违反本办法向境外提供数据的，可以向省级以上网信部门举报。

第17条 国家网信部门发现已经通过评估的数据出境活动在实际处理过程中不再符合数据出境安全管理要求的，应当书面通知数据处理者终止数据出境活动。数据处理者需要继续开展数据出境活动的，应当按照要求整改，整改完成后重新申报评估。

第18条 违反本办法规定的，依据《中华人民共和国网络安全法》、《中华人民共和国数据安全法》、《中华人民共和国个人信息保护法》等法律法规处理；构成犯罪的，依法追究刑事责任。

第19条 本办法所称重要数据，是指一旦遭到篡改、破坏、泄露或者非法获取、非法利用等，可能危害国家安全、经济运行、社会稳定、公共健康和安全等的数据。

第20条 本办法自2022年9月1日起施行。本办法施行前已经开展的数据出境活动，不符合本办法规定的，应当自本办法施行之日起6个月内完成整改。

第三十二条 合法性、正当性、必要性

任何组织、个人收集数据，应当采取合法、正当的方式，不得窃取或者以其他非法方式获取数据。

法律、行政法规及文件对收集、使用数据的目的、范围有规定的，应当在法律、行政法规及文件规定的目的和范围内收集、使用数据。

法 律

1. **《民法典》**（2020年5月28日）

第1035条 处理个人信息的，应当遵循合法、正当、必要原则，不得过度处理，并符合下列条件：

（一）征得该自然人或者其监护人同意，但是法律、行政法规另有规定的除外；

（二）公开处理信息的规则；

（三）明示处理信息的目的、方式和范围；

（四）不违反法律、行政法规的规定和双方的约定。

个人信息的处理包括个人信息的收集、存储、使用、加工、传输、提供、公开等。

2.《**网络安全法**》（2016 年 11 月 7 日）

第 41 条　网络运营者收集、使用个人信息，应当遵循合法、正当、必要的原则，公开收集、使用规则，明示收集、使用信息的目的、方式和范围，并经被收集者同意。

网络运营者不得收集与其提供的服务无关的个人信息，不得违反法律、行政法规的规定和双方的约定收集、使用个人信息，并应当依照法律、行政法规的规定和与用户的约定，处理其保存的个人信息。

第 42 条　网络运营者不得泄露、篡改、毁损其收集的个人信息；未经被收集者同意，不得向他人提供个人信息。但是，经过处理无法识别特定个人且不能复原的除外。

网络运营者应当采取技术措施和其他必要措施，确保其收集的个人信息安全，防止信息泄露、毁损、丢失。在发生或者可能发生个人信息泄露、毁损、丢失的情况时，应当立即采取补救措施，按照规定及时告知用户并向有关主管部门报告。

3.《**密码法**》（2019 年 10 月 26 日）

第 12 条　任何组织或者个人不得窃取他人加密保护的信息或者非法侵入他人的密码保障系统。

任何组织或者个人不得利用密码从事危害国家安全、社会公共利益、他人合法权益等违法犯罪活动。

● 部门规章及文件

4.《网络交易监督管理办法》（2021年3月15日）

第13条　网络交易经营者收集、使用消费者个人信息，应当遵循合法、正当、必要的原则，明示收集、使用信息的目的、方式和范围，并经消费者同意。网络交易经营者收集、使用消费者个人信息，应当公开其收集、使用规则，不得违反法律、法规的规定和双方的约定收集、使用信息。

网络交易经营者不得采用一次概括授权、默认授权、与其他授权捆绑、停止安装使用等方式，强迫或者变相强迫消费者同意收集、使用与经营活动无直接关系的信息。收集、使用个人生物特征、医疗健康、金融账户、个人行踪等敏感信息的，应当逐项取得消费者同意。

网络交易经营者及其工作人员应当对收集的个人信息严格保密，除依法配合监管执法活动外，未经被收集者授权同意，不得向包括关联方在内的任何第三方提供。

5.《中国人民银行金融消费者权益保护实施办法》（2020年9月15日）

第60条　银行、支付机构有下列情形之一，侵害消费者金融信息依法得到保护的权利的，中国人民银行或其分支机构应当在职责范围内依照《中华人民共和国消费者权益保护法》第五十六条的规定予以处罚：

（一）未经金融消费者明示同意，收集、使用其金融信息的。

（二）收集与业务无关的消费者金融信息，或者采取不正当方式收集消费者金融信息的。

（三）未公开收集、使用消费者金融信息的规则，未明示收集、使用消费者金融信息的目的、方式和范围的。

（四）超出法律法规规定和双方约定的用途使用消费者金融信息的。

（五）未建立以分级授权为核心的消费者金融信息使用管理制度，或者未严格落实信息使用授权审批程序的。

（六）未采取技术措施和其他必要措施，导致消费者金融信息遗失、毁损、泄露或者被篡改，或者非法向他人提供的。

6. **《电信和互联网用户个人信息保护规定》**（2013 年 7 月 16 日）

第 9 条 未经用户同意，电信业务经营者、互联网信息服务提供者不得收集、使用用户个人信息。

电信业务经营者、互联网信息服务提供者收集、使用用户个人信息的，应当明确告知用户收集、使用信息的目的、方式和范围，查询、更正信息的渠道以及拒绝提供信息的后果等事项。

电信业务经营者、互联网信息服务提供者不得收集其提供服务所必需以外的用户个人信息或者将信息用于提供服务之外的目的，不得以欺骗、误导或者强迫等方式或者违反法律、行政法规以及双方的约定收集、使用信息。

电信业务经营者、互联网信息服务提供者在用户终止使用电信服务或者互联网信息服务后，应当停止对用户个人信息的收集和使用，并为用户提供注销号码或者账号的服务。

法律、行政法规对本条第一款至第四款规定的情形另有规定的，从其规定。

第三十三条 数据中介服务机构的义务

从事数据交易中介服务的机构提供服务，应当要求数据提供方说明数据来源，审核交易双方的身份，并留存审核、交易记录。

法 律

1. **《民法典》**（2020 年 5 月 28 日）

第 961 条 中介合同是中介人向委托人报告订立合同的机会

或者提供订立合同的媒介服务，委托人支付报酬的合同。

第962条　中介人应当就有关订立合同的事项向委托人如实报告。

中介人故意隐瞒与订立合同有关的重要事实或者提供虚假情况，损害委托人利益的，不得请求支付报酬并应当承担赔偿责任。

第963条　中介人促成合同成立的，委托人应当按照约定支付报酬。对中介人的报酬没有约定或者约定不明确，依据本法第五百一十条的规定仍不能确定的，根据中介人的劳务合理确定。因中介人提供订立合同的媒介服务而促成合同成立的，由该合同的当事人平均负担中介人的报酬。

中介人促成合同成立的，中介活动的费用，由中介人负担。

第964条　中介人未促成合同成立的，不得请求支付报酬；但是，可以按照约定请求委托人支付从事中介活动支出的必要费用。

第965条　委托人在接受中介人的服务后，利用中介人提供的交易机会或者媒介服务，绕开中介人直接订立合同的，应当向中介人支付报酬。

第966条　本章没有规定的，参照适用委托合同的有关规定。

2.《电子商务法》（2018年8月31日）

第31条　电子商务平台经营者应当记录、保存平台上发布的商品和服务信息、交易信息，并确保信息的完整性、保密性、可用性。商品和服务信息、交易信息保存时间自交易完成之日起不少于三年；法律、行政法规另有规定的，依照其规定。

第53条　电子商务当事人可以约定采用电子支付方式支付价款。

电子支付服务提供者为电子商务提供电子支付服务，应当遵守国家规定，告知用户电子支付服务的功能、使用方法、注意事项、相关风险和收费标准等事项，不得附加不合理交易条件。电子支付服务提供者应当确保电子支付指令的完整性、一致性、可跟踪稽核和不可篡改。

电子支付服务提供者应当向用户免费提供对账服务以及最近三年的交易记录。

● 部门规章及文件

3.《**网络借贷信息中介机构业务活动管理暂行办法**》（2016 年 8 月 17 日）

第二章　备案管理

第 5 条　拟开展网络借贷信息中介服务的网络借贷信息中介机构及其分支机构，应当在领取营业执照后，于 10 个工作日以内携带有关材料向工商登记注册地地方金融监管部门备案登记。

地方金融监管部门负责为网络借贷信息中介机构办理备案登记。地方金融监管部门应当在网络借贷信息中介机构提交的备案登记材料齐备时予以受理，并在各省（区、市）规定的时限内完成备案登记手续。备案登记不构成对网络借贷信息中介机构经营能力、合规程度、资信状况的认可和评价。

地方金融监管部门有权根据本办法和相关监管规则对备案登记后的网络借贷信息中介机构进行评估分类，并及时将备案登记信息及分类结果在官方网站上公示。

网络借贷信息中介机构完成地方金融监管部门备案登记后，应当按照通信主管部门的相关规定申请相应的电信业务经营许可；未按规定申请电信业务经营许可的，不得开展网络借贷信息中介业务。

网络借贷信息中介机构备案登记、评估分类等具体细则另行制定。

第 6 条　开展网络借贷信息中介业务的机构，应当在经营范围中实质明确网络借贷信息中介，法律、行政法规另有规定的除外。

第7条　网络借贷信息中介机构备案登记事项发生变更的，应当在5个工作日以内向工商登记注册地地方金融监管部门报告并进行备案信息变更。

第8条　经备案的网络借贷信息中介机构拟终止网络借贷信息中介服务的，应当在终止业务前提前至少10个工作日，书面告知工商登记注册地地方金融监管部门，并办理备案注销。

经备案登记的网络借贷信息中介机构依法解散或者依法宣告破产的，除依法进行清算外，由工商登记注册地地方金融监管部门注销其备案。

第三章　业务规则与风险管理

第9条　网络借贷信息中介机构应当履行下列义务：

（一）依据法律法规及合同约定为出借人与借款人提供直接借贷信息的采集整理、甄别筛选、网上发布，以及资信评估、借贷撮合、融资咨询、在线争议解决等相关服务；

（二）对出借人与借款人的资格条件、信息的真实性、融资项目的真实性、合法性进行必要审核；

（三）采取措施防范欺诈行为，发现欺诈行为或其他损害出借人利益的情形，及时公告并终止相关网络借贷活动；

（四）持续开展网络借贷知识普及和风险教育活动，加强信息披露工作，引导出借人以小额分散的方式参与网络借贷，确保出借人充分知悉借贷风险；

（五）按照法律法规和网络借贷有关监管规定要求报送相关信息，其中网络借贷有关债权债务信息要及时向有关数据统计部门报送并登记；

（六）妥善保管出借人与借款人的资料和交易信息，不得删除、篡改，不得非法买卖、泄露出借人与借款人的基本信息和交易信息；

（七）依法履行客户身份识别、可疑交易报告、客户身份资料和交易记录保存等反洗钱和反恐怖融资义务；

（八）配合相关部门做好防范查处金融违法犯罪相关工作；

（九）按照相关要求做好互联网信息内容管理、网络与信息安全相关工作；

（十）国务院银行业监督管理机构、工商登记注册地省级人民政府规定的其他义务。

第10条 网络借贷信息中介机构不得从事或者接受委托从事下列活动：

（一）为自身或变相为自身融资；

（二）直接或间接接受、归集出借人的资金；

（三）直接或变相向出借人提供担保或者承诺保本保息；

（四）自行或委托、授权第三方在互联网、固定电话、移动电话等电子渠道以外的物理场所进行宣传或推介融资项目；

（五）发放贷款，但法律法规另有规定的除外；

（六）将融资项目的期限进行拆分；

（七）自行发售理财等金融产品募集资金，代销银行理财、券商资管、基金、保险或信托产品等金融产品；

（八）开展类资产证券化业务或实现以打包资产、证券化资产、信托资产、基金份额等形式的债权转让行为；

（九）除法律法规和网络借贷有关监管规定允许外，与其他机构投资、代理销售、经纪等业务进行任何形式的混合、捆绑、代理；

（十）虚构、夸大融资项目的真实性、收益前景，隐瞒融资项目的瑕疵及风险，以歧义性语言或其他欺骗性手段等进行虚假片面宣传或促销等，捏造、散布虚假信息或不完整信息损害他人商业信誉，误导出借人或借款人；

（十一）向借款用途为投资股票、场外配资、期货合约、结构化产品及其他衍生品等高风险的融资提供信息中介服务；

（十二）从事股权众筹等业务；

（十三）法律法规、网络借贷有关监管规定禁止的其他活动。

第11条 参与网络借贷的出借人与借款人应当为网络借贷信息中介机构核实的实名注册用户。

第12条 借款人应当履行下列义务：

（一）提供真实、准确、完整的用户信息及融资信息；

（二）提供在所有网络借贷信息中介机构未偿还借款信息；

（三）保证融资项目真实、合法，并按照约定用途使用借贷资金，不得用于出借等其他目的；

（四）按照约定向出借人如实报告影响或可能影响出借人权益的重大信息；

（五）确保自身具有与借款金额相匹配的还款能力并按照合同约定还款；

（六）借贷合同及有关协议约定的其他义务。

第13条 借款人不得从事下列行为：

（一）通过故意变换身份、虚构融资项目、夸大融资项目收益前景等形式的欺诈借款；

（二）同时通过多个网络借贷信息中介机构，或者通过变换项目名称、对项目内容进行非实质性变更等方式，就同一融资项目进行重复融资；

（三）在网络借贷信息中介机构以外的公开场所发布同一融资项目的信息；

（四）已发现网络借贷信息中介机构提供的服务中含有本办法第十条所列内容，仍进行交易；

（五）法律法规和网络借贷有关监管规定禁止从事的其他活动。

第14条　参与网络借贷的出借人，应当具备投资风险意识、风险识别能力、拥有非保本类金融产品投资的经历并熟悉互联网。

第15条　参与网络借贷的出借人应当履行下列义务：

（一）向网络借贷信息中介机构提供真实、准确、完整的身份等信息；

（二）出借资金为来源合法的自有资金；

（三）了解融资项目信贷风险，确认具有相应的风险认知和承受能力；

（四）自行承担借贷产生的本息损失；

（五）借贷合同及有关协议约定的其他义务。

第16条　网络借贷信息中介机构在互联网、固定电话、移动电话等电子渠道以外的物理场所只能进行信用信息采集、核实、贷后跟踪、抵质押管理等风险管理及网络借贷有关监管规定明确的部分必要经营环节。

第17条　网络借贷金额应当以小额为主。网络借贷信息中介机构应当根据本机构风险管理能力，控制同一借款人在同一网络借贷信息中介机构平台及不同网络借贷信息中介机构平台的借款余额上限，防范信贷集中风险。

同一自然人在同一网络借贷信息中介机构平台的借款余额上限不超过人民币20万元；同一法人或其他组织在同一网络借贷信息中介机构平台的借款余额上限不超过人民币100万元；同一自然人在不同网络借贷信息中介机构平台借款总余额不超过人民币100万元；同一法人或其他组织在不同网络借贷信息中介机构平台借款总余额不超过人民币500万元。

第18条　网络借贷信息中介机构应当按照国家网络安全相关规定和国家信息安全等级保护制度的要求，开展信息系统定级备案和等级测试，具有完善的防火墙、入侵检测、数据加密以及灾难恢复等网络安全设施和管理制度，建立信息科技管理、科技风险管理和科技审计有关制度，配置充足的资源，采取完善的管理控制措施和技术手段保障信息系统安全稳健运行，保护出借人与借款人的信息安全。

网络借贷信息中介机构应当记录并留存借贷双方上网日志信息，信息交互内容等数据，留存期限为自借贷合同到期起 5 年；每两年至少开展一次全面的安全评估，接受国家或行业主管部门的信息安全检查和审计。

网络借贷信息中介机构成立两年以内，应当建立或使用与其业务规模相匹配的应用级灾备系统设施。

第 19 条　网络借贷信息中介机构应当为单一融资项目设置募集期，最长不超过 20 个工作日。

第 20 条　借款人支付的本金和利息应当归出借人所有。网络借贷信息中介机构应当与出借人、借款人另行约定费用标准和支付方式。

第 21 条　网络借贷信息中介机构应当加强与金融信用信息基础数据库运行机构、征信机构等的业务合作，依法提供、查询和使用有关金融信用信息。

第 22 条　各方参与网络借贷信息中介机构业务活动，需要对出借人与借款人的基本信息和交易信息等使用电子签名、电子认证时，应当遵守法律法规的规定，保障数据的真实性、完整性及电子签名、电子认证的法律效力。

网络借贷信息中介机构使用第三方数字认证系统，应当对第三方数字认证机构进行定期评估，保证有关认证安全可靠并具有独立性。

第 23 条　网络借贷信息中介机构应当采取适当的方法和技术，记录并妥善保存网络借贷业务活动数据和资料，做好数据备份。保存期限应当符合法律法规及网络借贷有关监管规定的要求。借贷合同到期后应当至少保存5年。

第24条 网络借贷信息中介机构暂停、终止业务时应当至少提前10个工作日通过官方网站等有效渠道向出借人与借款人公告，并通过移动电话、固定电话等渠道通知出借人与借款人。网络借贷信息中介机构业务暂停或者终止，不影响已经签订的借贷合同当事人有关权利义务。

网络借贷信息中介机构因解散或宣告破产而终止的，应当在解散或破产前，妥善处理已撮合存续的借贷业务，清算事宜按照有关法律法规的规定办理。

网络借贷信息中介机构清算时，出借人与借款人的资金分别属于出借人与借款人，不属于网络借贷信息中介机构的财产，不列入清算财产。

第四章 出借人与借款人保护

第25条 未经出借人授权，网络借贷信息中介机构不得以任何形式代出借人行使决策。

第26条 网络借贷信息中介机构应当向出借人以醒目方式提示网络借贷风险和禁止性行为，并经出借人确认。

网络借贷信息中介机构应当对出借人的年龄、财务状况、投资经验、风险偏好、风险承受能力等进行尽职评估，不得向未进行风险评估的出借人提供交易服务。

网络借贷信息中介机构应当根据风险评估结果对出借人实行分级管理，设置可动态调整的出借限额和出借标的限制。

第27条 网络借贷信息中介机构应当加强出借人与借款人信息管理，确保出借人与借款人信息采集、处理及使用的合法性和安全性。

网络借贷信息中介机构及其资金存管机构、其他各类外包服务机构等应当为业务开展过程中收集的出借人与借款人信息保密，未经出借人与借款人同意，不得将出借人与借款人提供的信息用于所提供服务之外的目的。

在中国境内收集的出借人与借款人信息的储存、处理和分析应当在中国境内进行。除法律法规另有规定外，网络借贷信息中介机构不得向境外提供境内出借人和借款人信息。

第28条　网络借贷信息中介机构应当实行自身资金与出借人和借款人资金的隔离管理，并选择符合条件的银行业金融机构作为出借人与借款人的资金存管机构。

第29条　出借人与网络借贷信息中介机构之间、出借人与借款人之间、借款人与网络借贷信息中介机构之间等纠纷，可以通过以下途径解决：

（一）自行和解；

（二）请求行业自律组织调解；

（三）向仲裁部门申请仲裁；

（四）向人民法院提起诉讼。

第五章　信息披露

第30条　网络借贷信息中介机构应当在其官方网站上向出借人充分披露借款人基本信息、融资项目基本信息、风险评估及可能产生的风险结果、已撮合未到期融资项目资金运用情况等有关信息。

披露内容应符合法律法规关于国家秘密、商业秘密、个人隐私的有关规定。

第31条　网络借贷信息中介机构应当及时在其官方网站显著位置披露本机构所撮合借贷项目等经营管理信息。

网络借贷信息中介机构应当在其官方网站上建立业务活动经营管理信息披露专栏，定期以公告形式向公众披露年度报告、法律法规、网络借贷有关监管规定。

网络借贷信息中介机构应当聘请会计师事务所定期对本机构出借人与借款人资金存管、信息披露情况、信息科技基础设施安全、经营合规性等重点环节实施审计，并且应当聘请有资质的信息安全测评认证机构定期对信息安全实施测评认证，向出借人与借款人等披露审计和测评认证结果。

网络借贷信息中介机构应当引入律师事务所、信息系统安全评价等第三方机构，对网络信息中介机构合规和信息系统稳健情况进行评估。

网络借贷信息中介机构应当将定期信息披露公告文稿和相关备查文件报送工商登记注册地地方金融监管部门，并置备于机构住所供社会公众查阅。

第 32 条 网络借贷信息中介机构的董事、监事、高级管理人员应当忠实、勤勉地履行职责，保证披露的信息真实、准确、完整、及时、公平，不得有虚假记载、误导性陈述或者重大遗漏。

借款人应当配合网络借贷信息中介机构及出借人对融资项目有关信息的调查核实，保证提供的信息真实、准确、完整。

网络借贷信息披露具体细则另行制定。

第六章 监督管理

第 33 条 国务院银行业监督管理机构及其派出机构负责制定统一的规范发展政策措施和监督管理制度，负责网络借贷信息中介机构的日常行为监管，指导和配合地方人民政府做好网络借贷信息中介机构的机构监管和风险处置工作，建立跨部门跨地区监管协调机制。

各地方金融监管部门具体负责本辖区网络借贷信息中介机构的机构监管，包括对本辖区网络借贷信息中介机构的规范引导、备案管理和风险防范、处置工作。

第 34 条 中国互联网金融协会从事网络借贷行业自律管理，并履行下列职责：

（一）制定自律规则、经营细则和行业标准并组织实施，教育会员遵守法律法规和网络借贷有关监管规定；

（二）依法维护会员的合法权益，协调会员关系，组织相关培训，向会员提供行业信息、法律咨询等服务，调解纠纷；

（三）受理有关投诉和举报，开展自律检查；

（四）成立网络借贷专业委员会；

（五）法律法规和网络借贷有关监管规定赋予的其他职责。

第35条 借款人、出借人、网络借贷信息中介机构、资金存管机构、担保人等应当签订资金存管协议，明确各自权利义务和违约责任。

资金存管机构对出借人与借款人开立和使用资金账户进行管理和监督，并根据合同约定，对出借人与借款人的资金进行存管、划付、核算和监督。

资金存管机构承担实名开户和履行合同约定及借贷交易指令表面一致性的形式审核责任，但不承担融资项目及借贷交易信息真实性的实质审核责任。

资金存管机构应当按照网络借贷有关监管规定报送数据信息并依法接受相关监督管理。

第36条 网络借贷信息中介机构应当在下列重大事件发生后，立即采取应急措施并向工商登记注册地地方金融监管部门报告：

（一）因经营不善等原因出现重大经营风险；

（二）网络借贷信息中介机构或其董事、监事、高级管理人员发生重大违法违规行为；

（三）因商业欺诈行为被起诉，包括违规担保、夸大宣传、虚构隐瞒事实、发布虚假信息、签订虚假合同、错误处置资金等行为。

地方金融监管部门应当建立网络借贷行业重大事件的发现、报告和处置制度，制定处置预案，及时、有效地协调处置有关重大事件。

地方金融监管部门应当及时将本辖区网络借贷信息中介机构重大风险及处置情况信息报送省级人民政府、国务院银行业监督管理机构和中国人民银行。

第37条 除本办法第七条规定的事项外，网络借贷信息中介机构发生下列情形的，应当在5个工作日以内向工商登记注册地地方金融监管部门报告：

（一）因违规经营行为被查处或被起诉；

（二）董事、监事、高级管理人员违反境内外相关法律法规行为；

（三）国务院银行业监督管理机构、地方金融监管部门等要求的其他情形。

第38条 网络借贷信息中介机构应当聘请会计师事务所进行年度审计，并在上一会计年度结束之日起4个月内向工商登记注册地地方金融监管部门报送年度审计报告。

第三十四条 依法取得行政许可的义务

法律、行政法规及文件规定提供数据处理相关服务应当取得行政许可的，服务提供者应当依法取得许可。

法 律

1. **《个人信息保护法》**（2021年8月20日）

第32条 法律、行政法规对处理敏感个人信息规定应当取得相关行政许可或者作出其他限制的，从其规定。

2. **《行政许可法》**（2019年4月23日）

第81条 公民、法人或者其他组织未经行政许可，擅自从事依法应当取得行政许可的活动的，行政机关应当依法采取措施予以制止，并依法给予行政处罚；构成犯罪的，依法追究刑事责任。

● 行政法规及文件

3.《电信条例》（2016 年 2 月 6 日）

第 7 条　国家对电信业务经营按照电信业务分类，实行许可制度。

经营电信业务，必须依照本条例的规定取得国务院信息产业主管部门或者省、自治区、直辖市电信管理机构颁发的电信业务经营许可证。

未取得电信业务经营许可证，任何组织或者个人不得从事电信业务经营活动。

第三十五条　国家机关依法调取数据

公安机关、国家安全机关因依法维护国家安全或者侦查犯罪的需要调取数据，应当按照国家有关规定，经过严格的批准手续，依法进行，有关组织、个人应当予以配合。

● 法　律

1.《国家安全法》（2015 年 7 月 1 日）

第 42 条　国家安全机关、公安机关依法搜集涉及国家安全的情报信息，在国家安全工作中依法行使侦查、拘留、预审和执行逮捕以及法律规定的其他职权。

有关军事机关在国家安全工作中依法行使相关职权。

第 43 条　国家机关及其工作人员在履行职责时，应当贯彻维护国家安全的原则。

国家机关及其工作人员在国家安全工作和涉及国家安全活动中，应当严格依法履行职责，不得超越职权、滥用职权，不得侵犯个人和组织的合法权益。

第 52 条　国家安全机关、公安机关、有关军事机关根据职责分工，依法搜集涉及国家安全的情报信息。

国家机关各部门在履行职责过程中，对于获取的涉及国家安全的有关信息应当及时上报。

第77条 公民和组织应当履行下列维护国家安全的义务：

（一）遵守宪法、法律法规关于国家安全的有关规定；

（二）及时报告危害国家安全活动的线索；

（三）如实提供所知悉的涉及危害国家安全活动的证据；

（四）为国家安全工作提供便利条件或者其他协助；

（五）向国家安全机关、公安机关和有关军事机关提供必要的支持和协助；

（六）保守所知悉的国家秘密；

（七）法律、行政法规规定的其他义务。

任何个人和组织不得有危害国家安全的行为，不得向危害国家安全的个人或者组织提供任何资助或者协助。

2.《**网络安全法**》（2016年11月7日）

第28条 网络运营者应当为公安机关、国家安全机关依法维护国家安全和侦查犯罪的活动提供技术支持和协助。

第30条 网信部门和有关部门在履行网络安全保护职责中获取的信息，只能用于维护网络安全的需要，不得用于其他用途。

第41条 网络运营者收集、使用个人信息，应当遵循合法、正当、必要的原则，公开收集、使用规则，明示收集、使用信息的目的、方式和范围，并经被收集者同意。

网络运营者不得收集与其提供的服务无关的个人信息，不得违反法律、行政法规的规定和双方的约定收集、使用个人信息，并应当依照法律、行政法规的规定和与用户的约定，处理其保存的个人信息。

第45条 依法负有网络安全监督管理职责的部门及其工作人员，必须对在履行职责中知悉的个人信息、隐私和商业秘密严格保密，不得泄露、出售或者非法向他人提供。

第 73 条 网信部门和有关部门违反本法第三十条规定，将在履行网络安全保护职责中获取的信息用于其他用途的，对直接负责的主管人员和其他直接责任人员依法给予处分。

网信部门和有关部门的工作人员玩忽职守、滥用职权、徇私舞弊，尚不构成犯罪的，依法给予处分。

3.《**刑事诉讼法**》（2018 年 10 月 26 日）

第 54 条 人民法院、人民检察院和公安机关有权向有关单位和个人收集、调取证据。有关单位和个人应当如实提供证据。

行政机关在行政执法和查办案件过程中收集的物证、书证、视听资料、电子数据等证据材料，在刑事诉讼中可以作为证据使用。

对涉及国家秘密、商业秘密、个人隐私的证据，应当保密。

凡是伪造证据、隐匿证据或者毁灭证据的，无论属于何方，必须受法律追究。

第 150 条 公安机关在立案后，对于危害国家安全犯罪、恐怖活动犯罪、黑社会性质的组织犯罪、重大毒品犯罪或者其他严重危害社会的犯罪案件，根据侦查犯罪的需要，经过严格的批准手续，可以采取技术侦查措施。

人民检察院在立案后，对于利用职权实施的严重侵犯公民人身权利的重大犯罪案件，根据侦查犯罪的需要，经过严格的批准手续，可以采取技术侦查措施，按照规定交有关机关执行。

追捕被通缉或者批准、决定逮捕的在逃的犯罪嫌疑人、被告人，经过批准，可以采取追捕所必需的技术侦查措施。

4.《**电子商务法**》（2018 年 8 月 31 日）

第 25 条 有关主管部门依照法律、行政法规的规定要求电子商务经营者提供有关电子商务数据信息的，电子商务经营者应当提供。有关主管部门应当采取必要措施保护电子商务经营者提供的数据信息的安全，并对其中的个人信息、隐私和商业秘密严格保密，不得泄露、出售或者非法向他人提供。

第三十六条　对提供数据请求的处理

中华人民共和国主管机关根据有关法律和中华人民共和国缔结或者参加的国际条约、协定，或者按照平等互惠原则，处理外国司法或者执法机构关于提供数据的请求。非经中华人民共和国主管机关批准，境内的组织、个人不得向外国司法或者执法机构提供存储于中华人民共和国境内的数据。

● 法　律

1. **《个人信息保护法》**（2021 年 8 月 20 日）

第 41 条　中华人民共和国主管机关根据有关法律和中华人民共和国缔结或者参加的国际条约、协定，或者按照平等互惠原则，处理外国司法或者执法机构关于提供存储于境内个人信息的请求。非经中华人民共和国主管机关批准，个人信息处理者不得向外国司法或者执法机构提供存储于中华人民共和国境内的个人信息。

2. **《网络安全法》**（2016 年 11 月 7 日）

第 37 条　关键信息基础设施的运营者在中华人民共和国境内运营中收集和产生的个人信息和重要数据应当在境内存储。因业务需要，确需向境外提供的，应当按照国家网信部门会同国务院有关部门制定的办法进行安全评估；法律、行政法规另有规定的，依照其规定。

第 50 条　国家网信部门和有关部门依法履行网络信息安全监督管理职责，发现法律、行政法规禁止发布或者传输的信息的，应当要求网络运营者停止传输，采取消除等处置措施，保存有关记录；对来源于中华人民共和国境外的上述信息，应当通知有关机构采取技术措施和其他必要措施阻断传播。

第 66 条 关键信息基础设施的运营者违反本法第三十七条规定，在境外存储网络数据，或者向境外提供网络数据的，由有关主管部门责令改正，给予警告，没收违法所得，处五万元以上五十万元以下罚款，并可以责令暂停相关业务、停业整顿、关闭网站、吊销相关业务许可证或者吊销营业执照；对直接负责的主管人员和其他直接责任人员处一万元以上十万元以下罚款。

3.《刑法》（2020 年 12 月 26 日）

第 219 条 有下列侵犯商业秘密行为之一，情节严重的，处三年以下有期徒刑，并处或者单处罚金；情节特别严重的，处三年以上十年以下有期徒刑，并处罚金：

（一）以盗窃、贿赂、欺诈、胁迫、电子侵入或者其他不正当手段获取权利人的商业秘密的；

（二）披露、使用或者允许他人使用以前项手段获取的权利人的商业秘密的；

（三）违反保密义务或者违反权利人有关保守商业秘密的要求，披露、使用或者允许他人使用其所掌握的商业秘密的。

明知前款所列行为，获取、披露、使用或者允许他人使用该商业秘密的，以侵犯商业秘密论。

本条所称权利人，是指商业秘密的所有人和经商业秘密所有人许可的商业秘密使用人。

第 253 条 邮政工作人员私自开拆或者隐匿、毁弃邮件、电报的，处二年以下有期徒刑或者拘役。

犯前款罪而窃取财物的，依照本法第二百六十四条的规定定罪从重处罚。

第 398 条 国家机关工作人员违反保守国家秘密法的规定，故意或者过失泄露国家秘密，情节严重的，处三年以下有期徒刑或者拘役；情节特别严重的，处三年以上七年以下有期徒刑。

非国家机关工作人员犯前款罪的，依照前款的规定酌情处罚。

4.《**出口管制法**》(2020 年 10 月 17 日)

第 32 条 国家出口管制管理部门根据缔结或者参加的国际条约，或者按照平等互惠原则，与其他国家或者地区、国际组织等开展出口管制合作与交流。

中华人民共和国境内的组织和个人向境外提供出口管制相关信息，应当依法进行；可能危害国家安全和利益的，不得提供。

5.《**国际刑事司法协助法**》(2018 年 10 月 26 日)

第 4 条 中华人民共和国和外国按照平等互惠原则开展国际刑事司法协助。

国际刑事司法协助不得损害中华人民共和国的主权、安全和社会公共利益，不得违反中华人民共和国法律的基本原则。

非经中华人民共和国主管机关同意，外国机构、组织和个人不得在中华人民共和国境内进行本法规定的刑事诉讼活动，中华人民共和国境内的机构、组织和个人不得向外国提供证据材料和本法规定的协助。

第五章 政务数据安全与开放

第三十七条 政务数据的科学性、准确性、时效性要求

国家大力推进电子政务建设，提高政务数据的科学性、准确性、时效性，提升运用数据服务经济社会发展的能力。

法 律

1.《**网络安全法**》(2016 年 11 月 7 日)

第 18 条 国家鼓励开发网络数据安全保护和利用技术，促进公共数据资源开放，推动技术创新和经济社会发展。

国家支持创新网络安全管理方式，运用网络新技术，提升网络安全保护水平。

行政法规及文件

2.《国务院关于加强数字政府建设的指导意见》（2022年6月6日）

二、构建协同高效的政府数字化履职能力体系

全面推进政府履职和政务运行数字化转型，统筹推进各行业各领域政务应用系统集约建设、互联互通、协同联动，创新行政管理和服务方式，全面提升政府履职效能。

（一）强化经济运行大数据监测分析，提升经济调节能力。

将数字技术广泛应用于宏观调控决策、经济社会发展分析、投资监督管理、财政预算管理、数字经济治理等方面，全面提升政府经济调节数字化水平。加强经济数据整合、汇聚、治理。全面构建经济治理基础数据库，加强对涉及国计民生关键数据的全链条全流程治理和应用，赋能传统产业转型升级和新兴产业高质量发展。运用大数据强化经济监测预警。加强覆盖经济运行全周期的统计监测和综合分析能力，强化经济趋势研判，助力跨周期政策设计，提高逆周期调节能力。提升经济政策精准性和协调性。充分发挥国家规划综合管理信息平台作用，强化经济运行动态感知，促进各领域经济政策有效衔接，持续提升经济调节政策的科学性、预见性和有效性。

（二）大力推行智慧监管，提升市场监管能力。

充分运用数字技术支撑构建新型监管机制，加快建立全方位、多层次、立体化监管体系，实现事前事中事后全链条全领域监管，以有效监管维护公平竞争的市场秩序。以数字化手段提升监管精准化水平。加强监管事项清单数字化管理，运用多源数据为市场主体精准"画像"，强化风险研判与预测预警。加强"双随机、一公开"监管工作平台建设，根据企业信用实施差异化监管。加强重点领域的全主体、全品种、全链条数字化追溯监管。以一体化在线监管提升监管协同化水平。大力推行"互联网+监管"，构建全国一体化在线监管平台，推动监管数据和行政执法

信息归集共享和有效利用，强化监管数据治理，推动跨地区、跨部门、跨层级协同监管，提升数字贸易跨境监管能力。以新型监管技术提升监管智能化水平。充分运用非现场、物联感知、掌上移动、穿透式等新型监管手段，弥补监管短板，提升监管效能。强化以网管网，加强平台经济等重点领域监管执法，全面提升对新技术、新产业、新业态、新模式的监管能力。

（三）积极推动数字化治理模式创新，提升社会管理能力。

推动社会治理模式从单向管理转向双向互动、从线下转向线上线下融合，着力提升矛盾纠纷化解、社会治安防控、公共安全保障、基层社会治理等领域数字化治理能力。提升社会矛盾化解能力。坚持和发展新时代“枫桥经验”，提升网上行政复议、网上信访、网上调解、智慧法律援助等水平，促进矛盾纠纷源头预防和排查化解。推进社会治安防控体系智能化。加强“雪亮工程”和公安大数据平台建设，深化数字化手段在国家安全、社会稳定、打击犯罪、治安联动等方面的应用，提高预测预警预防各类风险的能力。推进智慧应急建设。优化完善应急指挥通信网络，全面提升应急监督管理、指挥救援、物资保障、社会动员的数字化、智能化水平。提高基层社会治理精准化水平。实施“互联网+基层治理”行动，构建新型基层管理服务平台，推进智慧社区建设，提升基层智慧治理能力。

（四）持续优化利企便民数字化服务，提升公共服务能力。

持续优化全国一体化政务服务平台功能，全面提升公共服务数字化、智能化水平，不断满足企业和群众多层次多样化服务需求。打造泛在可及的服务体系。充分发挥全国一体化政务服务平台“一网通办”枢纽作用，推动政务服务线上线下标准统一、全面融合、服务同质，构建全时在线、渠道多元、全国通办的一体化政务服务体系。提升智慧便捷的服务能力。推行政务服务事项集成化办理，推广“免申即享”、“民生直达”等服务方式，打造掌上办事服务新模式，提高主动服务、精准服务、协同服务、智慧服务能力。提供优质便利的涉企服务。以数字技术助推深化“证照分离”改革，探索“一业一证”等照后减证和简化审批新途径，推进涉企审批减环节、减材料、减时限、减费用。强化企业全生命周期服务，推动涉企审批一网通办、惠企政策精准推送、政策兑现直达直享。拓展公平普惠的民生服务。探索推进“多卡合一”、“多码合一”，推进基本公共服务数字化应用，积极打造多元参与、功能完备的数字化生活网络，提升普惠性、基础性、兜底性服务能力。围绕老年人、残疾人等特殊群体需求，完善线上线下服务渠道，推进信息无障碍建设，切实解决特殊群体在运用智能技术方面遇到的突出困难。

（五）强化动态感知和立体防控，提升生态环境保护能力。

全面推动生态环境保护数字化转型，提升生态环境承载力、国土空间开发适宜性和资源利用科学性，更好支撑美丽中国建设。提升生态环保协同治理能力。建立一体化生态环境智能感知体系，打造生态环境综合管理信息化平台，强化大气、水、土壤、自然生态、核与辐射、气候变化等数据资源综合开发利用，推进重点流域区域协同治理。提高自然资源利用效率。构建精准感知、智慧管控的协同治理体系，完善自然资源三维立体“一张图”和国土空间基础信息平台，持续提升自然资源开发利用、国土空间规划实施、海洋资源保护利用、水资源管理调配水平。推动绿色低碳转型。加快构建碳排放智能监测和动态核算体系，推动形成集约节约、循环高效、普惠共享的绿色低碳发展新格局，服务保障碳达峰、碳中和目标顺利实现。

（六）加快推进数字机关建设，提升政务运行效能。

提升辅助决策能力。建立健全大数据辅助科学决策机制，统筹推进决策信息资源系统建设，充分汇聚整合多源数据资源，拓展动态监测、统计分析、趋势研判、效果评估、风险防控等应用场景，全面提升政府决策科学化水平。提升行政执行能力。深化数字技术应用，创新行政执行方式，切实提高政府执行力。加快一体化协同办公体系建设，全面提升内部办公、机关事务管理等方面共性办公应用水平，推动机关内部服务事项线上集成化办理，不断提高机关运行效能。提升行政监督水平。以信息化平台固化行政权力事项运行流程，推动行政审批、行政执法、公共资源交易等全流程数字化运行、管理和监督，促进行政权力规范透明运行。优化完善“互联网+督查”机制，形成目标精准、讲求实效、穿透性强的新型督查模式，提升督查效能，保障政令畅通。

（七）推进公开平台智能集约发展，提升政务公开水平。

优化政策信息数字化发布。完善政务公开信息化平台，建设分类分级、集中统一、共享共用、动态更新的政策文件库。加快构建以网上发布为主、其他发布渠道为辅的政策发布新格局。优化政策智能推送服务，变“人找政策”为“政策找人”。顺应数字化发展趋势，完善政府信息公开保密审查制度，严格审查标准，消除安全隐患。发挥政务新媒体优势做好政策传播。积极构建政务新媒体矩阵体系，形成整体联动、同频共振的政策信息传播格局。适应不同类型新媒体平台传播特点，开发多样化政策解读产品。依托政务新媒体做好突发公共事件信息发布和政务舆情回应工作。紧贴群众需求畅通互动渠道。以政府网站集约化平台统一知识问答库为支撑，灵活开展政民互动，以数字化手段感知社会态势，辅助科学决策，及时回应群众关切。

三、构建数字政府全方位安全保障体系

全面强化数字政府安全管理责任，落实安全管理制度，加快关键核心技术攻关，加强关键信息基础设施安全保障，强化安全防护技术应用，切实筑牢数字政府建设安全防线。

（一）强化安全管理责任。

各地区各部门按照职责分工，统筹做好数字政府建设安全和保密工作，落实主体责任和监督责任，构建全方位、多层级、一体化安全防护体系，形成跨地区、跨部门、跨层级的协同联动机制。建立数字政府安全评估、责任落实和重大事件处置机制，加强对参与政府信息化建设、运营企业的规范管理，确保政务系统和数据安全管理边界清晰、职责明确、责任落实。

（二）落实安全制度要求。

建立健全数据分类分级保护、风险评估、检测认证等制度，加强数据全生命周期安全管理和技术防护。加大对涉及国家秘密、工作秘密、商业秘密、个人隐私和个人信息等数据的保护力度，完善相应问责机制，依法加强重要数据出境安全管理。加强关键信息基础设施安全保护和网络安全等级保护，建立健全网络安全、保密监测预警和密码应用安全性评估的机制，定期开展网络安全、保密和密码应用检查，提升数字政府领域关键信息基础设施保护水平。

（三）提升安全保障能力。

建立健全动态监控、主动防御、协同响应的数字政府安全技术保障体系。充分运用主动监测、智能感知、威胁预测等安全技术，强化日常监测、通报预警、应急处置，拓展网络安全态势感知监测范围，加强大规模网络安全事件、网络泄密事件预警和发现能力。

（四）提高自主可控水平。

加强自主创新，加快数字政府建设领域关键核心技术攻关，强化安全可靠技术和产品应用，切实提高自主可控水平。强化关键信息基础设施保护，落实运营者主体责任。开展对新技术新应用的安全评估，建立健全对算法的审核、运用、监督等管理制度和技术措施。

四、构建科学规范的数字政府建设制度规则体系

以数字化改革促进制度创新，保障数字政府建设和运行整体

协同、智能高效、平稳有序，实现政府治理方式变革和治理能力提升。

（一）以数字化改革助力政府职能转变。

推动政府履职更加协同高效。充分发挥数字技术创新变革优势，优化业务流程，创新协同方式，推动政府履职效能持续优化。坚持以优化政府职责体系引领政府数字化转型，以数字政府建设支撑加快转变政府职能，推进体制机制改革与数字技术应用深度融合，推动政府运行更加协同高效。健全完善与数字化发展相适应的政府职责体系，强化数字经济、数字社会、数字和网络空间等治理能力。助力优化营商环境。加快建设全国行政许可管理等信息系统，实现行政许可规范管理和高效办理，推动各类行政权力事项网上运行、动态管理。强化审管协同，打通审批和监管业务信息系统，形成事前事中事后一体化监管能力。充分发挥全国一体化政务服务平台作用，促进政务服务标准化、规范化、便利化水平持续提升。

（二）创新数字政府建设管理机制。

明确运用新技术进行行政管理的制度规则，推进政府部门规范有序运用新技术手段赋能管理服务。推动技术部门参与业务运行全过程，鼓励和规范政产学研用等多方力量参与数字政府建设。健全完善政务信息化建设管理会商机制，推进建设管理模式创新，鼓励有条件的地方探索建立综合论证、联合审批、绿色通道等项目建设管理新模式。做好数字政府建设经费保障，统筹利用现有资金渠道，建立多渠道投入的资金保障机制。推动数字普惠，加大对欠发达地区数字政府建设的支持力度，加强对农村地区资金、技术、人才等方面的支持，扩大数字基础设施覆盖范围，优化数字公共产品供给，加快消除区域间“数字鸿沟”。依法加强审计监督，强化项目绩效评估，避免分散建设、重复建设，切实提高数字政府建设成效。

（三）完善法律法规制度。

推动形成国家法律和党内法规相辅相成的格局，全面建设数字法治政府，依法依规推进技术应用、流程优化和制度创新，消除技术歧视，保障个人隐私，维护市场主体和人民群众利益。持续抓好现行法律法规贯彻落实，细化完善配套措施，确保相关规定落到实处、取得实效。推动及时修订和清理现行法律法规中与数字政府建设不相适应的条款，将经过实践检验行之有效的做法及时上升为制度规范，加快完善与数字政府建设相适应的法律法规框架体系。

（四）健全标准规范。

推进数据开发利用、系统整合共享、共性办公应用、关键政务应用等标准制定，持续完善已有关键标准，推动构建多维标准规范体系。加大数字政府标准推广执行力度，建立评估验证机制，提升应用水平，以标准化促进数字政府建设规范化。研究设立全国数字政府标准化技术组织，统筹推进数字政府标准化工作。

（五）开展试点示范。

坚持加强党的领导和尊重人民首创精神相结合，坚持全面部署和试点带动相促进。立足服务党和国家工作大局，聚焦基础性和具有重大牵引作用的改革举措，探索开展综合性改革试点，为国家战略实施创造良好条件。围绕重点领域、关键环节、共性需求等有序开展试点示范，鼓励各地区各部门开展应用创新、服务创新和模式创新，实现“国家统筹、一地创新、各地复用”。科学把握时序、节奏和步骤，推动创新试点工作总体可控、走深走实。

五、构建开放共享的数据资源体系

加快推进全国一体化政务大数据体系建设，加强数据治理，依法依规促进数据高效共享和有序开发利用，充分释放数据要素价值，确保各类数据和个人信息安全。

（一）创新数据管理机制。

强化政府部门数据管理职责，明确数据归集、共享、开放、应用、安全、存储、归档等责任，形成推动数据开放共享的高效运行机制。优化完善各类基础数据库、业务资源数据库和相关专题库，加快构建标准统一、布局合理、管理协同、安全可靠的全国一体化政务大数据体系。加强对政务数据、公共数据和社会数据的统筹管理，全面提升数据共享服务、资源汇聚、安全保障等一体化水平。加强数据治理和全生命周期质量管理，确保政务数据真实、准确、完整。建立健全数据质量管理机制，完善数据治理标准规范，制定数据分类分级标准，提升数据治理水平和管理能力。

（二）深化数据高效共享。

充分发挥政务数据共享协调机制作用，提升数据共享统筹协调力度和服务管理水平。建立全国标准统一、动态管理的政务数据目录，实行“一数一源一标准”，实现数据资源清单化管理。充分发挥全国一体化政务服务平台的数据共享枢纽作用，持续提升国家数据共享交换平台支撑保障能力，实现政府信息系统与党委、人大、政协、法院、检察院等信息系统互联互通和数据按需共享。有序推进国务院部门垂直管理业务系统与地方数据平台、业务系统数据双向共享。以应用场景为牵引，建立健全政务数据供需对接机制，推动数据精准高效共享，大力提升数据共享的实效性。

（三）促进数据有序开发利用。

编制公共数据开放目录及相关责任清单，构建统一规范、互联互通、安全可控的国家公共数据开放平台，分类分级开放公共数据，有序推动公共数据资源开发利用，提升各行业各领域运用公共数据推动经济社会发展的能力。推进社会数据“统采共用”，实现数据跨地区、跨部门、跨层级共享共用，提升数据资源使用效益。推进公共数据、社会数据融合应用，促进数据流通利用。

六、构建智能集约的平台支撑体系

强化安全可信的信息技术应用创新，充分利用现有政务信息平台，整合构建结构合理、智能集约的平台支撑体系，适度超前布局相关新型基础设施，全面夯实数字政府建设根基。

（一）强化政务云平台支撑能力。

依托全国一体化政务大数据体系，统筹整合现有政务云资源，构建全国一体化政务云平台体系，实现政务云资源统筹建设、互联互通、集约共享。国务院各部门政务云纳入全国一体化政务云平台体系统筹管理。各地区按照省级统筹原则开展政务云建设，集约提供政务云服务。探索建立政务云资源统一调度机制，加强一体化政务云平台资源管理和调度。

（二）提升网络平台支撑能力。

强化电子政务网络统筹建设管理，促进高效共建共享，降低建设运维成本。推动骨干网扩容升级，扩大互联网出口带宽，提升网络支撑能力。提高电子政务外网移动接入能力，强化电子政务外网服务功能，并不断向乡镇基层延伸，在安全可控的前提下按需向企事业单位拓展。统筹建立安全高效的跨网数据传输机制，有序推进非涉密业务专网向电子政务外网整合迁移，各地区各部门原则上不再新建业务专网。

（三）加强重点共性应用支撑能力。

推进数字化共性应用集约建设。依托身份认证国家基础设施、国家人口基础信息库、国家法人单位信息资源库等认证资源，加快完善线上线下一体化统一身份认证体系。持续完善电子证照共享服务体系，推动电子证照扩大应用领域和全国互通互认。完善电子印章制发、管理和使用规范，健全全国统一的电子印章服务体系。深化电子文件资源开发利用，建设数字档案资源体系，提升电子文件（档案）管理和应用水平。发挥全国统一的财政电子票据政务服务平台作用，实现全国财政电子票据一站式查验，推动财政电子票据跨省报销。开展各级非税收入收缴相关平台建设，推动非税收入收缴电子化全覆盖。完善信用信息公共服务平台功能，提升信息查询和智能分析能力。推进地理信息协同共享，提升公共服务能力，更好发挥地理信息的基础性支撑作用。

七、以数字政府建设全面引领驱动数字化发展

围绕加快数字化发展、建设数字中国重大战略部署，持续增强数字政府效能，更好激发数字经济活力，优化数字社会环境，营造良好数字生态。

（一）助推数字经济发展。

以数字政府建设为牵引，拓展经济发展新空间，培育经济发展新动能，提高数字经济治理体系和治理能力现代化水平。准确把握行业和企业发展需求，打造主动式、多层次创新服务场景，精准匹配公共服务资源，提升社会服务数字化普惠水平，更好满足数字经济发展需要。完善数字经济治理体系，探索建立与数字经济持续健康发展相适应的治理方式，创新基于新技术手段的监管模式，把监管和治理贯穿创新、生产、经营、投资全过程。壮大数据服务产业，推动数字技术在数据汇聚、流通、交易中的应用，进一步释放数据红利。

（二）引领数字社会建设。

推动数字技术和传统公共服务融合，着力普及数字设施、优化数字资源供给，推动数字化服务普惠应用。推进智慧城市建设，推动城市公共基础设施数字转型、智能升级、融合创新，构建城市数据资源体系，加快推进城市运行“一网统管”，探索城市信息模型、数字孪生等新技术运用，提升城市治理科学化、精细化、智能化水平。推进数字乡村建设，以数字化支撑现代乡村

治理体系，加快补齐乡村信息基础设施短板，构建农业农村大数据体系，不断提高面向农业农村的综合信息服务水平。

（三）营造良好数字生态。

建立健全数据要素市场规则，完善数据要素治理体系，加快建立数据资源产权等制度，强化数据资源全生命周期安全保护，推动数据跨境安全有序流动。完善数据产权交易机制，规范培育数据交易市场主体。规范数字经济发展，健全市场准入制度、公平竞争审查制度、公平竞争监管制度，营造规范有序的政策环境。不断夯实数字政府网络安全基础，加强对关键信息基础设施、重要数据的安全保护，提升全社会网络安全水平，为数字化发展营造安全可靠环境。积极参与数字化发展国际规则制定，促进跨境信息共享和数字技术合作。

3.**《全国一体化政务大数据体系建设指南》**（2022 年 9 月 13 日）

四、主要内容

充分整合现有政务数据资源和平台系统，重点从统筹管理、数据目录、数据资源、共享交换、数据服务、算力设施、标准规范、安全保障等 8 个方面，组织推进全国一体化政务大数据体系建设。

（一）统筹管理一体化。

1. 建立完善政务大数据管理体系。

国务院办公厅负责统筹、指导、协调、监督各地区各部门的政务数据归集、加工、共享、开放、应用、安全、存储、归档等工作。各地区政务数据主管部门统筹本地区编制政务数据目录，按需归集本地区数据，形成基础库、主题库，满足跨区域、跨层级数据共享需求，加强数据资源开发利用。国务院各有关部门统筹协调本部门本行业，摸清数据资源底数，编制政务数据目录，依托国家政务大数据平台，与各地区各部门开展数据共享应用，不得另建跨部门数据共享交换通道，已有通道纳入国家政务大数据平台数据共享系统管理。

2. 建立健全政务数据共享协调机制。

各地区各部门要建立健全本地区本部门政务数据共享协调机制，明确管理机构和主要职责，确保政务数据共享协调有力、职责明确、运转顺畅、管理规范、安全有序。加强政务数据供需对接，优化审批流程，精简审批材料，及时响应数据共享需求，非因法定事由不得拒绝其他单位因依法履职提出的数据共享需求。积极推动政务数据属地返还，按需回流数据，探索利用核查、模型分析、隐私计算等多种手段，有效支撑地方数据资源深度开发利用。

（二）数据目录一体化。

1. 全量编制政务数据目录。

建设政务数据目录系统，全面摸清政务数据资源底数，建立覆盖国家、省、市、县等层级的全国一体化政务数据目录，形成全国政务数据“一本账”，支撑跨层级、跨地域、跨系统、跨部门、跨业务的数据有序流通和共享应用。建立数据目录分类分级管理机制，按照有关法律、行政法规的规定确定重要政务数据具体目录，加强政务数据分类管理和分级保护。国务院办公厅负责政务数据目录的统筹管理，各地区各部门政务数据主管部门负责本地区本部门政务数据目录的审核和汇总工作，各级政务部门应按照本部门“三定”规定，梳理本部门权责清单和核心业务，将履职过程中产生、采集和管理的政务数据按要求全量编目。

2. 规范编制政务数据目录。

实现政务数据目录清单化管理，支撑政务部门注册、检索、定位、申请政务数据资源。政务部门在数据资源生成后要及时开展数据源鉴别、数据分类分级以及合规性、安全性、可用性自查，完成数据资源注册，建立“目录-数据”关联关系，形成政务数据目录。政务数据资源注册时，政务部门应同时登记提供该数据资源的政务信息系统，建立“数据-系统”关联关系，明确数据来源，避免数据重复采集，便利数据供需对接。各地区各部门政务数据主管部门要根据政务数据目录代码规则、数据资源编码规则、元数据规范等检查目录编制，落实目录关联政务信息系统、“一数一源”等有关要求，将审核不通过的目录退回纠正，切实规范目录编制。各地区在编制本地区政务数据目录时，要对照国务院部门数据目录内容、分类分级等相关标准，确保同一政务数据目录与国务院部门数据目录所含信息基本一致。

3. 加强目录同步更新管理。

各地区各部门调整政务数据目录时，要在国家政务大数据平台实时同步更新。政务部门职责发生变化的，要及时调整政务数据目录；已注册的数据资源要及时更新，并同步更新“数据-系统”关联关系。原则上目录有新增关联的政务数据资源，应在20个工作日内完成注册；目录信息发生变化的，应在20个工作日内完成更新。

（三）数据资源一体化。

1. 推进政务数据归集。

国家政务大数据平台以政务数据目录为基础，推动数据资源“按需归集、应归尽归”，通过逻辑接入与物理汇聚两种方式归集全国政务数据资源，并进行统筹管理。逻辑上全量接入国家层面统筹建设、各部门联合建设以及各地区各部门自建的数据资源库；物理上按需汇聚人口、法人、信用体系等国家级基础库、主题库数据，建立国家电子证照基础库，“一人一档”、“一企一档”等主题库。各地区应依托政务数据平台统筹推进本区域政务数据的归集工作，实现省市县三级数据汇聚整合，并按需接入党委、人大、政协、纪委监委、法院、检察院等机构数据。行业主管部门做好本行业政务数据的归集工作，实现行业数据的汇聚整合，并按需归集公共数据和社会数据，提升数据资源配置效率。

2. 加强政务数据治理。

国家政务大数据平台建设覆盖数据归集、加工、共享、开放、应用、安全、存储、归档等各环节的数据治理系统，明确数据治理规则，对归集的数据进行全生命周期的规范化治理。各地区各部门按照国家标准规范，细化数据治理规则，开展数据治理工作。按照“谁管理谁负责、谁提供谁负责、谁使用谁负责”的原则，建立健全数据质量反馈整改责任机制和激励机制，加强数据质量事前、事中和事后监督检查，实现问题数据可反馈、共享过程可追溯、数据质量问题可定责，推动数据源头治理、系统治理。强化数据提供部门数据治理职责，数据提供部门要按照法律法规和相关标准规范严格履行数据归集、加工、共享等工作职责，确保数据真实、可用、有效共享；数据使用部门要合规、正确使用数据，确保数据有效利用、安全存储、全面归档；数据管理部门要会同数据提供、使用部门，完善数据质量管理制度，建立协同工作机制，细化数据治理业务流程，在数据共享使用过程中不断提升数据质量。加强政务数据分类管理，规范数据业务属性、来源属性、共享属性、开放属性等。运用多源比对、血缘分析、人工智能等技术手段，开展数据质量多源校核和绩效评价，减少无效数据、错误数据，识别重复采集数据，明确权威数据源，提升政务数据的准确性、完整性和一致性。

3. 建设完善数据资源库。

加大政务数据共享协调力度，协同发展改革、公安、自然资源、市场监管等国务院部门持续建设完善人口、法人、自然资源、经济、电子证照等国家级基础库，协同人力资源社会保障、生态环境、应急、自然资源、水利、气象、医保、国资等部门加快优化完善医疗健康、政务服务、社会保障、生态环保、信用体系、应急管理、国资监管等主题库，统一纳入全国一体化政务大数据体系管理，对各类基础数据库、业务资源数据库实行规范管理，建立健全政务数据归集共享通报制度，支撑各地区各部门政务数据共享、开放和开发利用。各地区要依托本级政务数据平台，积极开展疫情防控、经济运行监测等领域主题库建设，促进数据资源按地域、按主题充分授权、自主管理。

（四）共享交换一体化。

1. 构建完善统一共享交换体系。

依托全国一体化政务服务平台和国家数据共享交换平台，提升国家政务大数据平台数据共享支撑能力，统一受理共享申请并提供服务，形成覆盖国家、省、市等层级的全国一体化政务数据共享交换体系，高效满足各地区各部门数据共享需求，有序推进国务院部门垂直管理业务系统向地方政务数据平台共享数据。各地区各部门按需建设政务数据实时交换系统，支持海量数据高速传输，实现数据分钟级共享，形成安全稳定、运行高效的数据供应链。

2. 深入推进政务数据协同共享。

国家政务大数据平台支撑各省（自治区、直辖市）之间、国务院各部门之间以及各省（自治区、直辖市）与国务院部门之间的跨部门、跨地域、跨层级数据有效流通和充分共享。各地方政务数据平台支撑本行政区域内部门间、地区间数据流通和共享。各部门政务数据平台支撑本部门内、本行业内数据流通和共享。以应用为牵引，全面提升数据共享服务能力，协同推进公共数据和社会数据共享，探索社会数据“统采共用”，加强对政府共享社会数据的规范管理，形成国家、地方、部门、企业等不同层面的数据协同共享机制，提升数据资源使用效益。

（五）数据服务一体化。

1. 优化国家政务数据服务门户。

依托国家政务大数据平台的政务数据服务总门户，整合集成目录管理、供需对接、资源管理、数据共享、数据开放、分析处理等功能，为各地区各部门提供政务数据目录编制、资源归集、申请受理、审核授权、资源共享、统计分析、可视化展示和运营管理等服务，实现对各地区各部门政务数据“一本账”展示、“一站式”申请、“一平台”调度，支撑各地区各部门政务数据跨地区、跨部门、跨层级互认共享，推动实现数据资源高效率配置、高质量供给。各地区各部门可按照国家政务数据服务总门户管理要求和相关标准规范，统筹建设政务数据服务门户，并做好与国家政务数据服务总门户的对接，实现纵向贯通、横向协同。

2. 加强政务大数据基础能力建设。

加强国家政务大数据平台和各地区各部门政务数据平台的共性基础数据服务能力建设。建设大数据处理分析系统，具备数据运算、分域分级用户管理和数据沙箱模型开发等能力，为多元、异构、海量数据融合应用创新提供技术支撑。充分运用大数据、人工智能等技术手段，构建集成自然语言处理、视频图像解析、智能问答、机器翻译、数据挖掘分析、数据可视化、数据开放授权、数据融合计算等功能的通用算法模型和控件库，提供标准化、智能化数据服务。建设全国标准统一的政务区块链服务体系，推动“区块链+政务服务”、“区块链+政务数据共享”、“区块链+社会治理”等场景应用创新，建立完善数据供给的可信安全保障机制，保障数据安全合规共享开放。

3. 加大政务大数据应用创新力度。

聚焦城市治理、环境保护、生态建设、交通运输、食品安全、应急管理、金融服务、经济运行等应用场景，按照“一应用一数仓”要求，推动各地区各部门依托全国一体化政务大数据体系建立政务数据仓库，为多行业和多跨场景应用提供多样化共享服务。依托高性能、高可用的大数据分析和共享能力，整合经济运行数据，建立经济运行监测分析系统，即时分析预测经济运行趋势，进一步提升经济运行研判和辅助决策的系统性、精准性、科学性，促进经济持续健康发展；融合集成基层治理数据，建立基层治理运行分析和预警监测模型，通过大数据分析，动态感知基层治理状态和趋势，预警监测、防范化解各类重大风险，切实提升社会治理水平；汇聚城市人流、物流、信息流等多源数据，建立城市运行生命体征指标体系，运用大数据的深度学习模型，实现对城市运行状态的整体感知、全局分析和智能处置，提升城市“一网统管”水平。同时，围绕产业发展、市场监管、社会救助、公共卫生、应急处突等领域，推动开展政务大数据综合分析应用，为政府精准施策和科学指挥提供数据支撑。

4. 推进政务数据资源开发利用。

基于全国一体化政务大数据体系，建设政务数据开放体系，通过国家公共数据开放平台和各地区各部门政务数据开放平台，推动数据安全有序开放。探索利用身份认证授权、数据沙箱、安全多方计算等技术手段，实现数据“可用不可见”，逐步建立数据开放创新机制。建立健全政务数据开放申请审批制度，结合国家公共数据资源开发利用试点，加大政务数据开放利用创新力度。各地区各部门政务数据主管部门应当根据国家有关政务数据开放利用的规定和经济社会发展需要，会同相关部门制定年度政务数据开放重点清单，促进政务数据在风险可控原则下尽可能开放，明晰数据开放的权利和义务，界定数据开放的范围和责任，明确数据开放的安全管控要求，优先开放与民生紧密相关、社会迫切需要、行业增值潜力显著的政务数据。重点推进普惠金融、卫生健康、社会保障、交通运输、应急管理等行业应用，建立政务数据开放优秀应用绩效评估机制，推动优秀应用项目落地孵化，形成示范效应。鼓励依法依规开展政务数据授权运营，积极推进数据资源开发利用，培育数据要素市场，营造有效供给、有序开发利用的良好生态，推动构建数据基础制度体系。

（六）算力设施一体化。

1. 完善算力管理体系。

开展全国政务大数据算力资源普查，摸清算力总量、算力分布、算力构成和技术选型等，形成全国政务大数据算力“一本账”。强化全国政务云监测分析，汇聚国家、省、市级云资源利用、业务性能等数据，掌握政务云资源使用情况，开展云资源分析评估，完善云资源管理运营机制。推进政务云资源统筹管理、高效提供、集约使用，探索建立政务云资源统一调度机制，推动建设全国一体化政务云平台体系。

2. 建设国家主备节点。

合理利用全国一体化大数据中心协同创新体系，建设国家政务大数据平台算力设施，强化云平台、大数据平台基础“底座”支撑，提供数据汇聚、存储、计算、治理、分析、服务等基础功能，承载数据目录、治理、共享等系统运转，按需汇聚、整合共享政务数据资源，构建电子证照等数据库，保障国家政务大数据平台运行。整合建设国家政务大数据平台灾备设施，完善基础设施高可用保障体系，基于“两地三中心”模式建立本地、异地双容灾备份中心，面向业务连续性、稳定性要求高的关键业务实现本地“双活”、重要数据本地实时灾备、全量数据异地定时灾备。

3. 提升算力支撑能力。

合理利用全国一体化大数据中心协同创新体系，推动各地区各部门政务云建设科学布局、集约发展。提升各地区各部门政务大数据云资源支撑能力，推动政务数据中心整合改造，提高使用低碳、零碳能源比例，按需打造图像显示处理器（GPU）、专用集成电路芯片（ASIC）等异构计算能力，构建存算分离、图计算、隐私计算等新型数据分析管理能力。

（七）标准规范一体化。

1. 加快编制国家标准。

重点围绕政务数据管理、技术平台建设和数据应用服务等方面推进国家标准编制，明确各地区各部门提升政务数据管理能力和开展数据共享开放服务的标准依据。编制政务数据目录、数据元、数据分类分级、数据质量管理、数据安全管理等政务数据标准规范；编制政务数据平台建设指南、技术对接规范、基础库主题库建设指引、运行维护指南、安全防护基本要求等平台技术标准；按照数据共享、数据开放、数据回流等不同业务模式，编制数据服务管理、技术、运营等制度规范；编制政务云建设管理规范、政务云监测指南等规范。

2. 协同开展标准体系建设。

根据国家政务大数据标准体系框架和国家标准要求，各地区各部门、行业主管机构结合自身业务特点和行业特色，积极开展政务数据相关行业标准、地方标准编制工作，以国家标准为核心基础、以地方标准和行业标准为有效补充，推动形成规范统一、高效协同、支撑有力的全国一体化政务大数据标准体系。

3. 推进标准规范落地实施。

完善标准规范落地推广机制，各地区各部门制定出台标准实施方案，依据相关标准规范建设完善政务数据平台，提高数据管理能力和服务水平。政务数据主管部门定期对标准执行情况开展符合性审查，强化标准规范实施绩效评估，充分发挥全国一体化政务大数据标准体系支撑作用。

（八）安全保障一体化。

1. 健全数据安全制度规范。

贯彻落实《中华人民共和国数据安全法》、《中华人民共和国个人信息保护法》等法律法规，明确数据分类分级、安全审查等具体制度和要求。明确数据安全主体责任，按照“谁管理、谁负责”和“谁使用、谁负责”的原则，厘清数据流转全流程中各方权利义务和法律责任。围绕数据全生命周期管理，以“人、数据、场景”关联管理为核心，建立健全工作责任机制，制定政务数据访问权限控制、异常风险识别、安全风险处置、行为审计、数据安全销毁、指标评估等数据安全管理规范，开展内部数据安全检测与外部评估认证，促进数据安全管理规范有效实施。

2. 提升平台技术防护能力。

加强数据安全常态化检测和技术防护，建立健全面向数据的信息安全技术保障体系。充分利用电子认证，数据加密存储、传输和应用手段，防止数据篡改，推进数据脱敏使用，加强重要数据保护，加强个人隐私、商业秘密信息保护，严格管控数据访问行为，实现过程全记录和精细化权限管理。建设数据安全态势感知平台，挖掘感知各类威胁事件，实现高危操作及时阻断，变被动防御为主动防御，提高风险防范能力，优化安全技术应用模式，提升安全防护监测水平。

3. 强化数据安全运行管理。

完善数据安全运维运营保障机制，明确各方权责，加强数据安全风险信息的获取、分析、研判、预警。建立健全事前管审批、事中全留痕、事后可追溯的数据安全运行监管机制，加强数据使用申请合规性审查和白名单控制，优化态势感知规则和全流程记录手段，提高对数据异常使用行为的发现、溯源和处置能力，形成数据安全管理闭环，筑牢数据安全防线。加强政务系统建设安全管理，保障数据应用健康稳定运行，确保数据安全。

五、保障措施

（一）加强组织实施。

充分发挥国家政务数据共享协调机制作用，建立全国一体化政务大数据体系规划、建设、运维、运营的领导责任制，统筹推进国家和各地区各部门政务数据平台纵向贯通、横向联动。国务院各有关部门要指导、协调、监督本部门本行业做好政务数据管理工作。各地区要加强政务数据管理，研究制定配套措施，推动相关法规规章立改废释，确保数据依法依规共享和高效利用。各地区各部门要合理安排项目与经费，加大对全国一体化政务大数据体系建设运行的支持力度，相关项目建设资金纳入基本建设投资，相关工作经费纳入部门预算统筹安排。各地区各部门要加强宣传引导和培训，不断提升全国一体化政务大数据体系应用成效。

（二）推进数据运营。

按照“管运适度分离”原则，加大政务数据运营力量投入。加强专业力量建设，建立专业数据人才队伍，提升其数字思维、数字技能和数字素养，补齐运营主体缺位、专业能力不足短板，创新政务数据开发运营模式，支持具备条件、信誉良好的第三方企事业单位开展运营服务。建立健全政务数据运营规则，明确数据运营非歧视、非垄断原则，明确运营机构的安全主体责任，研究制定政务数据授权运营管理办法，强化授权场景、授权范围和运营安全监督管理。

（三）强化督促落实。

国务院办公厅牵头制定全国一体化政务大数据管理和应用评估评价体系，指导各地区各部门加强政务数据管理和应用，督促各地区将相关工作纳入政府绩效考核，并对未按要求完成任务的进行重点督查。各地区各部门要研究制定本地区本部门政务大数据工作监督评估办法，积极运用第三方评估、专业机构评定、用户满意度评价等方式开展评估评价。各地区各部门要对相关经费进行全过程绩效管理，把绩效评价结果作为完善政策、改进管理和安排预算的重要依据，凡不符合全国一体化政务大数据体系建设要求的，不予审批建设项目，不予安排运维运营经费。各地区各部门如有违规使用、超范围使用、滥用、篡改、毁损、泄露数据等行为，按照有关规定追究责任。

（四）鼓励探索创新。

鼓励各地区各部门开展制度创新，完善数据要素法治环境，构建数据要素市场化配置体制机制，规范数据权属、数据定价、交易规则，建立权责清晰的数据要素市场化运行机制，推动各类机构依法依规开展数据交易，加强数据产品和数据服务产权保护。鼓励各地区各部门开展应用创新，在普惠金融、卫生健康、社会保障、交通运输、应急管理等领域开展试点，推进重点领域政务数据深度应用。鼓励各地区各部门推进数据基础能力建设，积极构建数据安全存储、数据存证、隐私计算等支撑体系，推动大数据挖掘分析、智能计算、数据安全与隐私保护等核心技术攻关。

4.《关键信息基础设施安全保护条例》（2021年7月30日）

第48条 电子政务关键信息基础设施的运营者不履行本条例规定的网络安全保护义务的，依照《中华人民共和国网络安全法》有关规定予以处理。

部门规章及文件

5.《民政部贯彻落实〈国务院关于加强数字政府建设的指导意见〉的实施方案》（2022年9月26日）

二、主要任务

（一）构建协同高效的民政数字化履职能力体系。

1. 加快推进数字机关建设。提升民政政务运行效能，加快民政一体化协同办公体系建设，有效支撑机关办文、办会、办事"网上办、掌上办"，实现机关工作人员网上办公应用全覆盖，移动办公应用全面普及，机关内部财务、资产、档案、后勤、文印等事项高效协同办理。提升民政行政监督水平，推动行政审批全流程数字化运行、管理和监督。优化完善"互联网+督查"机制，加强与国务院"互联网+督查"平台对接，提升督查效能。

2. 大力推行智慧监管。依托民政政务监管平台和民政政务信息系统，加快推进民政各领域“互联网+监管”，推进线上线下监管有效衔接，推动跨地区、跨部门、跨层级协同监管，逐步实现监管对象全覆盖、监管过程全记录。利用大数据、物联网等技术开展智能化监管示范应用，强化民政业务风险研判与预测预警，加强信用分级分类监管，推动建立全方位、多层次、立体化监管体系。

3. 推进公开平台智能集约发展。提升民政政策信息数字化发布水平，完善政务公开信息发布平台，建设分类分级、集中统一、共享共用、动态更新的政策文件库。加快构建以网上发布为主、其他发布渠道为辅的政策发布新格局，灵活开展政民互动，及时回应群众关切，优化政策智能推送服务。严格执行政府信息公开保密审查制度，消除安全隐患。发挥政务新媒体优势做好政策发布解读，积极构建民政政务新媒体矩阵，形成整体联动、同频共振的传播格局。依托民政政务新媒体做好突发公共事件信息发布和政务舆情回应工作。

4. 提升基本民生保障精准化水平。加强线下主动发现、线上信息共享，实现对全国低收入人口的信息汇聚、常态监测、快速预警，做到即时干预、精准救助、综合帮扶，强化社会救助家庭经济状况核对机制建设，不断推进全国联网的一体化核对工作。深化残疾人两项补贴资格认定“跨省通办”、“全程网办”，强化残疾人两项补贴等残疾人福利领域数据与社会救助、社会福利、社会保险等领域数据共享和比对。强化儿童福利供给，加强未成年人权益保护，实现信息一体采集、资源共享、部门联动和综合监管。加强流浪乞讨人员救助源头治理，做到提前预警、动态监管、及时整改。

5. 提升基层社会治理精细化水平。实施“互联网+基层治理”行动，构建新型基层管理服务平台，推进智慧社区建设，提升基层智慧治理能力。加强对社会组织的监督管理，优化社会组织网上办事服务，提升信息查询和智能分析能力。持续推进中国·国家地名信息库建设，实现地名命名更名备案公告网上办理，提升地名管理信息化水平。推进平安边界建设，提升行政区域界线信息化、智慧化、精细化管理水平。推动社会组织法人库与慈善组织（基金会）年检年报系统基础信息共享，推进全国慈善信息公开平台与慈善组织（基金会）年检年报系统数据共享，推动慈善组织（基金会）有序、合规开放慈善信息，更好发挥慈善事业在第三次分配中作用。

6. 提升基本社会服务便捷化水平。加快汇聚形成全口径、全量的老年人和养老服务机构信息资源，为智慧养老和医养结合、养老服务机构监管提供有力支撑。积极推动婚姻登记智慧化服务集成，积极推进婚姻电子证照的社会化场景应用和推广，加快推进全国范围内婚姻登记“跨省通办”。推动互联网与殡葬服务融合发展，依托现有资源构建网上祭扫、远程告别服务平台，为群众提供更加便捷的殡葬服务。加强“互联网+区划地名”标准规范建设，持续提升中国·国家地名信息库服务能力和水平，深化区划地名信息共享应用，满足群众生活、社会治理、科学研究、国防建设等需要。

7. 提升民政数字化公共服务体系。推进“互联网+民政服务”向纵深发展，把满足人民对美好生活的向往作为数字政府建设的出发点和落脚点，打造泛在可及、智慧便捷、公平普惠的数字化公共服务体系，持续推动互联网与各项民政政策、业务、数据深度融合。优化完善民政一体化政务服务平台，推动更多民政政务服务“跨省通办”、“一网通办”、“全程网办”，强化“民政通”移动端服务供给，全面提升民政公共服务数字化、智能化、便捷化水平。

（二）构建科学规范的民政数字政府建设制度规则体系。

8. 以数字化改革助力政府职能转变。充分运用数字技术创新行政管理和服务方式，推动流程再造、制度重构、系统重塑，让各类政策、制度、机制、流程、清单、标准等更加成熟定型，更加适应政府数字化转型需要，助推民政工作的质量变革、效率变革、动力变革。助力优化营商环境，推进营商环境创新试点互联互通和数据共享事项落地实施。依托全国行政许可管理信息系统和各类民政政务信息系统，实现行政许可事项规范管理和高效办理，推动各类行政权力事项网上运行、动态管理。

9. 创新民政数字政府建设管理机制。严格贯彻落实《国务院办公厅关于印发〈运用互联网、大数据、人工智能、区块链等新信息技术手段进行行政管理的若干规则〉的通知》，规范有序运用新技术手段赋能管理服务。做好数字政府建设经费保障，统筹利用现有资金渠道，建立多渠道投入的资金保障机制。依法加强审计监督，强化项目绩效评估，避免分散建设、重复建设，切实提高民政数字政府建设成效。

10. 健全法律法规和标准规范。完善与数字政府建设相适应的政策法规体系，及时修订现行政策法规中与数字政府建设不相适应的内容。加快推进共性办公应用、关键政务应用、系统整合共享、数据开发利用等标准制定，持续完善已有标准，推动构建标准规范体系。加大标准推广执行力度，以统一标准约束和规范民政数字政府建设，确保业务流程统一、应用接口规范、数据标准一致，以标准化促进数字政府建设规范化。

（三）构建开放共享的民政数据资源体系。

11. 创新数据管理机制。强化数据管理职责，明确数据归集、共享、开放、应用、安全、存储、归档等责任，推动形成民政政务数据开放共享的高效运行机制。健全民政大数据资源体系，优化完善各类基础库、业务库、主题库和专题库，构建民政政务数据资源“一张图”。强化数据治理和全生命周期管理，形成数据标准、算法、模型、安全等一体管理。

12. 深化数据高效共享。依托国家政务数据共享协调机制，加大跨部门数据共享协调力度，推进民政所需政务数据有序共享。建立标准统一、动态更新的民政政务数据目录。充分发挥国家政务服务平台的数据共享枢纽作用，实现与公安、教育、人力资源社会保障、卫生健康、乡村振兴、金融、税务等部门数据按需共享。有序推进垂管系统与地方数据平台、业务系统数据双向共享。建立健全民政数据供需对接机制，明确共享数据应用场景，推动数据精准高效安全共享。

13. 促进数据有序开发利用。编制全量覆盖、动态更新的民政政务数据共享开放目录，对接国家公共数据开放平台，分类分级开放公共数据。整合跨部门、跨业务数据资源，构建低收入人口、基层治理、养老服务、未成年人保护等重点领域信息资源库，为科学决策提供定量分析支撑。推动民政政务数据与社会数据良性互动和融合应用。依托中国·国家地名信息库，为社会提供高效、优质、便捷的区划地名和界线信息服务。

（四）构建智能集约的民政平台支撑体系。

14. 强化政务云平台支撑能力。统筹整合现有民政政务云资源，实现政务云资源统筹建设、互联互通、集约共享。加强民政一体化政务云平台资源统一管理和调度，建设“多云多芯”统一纳管的云管平台，根据不同类型应用需求动态调度“两地三中心”计算资源，优化云平台计算资源，提供更加绿色、高效的算力服务，保障民政政务系统稳定运转。

15. 提升网络平台支撑能力。强化电子政务网络统筹建设管理，促进网络高效共享，降低建设运维成本，有序推进非涉密业务专网向电子政务外网整合迁移。推动 IPv6 在民政政务系统的部署应用，增强网络流量控制和统一网络资源管理能力，提供更加优异的性能和用户体验、更加智能可靠的运维与安全保障。

16. 加强重点共性应用支撑能力。优化升级民政全业务应用支撑平台，提供统一身份认证、电子印章、电子档案、电子证照、语音识别、人脸识别等通用服务。运用电子地图、北斗导航、视频、遥感等技术，整合地理信息、区划地名与界线等数据，构建时空一体大数据平台，为民政全业务提供地理信息时空服务。推进大数据智能化应用，提升数据分析、知识图谱、算法训练等共性服务能力。稳妥审慎推进民政领域数据上链，实现多方对接互认。

（五）构建民政数字政府全方位安全保障体系。

17. 强化安全管理责任。统筹做好民政数字政府建设安全和保密工作，落实主体责任和监督责任，加强督促指导和信息通报，形成跨地区、跨部门、跨层级的协同联动机制。建立数字政府安全责任落实和重大事件处置机制，加强对参与信息化建设、运营企业和人员的规范管理，确保政务系统和数据安全管理边界清晰、职责明确、责任落实。

18. 落实安全制度要求。落实数据分类分级保护、风险评估等制度，加强数据全生命周期安全管理和技术防护，加大对涉及国家秘密、工作秘密、商业秘密、个人隐私和个人信息等数据的保护力度。加强关键信息基础设施安全保护和网络安全等级保护，定期开展网络安全、保密和密码应用检查。

19. 提升安全保障能力。构筑新型可信网络安全综合防控体系，建设民政系统网络安全综合防控平台，强化网络安全基础防护、综合防控、协同处置，提高动态防御、主动防御、纵深防御、精准防护、整体防控、联防联控等防御能力，加强日常监测、态势感知、通报预警和应急处置。

三、保障措施

（一）加强组织领导。加强党对数字政府建设工作的集中统一领导，将数字政府建设工作纳入部党组重要议事日程，及时研究解决数字政府建设重大问题。部网信工作领导小组做好统筹协调和工作督促落实，并有效衔接《"十四五"民政信息化发展规划》。各司（局）、单位要高度重视，主动作为，强化责任，细化任务，确保方案提出的各项要求落地落实。有关进展情况每年向部党组作一次汇报。

（二）提升数字素养。把提高领导干部数字治理能力作为干部培训重要内容，持续提升民政干部队伍的数字思维、数字技能和数字素养，提高干部对数字化的适应力、胜任力、创造力，创新数字政府建设人才培养使用机制，建设一支讲政治、懂业务、精技术的复合型干部队伍。

（三）强化分析评估。运用国家数字政府建设评估指标体系，重点分析和评估统筹管理、项目建设、数据共享开放、安全保障、应用成效等方面情况。将数字政府建设工作纳入相关司（局）、单位领导班子和有关领导干部述职内容。

第三十八条 国家机关收集、使用数据的条件与程序

国家机关为履行法定职责的需要收集、使用数据，应当在其履行法定职责的范围内依照法律、行政法规及文件规定的条件和程序进行；对在履行职责中知悉的个人隐私、个人信息、商业秘密、保密商务信息等数据应当依法予以保密，不得泄露或者非法向他人提供。

● 法 律

1.《网络安全法》（2016 年 11 月 7 日）

第 30 条 网信部门和有关部门在履行网络安全保护职责中获取的信息，只能用于维护网络安全的需要，不得用于其他用途。

第 44 条 任何个人和组织不得窃取或者以其他非法方式获取个人信息，不得非法出售或者非法向他人提供个人信息。

第45条 依法负有网络安全监督管理职责的部门及其工作人员，必须对在履行职责中知悉的个人信息、隐私和商业秘密严格保密，不得泄露、出售或者非法向他人提供。

第46条 任何个人和组织应当对其使用网络的行为负责，不得设立用于实施诈骗，传授犯罪方法，制作或者销售违禁物品、管制物品等违法犯罪活动的网站、通讯群组，不得利用网络发布涉及实施诈骗，制作或者销售违禁物品、管制物品以及其他违法犯罪活动的信息。

第48条 任何个人和组织发送的电子信息、提供的应用软件，不得设置恶意程序，不得含有法律、行政法规禁止发布或者传输的信息。

电子信息发送服务提供者和应用软件下载服务提供者，应当履行安全管理义务，知道其用户有前款规定行为的，应当停止提供服务，采取消除等处置措施，保存有关记录，并向有关主管部门报告。

2.《**民法典**》（2020年5月28日）

第1032条 自然人享有隐私权。任何组织或者个人不得以刺探、侵扰、泄露、公开等方式侵害他人的隐私权。

隐私是自然人的私人生活安宁和不愿为他人知晓的私密空间、私密活动、私密信息。

3.《**刑法**》（2020年12月26日）

第219条 有下列侵犯商业秘密行为之一，情节严重的，处三年以下有期徒刑，并处或者单处罚金；情节特别严重的，处三年以上十年以下有期徒刑，并处罚金：

（一）以盗窃、贿赂、欺诈、胁迫、电子侵入或者其他不正当手段获取权利人的商业秘密的；

（二）披露、使用或者允许他人使用以前项手段获取的权利人的商业秘密的；

（三）违反保密义务或者违反权利人有关保守商业秘密的要求，披露、使用或者允许他人使用其所掌握的商业秘密的。

明知前款所列行为，获取、披露、使用或者允许他人使用该商业秘密的，以侵犯商业秘密论。

本条所称权利人，是指商业秘密的所有人和经商业秘密所有人许可的商业秘密使用人。

4. **《反不正当竞争法》**（2019 年 4 月 23 日）

第 9 条　经营者不得实施下列侵犯商业秘密的行为：

（一）以盗窃、贿赂、欺诈、胁迫、电子侵入或者其他不正当手段获取权利人的商业秘密；

（二）披露、使用或者允许他人使用以前项手段获取的权利人的商业秘密；

（三）违反保密义务或者违反权利人有关保守商业秘密的要求，披露、使用或者允许他人使用其所掌握的商业秘密；

（四）教唆、引诱、帮助他人违反保密义务或者违反权利人有关保守商业秘密的要求，获取、披露、使用或者允许他人使用权利人的商业秘密。

经营者以外的其他自然人、法人和非法人组织实施前款所列违法行为的，视为侵犯商业秘密。

第三人明知或者应知商业秘密权利人的员工、前员工或者其他单位、个人实施本条第一款所列违法行为，仍获取、披露、使用或者允许他人使用该商业秘密的，视为侵犯商业秘密。

本法所称的商业秘密，是指不为公众所知悉、具有商业价值并经权利人采取相应保密措施的技术信息、经营信息等商业信息。

● 行政法规及文件

5. **《国务院关于在线政务服务的若干规定》**（2019 年 4 月 26 日）

第 14 条　政务服务机构及其工作人员泄露、出售或者非法向他人提供履行职责过程中知悉的个人信息、隐私和商业秘密，或者不依法履行职责，玩忽职守、滥用职权、徇私舞弊的，依法追究法律责任。

● 部门规章及文件

6.《**电信和互联网用户个人信息保护规定**》(2013 年 7 月 16 日)

第 18 条 电信管理机构及其工作人员对在履行职责中知悉的用户个人信息应当予以保密，不得泄露、篡改或者毁损，不得出售或者非法向他人提供。

第三十九条 数据安全管理制度

国家机关应当依照法律、行政法规及文件的规定，建立健全数据安全管理制度，落实数据安全保护责任，保障政务数据安全。

● 法　律

1.《**网络安全法**》(2016 年 11 月 7 日)

第 21 条 国家实行网络安全等级保护制度。网络运营者应当按照网络安全等级保护制度的要求，履行下列安全保护义务，保障网络免受干扰、破坏或者未经授权的访问，防止网络数据泄露或者被窃取、篡改：

(一) 制定内部安全管理制度和操作规程，确定网络安全负责人，落实网络安全保护责任；

(二) 采取防范计算机病毒和网络攻击、网络侵入等危害网络安全行为的技术措施；

(三) 采取监测、记录网络运行状态、网络安全事件的技术措施，并按照规定留存相关的网络日志不少于六个月；

(四) 采取数据分类、重要数据备份和加密等措施；

(五) 法律、行政法规规定的其他义务。

司法解释及文件

2.《人民法院在线运行规则》（2022 年 1 月 26 日）

为支持和推进在线诉讼、在线调解等司法活动，完善人民法院在线运行机制，方便当事人及其他参与人在线参与诉讼、调解等活动，提升审判执行工作质效，根据相关法律规定，结合智慧法院建设实际，制定本规则。

一、总则

第 1 条 人民法院运用互联网、大数据、云计算、移动互联、人工智能和区块链等信息技术，完善智慧法院信息系统，规范应用方式，强化运行管理，以在线方式满足人民群众多元化司法需求，高效支持审判执行活动。

第 2 条 人民法院在线运行遵循以下原则：

（一）高效便民。坚持以人民为中心，提供一网通办、一站通办、一号通办等多元解纷和诉讼服务，减轻当事人诉累。

（二）注重实效。坚持司法规律、体制改革与技术变革相融合，完善信息系统，规范应用方式，强化运行管理，全方位支持人民法院开展在线审判执行活动，保障司法工作，提高司法效率。

（三）统筹共享。加强顶层统筹规划，优先建设和使用全国法院统一信息系统，持续推进信息基础设施、应用系统和数据资源兼容共享。

（四）创新驱动。贯彻实施网络强国战略，加大先进技术研究应用力度，推动业务流程、诉讼规则、审判模式与时俱进。

（五）安全可靠。依法采集、存储、处理和使用数据，保护国家秘密、商业秘密、个人隐私和个人信息，保障人民法院在线运行信息安全。

第 3 条 各级人民法院用以支持在线司法活动的信息系统建设、应用、运行和管理，适用本规则。

二、系统建设

第 4 条　人民法院应当建设智慧服务、智慧审判、智慧执行、智慧管理、司法公开、司法数据中台和智慧法院大脑、信息基础设施、安全保障、运维保障等智慧法院信息系统，保障人民法院在线运行。

智慧法院信息系统以司法数据中台和智慧法院大脑为核心，实现数据互联互通，支持业务协同办理。

第 5 条　智慧服务系统在互联网运行，与法院专网安全联通，为人民群众提供诉讼、调解、咨询和普法等在线服务，支撑构建一站式多元解纷和诉讼服务体系。

智慧服务系统包括人民法院在线服务、电子诉讼平台、人民法院调解平台、诉讼服务网、12368 诉讼服务热线、电子送达平台、在线保全系统、在线鉴定系统等。

智慧服务系统应当具备诉讼指引、在线调解及名册管理、在线立案、在线交费、在线证据交换、在线委托鉴定、在线保全、在线庭审、在线执行、在线阅卷、在线查档、在线送达、在线公告、跨域诉讼服务等功能。

人民法院在线服务与智慧服务系统其他平台对接，作为人民法院通过互联网向人民群众提供在线服务的统一入口。

第 6 条　智慧审判系统在法院专网或电子政务网运行，为审判人员提供阅卷、查档、听证、庭审、合议、裁判辅助等在线服务，支撑构建现代化审判体系。

智慧审判系统包括审判流程管理系统、电子卷宗流转应用系统、智能裁判辅助系统、量刑规范化系统、庭审语音识别系统等。

智慧审判系统应当具备案件信息管理、审限管理、电子卷宗随案同步生成和深度应用、类案智推、文书辅助生成、量刑辅助等功能。

第 7 条　智慧执行系统在法院专网或电子政务网运行，为执行人员提供执行协同、执行信息管理、查人找物、财产处置、失信惩戒等在线服务，支撑构建现代化执行工作体系。

智慧执行系统包括执行指挥平台、执行案件流程信息管理系统、执行查控系统、失信惩戒系统、司法拍卖系统、一案一帐户案款管理系统、移动执行系统等。

智慧执行系统应当具备执行案件全流程网上办理、执行线索分析、执行财产网络查控、司法拍卖信息发布、网络询价、失信被执行人管理等功能。

第8条 智慧管理系统在法院专网或电子政务网运行，为法院干警提供行政办公、人事管理、审务督察和档案管理等在线服务，支撑构建现代化司法管理体系。

智慧管理系统主要包括办公平台、人事管理系统、审务督察系统、电子档案系统等。

智慧管理系统应当具备公文在线办理、人事信息管理、审务督察、电子档案管理等功能。

第9条 司法公开平台在互联网运行，为当事人及其他诉讼参与人、社会公众提供依法公开的审判流程信息、庭审活动信息、裁判文书信息、执行工作信息等在线公开服务，支撑构建开放、动态、透明、便民的阳光司法机制。

司法公开平台主要包括中国审判流程信息公开网、中国庭审公开网、中国裁判文书网、中国执行信息公开网、全国企业破产重整案件信息网、全国法院减刑、假释、暂予监外执行信息网等。

司法公开平台应当具备信息公开、信息检索、可视化展现等功能。

第10条 司法数据中台和智慧法院大脑运行在法院专网或电子政务网，为智慧服务、智慧审判、智慧执行、智慧管理和司法公开等智慧法院信息系统提供数据和智能服务。

司法数据中台和智慧法院大脑包括司法数据库、数据管理平台、数据交换平台、数据服务平台、人工智能引擎、司法知识库、知识服务平台和司法区块链平台等。

司法数据中台和智慧法院大脑应当具备数据汇聚治理、共享交换、关联融合、可视化展现、知识生成、智能计算、辅助决策、证据核验、可信操作、智能合约等功能。

第 11 条 各级人民法院应当建设信息基础设施，为人民法院在线运行提供必要的基础条件支撑。

信息基础设施包括通信网络、计算存储、通用终端设备以及信息管理中心、执行指挥中心、诉讼服务大厅、科技法庭等重要场所专用设施。

信息基础设施应当为各类应用系统、数据资源和运维保障提供计算运行、数据存储、通信传输、显示控制等服务。

第 12 条 各级人民法院应当建设安全保障系统，为人民法院在线运行提供网络和信息安全保障。

安全保障系统包括身份认证平台、边界防护系统、安全隔离交换系统、权限管理系统、安全管控系统和安全运维系统等。

安全保障系统应当为各类信息基础设施、应用系统和数据资源提供主机安全、身份认证、访问控制、分类分级、密码加密、防火墙、安全审计和安全管理等安全服务。

第 13 条 各级人民法院应当建设运维保障系统，为人民法院在线运行提供运行维护保障。

运维保障系统包括质效型运维服务、可视化管理平台、运行质效报告和应急管理平台等。

运维保障系统应当为信息基础设施、应用系统、数据资源和安全保障系统提供运行、维护和运行质效分析等运维保障服务。

三、应用方式

第 14 条 当事人及其他参与人应用智慧服务系统进行在线

调解、在线诉讼，应当先行注册并完成身份认证，取得登录智慧服务系统的专用账号。

同一用户注册智慧服务系统应当以个人身份认证和实名注册为主，尽量使用相同的注册和身份认证信息。

智慧服务系统应当对接公安机关户籍管理系统支持核对用户身份认证信息，并支持用户信息的统一管理和共享应用。

第15条 当事人及其他参与人在智慧服务系统相应平台完成注册后，可以在线登录并通过身份认证，关联相关案件参与在线调解、在线诉讼。

第16条 当事人及其他参与人可以应用人民法院调解平台等开展在线调解，进行在线申请、接受、拒绝或者终止调解，获得在线调解引导等服务。

人民法院通过人民法院调解平台等，支持人民法院、当事人、在线调解组织和调解员通过电脑和移动终端设备进行在线调解，支持在线开展调解前协商和解、调解组织和调解员选定、音视频调解、制作调解协议、申请司法确认或者出具调解书等，支持在线诉非对接、诉调对接程序，保存调解过程中的所有音视频和文字材料。

人民法院、调解组织和调解员可以通过人民法院调解平台等在线管理相关组织和人员信息。

第17条 当事人及其代理人可以通过人民法院在线服务、电子诉讼、诉讼服务网等平台在线提交立案申请。

人民法院通过智慧审判系统对接智慧服务系统在线处理立案申请，反馈立案结果。

第18条 当事人及其代理人可以通过人民法院在线服务、电子诉讼平台、人民法院调解平台、诉讼服务网等平台在线查看案件相关诉讼费用信息并通过网上支付通道在线交费。

人民法院通过智慧审判、智慧执行系统对接智慧服务系统在线发起交费通知、查看交费状态。

第19条　当事人及其代理人通过人民法院在线服务、电子诉讼、人民法院调解平台、诉讼服务网等平台在线填写或提交各类案件相关电子材料，应符合平台告知的相应文件的格式、体例、规范性和清晰度等要求。

第20条　智慧服务系统中在线提交、符合要求的电子文件自动纳入案件电子卷宗，并传送智慧审判系统、智慧执行系统、智慧管理系统流转应用。

对于线下提交的案件材料，人民法院应当及时通过扫描、翻拍、转录等方式随案同步生成符合要求的电子文件，形成案件电子卷宗。

人民法院通过智慧审判、智慧执行系统支持电子卷宗随案流转应用，包括阅卷、合议、庭审、审委会讨论、跨院调卷等。

人民法院利用电子卷宗实现文件数据化、回填案件信息、文书辅助生成、卷宗自动归档等智能化应用。

第21条　人民法院通过智慧服务系统相应平台和司法区块链核验当事人通过区块链平台提交的相关电子文件和数据等证据材料。

第22条　当事人及其代理人可以通过人民法院在线服务、电子诉讼平台、诉讼服务网等平台获知相应的平台门户、通信带宽和显示分辨率等技术条件要求，开展在线证据交换、在线举证质证。

第23条　人民法院通过智慧服务、智慧审判、智慧执行、司法区块链等平台，支持对经当事人及其代理人在线举证质证后的证据材料的真实性、合法性和关联性的认定和重现。

第24条　当事人及其代理人可以通过智慧服务系统提交在线阅卷、在线查档申请。

人民法院按照相关规定从智慧审判、智慧执行和智慧管理系统中调取相应卷宗或档案流转至智慧服务系统，支持当事人及其代理人在线阅卷、在线查档。

第25条　人民法院、当事人及其代理人、证人、鉴定人等可以通过人民法院在线服务、电子诉讼平台、诉讼服务网等平台，按照相关技术条件要求，通过科技法庭、电脑和移动终端设备开展在线视频庭审，开展在线庭前准备、法庭调查、法庭辩论、语音转写、笔录签名等庭审活动，人民法院应当按照相关规定保存庭审过程中的音视频和文字材料。

第26条　受送达人可以通过人民法院在线服务、人民法院送达平台、诉讼服务网和中国审判流程信息公开网等平台在线查阅、接收、下载和签收相关送达材料。

人民法院通过智慧审判、智慧执行系统，对接人民法院送达平台，记录各方参与主体的电子邮箱、即时通讯账号、诉讼平台专用账号等电子地址，按照有关规定进行在线送达、接受送达回执，实现在线送达所有环节信息全程留痕，记录并保存送达凭证。

第27条　当事人及其代理人可以通过人民法院在线服务、在线保全等平台向有管辖权的法院申请保全、提交或补充申请信息和材料，交纳保全费，也可以在线提起解除保全、续行保全、保全复议等。

当事人及其代理人可以通过人民法院在线服务、在线保全等平台在线向第三方担保机构申请担保，申请通过后在线交纳担保费，也可以在线取消、变更担保等。

第三方担保机构在当事人交纳担保费用后，可以在线出具电子担保书，支持当事人及其代理人在线查看、下载电子担保书。

人民法院通过智慧审判和智慧执行系统对接智慧服务系统在线进行保全审核和后续业务办理。

第28条　人民法院通过智慧审判系统、智慧执行系统对接智慧服务系统，依职权或当事人申请，在线发起委托鉴定、选择鉴定机构、移送鉴定材料。

鉴定机构可以通过人民法院在线服务、在线鉴定等平台在线受理委托任务、审阅鉴定相关检材、出具鉴定意见书或报告书；鉴定申请人可以在线查阅鉴定意见书或报告书，在线提出异议或者申请出庭；人民法院可以在线对异议或出庭申请进行审核及答复。

第 29 条　当事人及其代理人可通过人民法院在线服务、12368 诉讼服务热线、诉讼服务网、人民法院调解平台等平台联系人民法院，进行案件调解、审判、执行、阅卷、查档、信访、送达以及预约事项办理信息的在线咨询查询。

第 30 条　人民法院通过智慧审判系统实现案件电子卷宗的随案同步生成和深度应用，支持电子卷宗智能编目、信息自动回填、在线阅批、一键归档、上诉审移送与查阅，支持案件收案、分案、庭审、合议、裁判、结案、归档全流程网上办理；对接司法数据中台和智慧法院大脑，提供案件数据服务、案情智能分析、类案精准推送、文书辅助生成等智能辅助应用；依法按需实现法院内部、不同法院之间、法院与协同部门之间的卷宗信息共享和业务协同。

第 31 条　人民法院通过智慧执行系统实现执行案件全程在线办理、执行活动全程留痕、全方位多层次监控，支持在线采取财产查控、询价评估、拍卖变卖、案款发放、信用惩戒等执行措施。

第 32 条　人民法院通过电子档案管理信息系统，按照档案相关法律法规，在线完成电子档案的收集、保存和提供利用。

第 33 条　当事人及其代理人按照依法、自愿、合理的原则，可将诉讼、调解等环节由线上转为线下，或由线下转为线上进行；人民法院在线运行方式支持部分参与者采用线上、其他参与者采用线下的方式参与诉讼、调解等活动。

诉讼、调解活动采用线下办理的，人民法院应当及时将相关案件材料制作形成电子卷宗，并上传至智慧法院相关信息系统纳入管理。

四、运行管理

第34条 各级人民法院应当按照信息安全等级保护要求，确定智慧法院信息系统的安全保护等级，制定安全管理制度和操作规程，确定网络安全责任人，落实网络安全保护责任。

各级人民法院应当通过安全保障系统防范计算机病毒和网络攻击、网络侵入等危害网络安全的行为，通过安全隔离交换平台支持跨网系信息互通的同时防范网间恶意入侵、非法登录和数据窃取等行为，监测、记录并留存相关信息系统运行状态和网络安全事件，强化关键信息基础设施运行安全，建立健全用户信息保护机制，加强网络安全监测预警与应急处置能力。

各级人民法院应当开展与等级保护标准相符合的信息系统安全保障建设和测评以及密码应用安全评估。

第35条 各级人民法院应当确保智慧法院信息系统相关数据全生命周期安全，制定数据分类分级保护、数据安全应急处理和数据安全审查等制度。

各级人民法院应当通过安全保障系统建立相关信息系统数据权限管理和数据安全风险信息获取、分析、研判和预警机制，遵循“安全、必要、最小范围”原则实现数据共享和安全管控，保证在线诉讼、在线调解等司法活动中的个人隐私、个人信息、商业秘密、保密商务信息、审判执行工作秘密等数据依法予以保密，不被随意泄露或非法向他人提供。

第36条 各级人民法院应当指导、监督智慧法院信息系统建设、运行和管理中的个人信息保护工作，接受、处理在线诉讼、在线调解活动中个人信息保护有关的投诉和举报，定期组织对各类信息系统个人信息保护情况进行测评并公布结果，调查、处理在线诉讼、调解等司法活动中的违法处理个人信息行为。

各级人民法院应当加强司法公开工作中的个人信息保护，严格执行法律规定的公开范围，依法公开相关信息，运用信息化手段支持个人敏感信息屏蔽、司法公开质量管控。

第37条 各级人民法院应当通过运维保障系统，按照一线运维、二线运维和运行质效分析等方式支持智慧法院信息系统的运行维护保障，一线运维主要负责用户管理、权限分配、系统故障修复和应急响应处理等，二线运维主要负责信息系统运行状态和质效的监控分析，最高人民法院及各高级人民法院应当定期组织进行智慧法院信息系统的运行质效分析，提出改进建议。

第38条 各级人民法院应当建立健全信息系统规划、立项、采购、建设、测试、验收、应用和评价等全生命周期管理体系，实现对智慧法院信息系统主机、软件、存储资源、通信网络、机房和专用设施场所等系统和设施的全面管理，支撑人民法院在线稳定运行。

第39条 各级人民法院应当建立健全人民法院在线运行相关数据生产、汇聚、存储、治理、加工、传输、使用、提供、公开等过程管理机制，明确数据管理责任，全面提升数据质量，提高数据应用能力。

第40条 各级人民法院应当制定应急计划，及时有效处理人民法院在线运行过程中出现的停电、断线、技术故障、遭受网络攻击、数据安全漏洞等突发事件。无法立即修复故障时，各级人民法院应当根据故障性质暂停提供相关服务，及时向用户告知故障信息，直至系统恢复正常，并记录保存故障信息。

第41条 各级人民法院应当依据相关法律规定，与企业院校开展合作，推进智慧法院信息系统建设、运行、维护，支持、组织、监督合作单位依照法律规定和合同约定履行义务，严格实施合作单位人员的出入、驻场、工作、培训、安全、保密、廉政和离职管理，确保合作单位不得利用工作便利擅自更改、留存、使用、泄露或者向他人提供相关工作信息。

第42条 各级人民法院应当优先推广应用全国法院统建信息系统，推进各地法院自研系统接入相应全国统建系统。

第43条 人民法院应当在符合安全要求的前提下加强与外部相关信息系统的按需对接和在线业务协同。

第44条 各级人民法院应当积极通过各种渠道向社会公众宣传智慧法院建设的重大意义，推广普及智慧法院相关信息系统应用，针对各类用户做好培训、咨询以及必要的应用演练，建立用户满意度评价、跟踪、反馈、改进机制，不断提升人民法院在线运行效能。

五、附则

第45条 本规则自2022年3月1日起施行。

第四十条 委托他人处理数据

国家机关委托他人建设、维护电子政务系统，存储、加工政务数据，应当经过严格的批准程序，并应当监督受托方履行相应的数据安全保护义务。受托方应当依照法律、法规的规定和合同约定履行数据安全保护义务，不得擅自留存、使用、泄露或者向他人提供政务数据。

法 律

1.《网络安全法》（2016年11月7日）

第18条 国家鼓励开发网络数据安全保护和利用技术，促进公共数据资源开放，推动技术创新和经济社会发展。

国家支持创新网络安全管理方式，运用网络新技术，提升网络安全保护水平。

2.《个人信息保护法》（2021 年 8 月 20 日）

第 21 条 个人信息处理者委托处理个人信息的，应当与受托人约定委托处理的目的、期限、处理方式、个人信息的种类、保护措施以及双方的权利和义务等，并对受托人的个人信息处理活动进行监督。

受托人应当按照约定处理个人信息，不得超出约定的处理目的、处理方式等处理个人信息；委托合同不生效、无效、被撤销或者终止的，受托人应当将个人信息返还个人信息处理者或者予以删除，不得保留。

未经个人信息处理者同意，受托人不得转委托他人处理个人信息。

3.《招标投标法》（2017 年 12 月 27 日）

第 3 条 在中华人民共和国境内进行下列工程建设项目包括项目的勘察、设计、施工、监理以及与工程建设有关的重要设备、材料等的采购，必须进行招标：

（一）大型基础设施、公用事业等关系社会公共利益、公众安全的项目；

（二）全部或者部分使用国有资金投资或者国家融资的项目；

（三）使用国际组织或者外国政府贷款、援助资金的项目。

前款所列项目的具体范围和规模标准，由国务院发展计划部门会同国务院有关部门制订，报国务院批准。

法律或者国务院对必须进行招标的其他项目的范围有规定的，依照其规定。

4.《电子商务法》（2018 年 8 月 31 日）

第 25 条 有关主管部门依照法律、行政法规的规定要求电子商务经营者提供有关电子商务数据信息的，电子商务经营者应当提供。有关主管部门应当采取必要措施保护电子商务经营者提供的数据信息的安全，并对其中的个人信息、隐私和商业秘密严格保密，不得泄露、出售或者非法向他人提供。

5.《政府采购法》(2014 年 8 月 31 日)

第 26 条　政府采购采用以下方式:

(一)公开招标;

(二)邀请招标;

(三)竞争性谈判;

(四)单一来源采购;

(五)询价;

(六)国务院政府采购监督管理部门认定的其他采购方式。

公开招标应作为政府采购的主要采购方式。

第 27 条　采购人采购货物或者服务应当采用公开招标方式的,其具体数额标准,属于中央预算的政府采购项目,由国务院规定;属于地方预算的政府采购项目,由省、自治区、直辖市人民政府规定;因特殊情况需要采用公开招标以外的采购方式的,应当在采购活动开始前获得设区的市、自治州以上人民政府采购监督管理部门的批准。

第 28 条　采购人不得将应当以公开招标方式采购的货物或者服务化整为零或者以其他任何方式规避公开招标采购。

第 29 条　符合下列情形之一的货物或者服务,可以依照本法采用邀请招标方式采购:

(一)具有特殊性,只能从有限范围的供应商处采购的;

(二)采用公开招标方式的费用占政府采购项目总价值的比例过大的。

第 30 条　符合下列情形之一的货物或者服务,可以依照本法采用竞争性谈判方式采购:

(一)招标后没有供应商投标或者没有合格标的或者重新招标未能成立的;

(二)技术复杂或者性质特殊,不能确定详细规格或者具体要求的；

（三）采用招标所需时间不能满足用户紧急需要的；

（四）不能事先计算出价格总额的。

第31条 符合下列情形之一的货物或者服务，可以依照本法采用单一来源方式采购：

（一）只能从唯一供应商处采购的；

（二）发生了不可预见的紧急情况不能从其他供应商处采购的；

（三）必须保证原有采购项目一致性或者服务配套的要求，需要继续从原供应商处添购，且添购资金总额不超过原合同采购金额百分之十的。

第32条 采购的货物规格、标准统一、现货货源充足且价格变化幅度小的政府采购项目，可以依照本法采用询价方式采购。

第四十一条 政务数据公开原则

国家机关应当遵循公正、公平、便民的原则，按照规定及时、准确地公开政务数据。依法不予公开的除外。

行政法规及文件

1.《政府信息公开条例》（2019年4月3日）

第5条 行政机关公开政府信息，应当坚持以公开为常态、不公开为例外，遵循公正、公平、合法、便民的原则。

第6条 行政机关应当及时、准确地公开政府信息。

行政机关发现影响或者可能影响社会稳定、扰乱社会和经济管理秩序的虚假或者不完整信息的，应当发布准确的政府信息予以澄清。

第四十二条 开放目录与平台

国家制定政务数据开放目录，构建统一规范、互联互通、安全可控的政务数据开放平台，推动政务数据开放利用。

行政法规及文件

1.《国家政务信息化项目建设管理办法》（2019 年 12 月 30 日）

第一章 总 则

第 1 条 为规范国家政务信息化建设管理，推动政务信息系统跨部门跨层级互联互通、信息共享和业务协同，强化政务信息系统应用绩效考核，根据《国务院关于印发政务信息资源共享管理暂行办法的通知》（国发〔2016〕51 号）等有关规定，制定本办法。

第 2 条 本办法适用的国家政务信息系统主要包括：国务院有关部门和单位负责实施的国家统一电子政务网络平台、国家重点业务信息系统、国家信息资源库、国家信息安全基础设施、国家电子政务基础设施（数据中心、机房等）、国家电子政务标准化体系以及相关支撑体系等符合《政务信息系统定义和范围》规定的系统。

第 3 条 国家政务信息化建设管理应当坚持统筹规划、共建共享、业务协同、安全可靠的原则。

第 4 条 国家发展改革委负责牵头编制国家政务信息化建设规划，对各部门审批的国家政务信息化项目进行备案管理。财政部负责国家政务信息化项目预算管理和政府采购管理。各有关部门按照职责分工，负责国家政务信息化项目审批、建设、运行和安全监管等相关工作，并按照“以统为主、统分结合、注重实效”的要求，加强对政务信息化项目的并联管理。

第 5 条 国家发展改革委会同中央网信办、国务院办公厅、财政部建立国家政务信息化建设管理的协商机制，做好统筹协调，开展督促检查和评估评价，推广经验成果，形成工作合力。

第二章 规划和审批管理

第 6 条 国家发展改革委会同有关部门根据信息化发展规律和政务信息化建设特点，统筹考虑并充分论证各部门建设需求，编制国家政务信息化建设规划并报国务院批准后实施；如内外部发展环境发生重大变化，适时组织评估论证，提出调整意见报国务院批准。各有关部门编制规划涉及政务信息化建设的，应当与国家政务信息化建设规划进行衔接。

第 7 条 国家发展改革委审批或者核报国务院审批的政务信息化项目，以及其他有关部门按照项目审批管理的政务信息化项目，原则上包括编报项目建议书、可行性研究报告、初步设计方案等环节。

对于已经纳入国家政务信息化建设规划的项目，可以直接编报可行性研究报告。

对于党中央、国务院有明确要求，或者涉及国家重大战略、国家安全等特殊原因，情况紧急，且前期工作深度达到规定要求的项目，可以直接编报项目可行性研究报告、初步设计方案和投资概算。

第 8 条 国家政务信息化项目原则上不再进行节能评估、规划选址、用地预审、环境影响评价等审批，涉及新建土建工程、高耗能项目的除外。

第 9 条 除国家发展改革委审批或者核报国务院审批的外，其他有关部门自行审批新建、改建、扩建，以及通过政府购买服务方式产生的国家政务信息化项目，应当按规定履行审批程序并向国家发展改革委备案。

备案文件应当包括项目名称、建设单位、审批部门、绩效目标及绩效指标、投资额度、运行维护经费、经费渠道、信息资源目录、信息共享开放、应用系统、等级保护或者分级保护备案情况、密码应用方案和密码应用安全性评估报告等内容，其中改建、扩建项目还需提交前期项目第三方后评价报告。

第10条 跨部门共建共享的政务信息化项目，由牵头部门会同参建部门共同开展跨部门工程框架设计，形成统一框架方案后联合报国家发展改革委。框架方案要确定工程的参建部门、建设目标、主体内容，明确各部门项目与总体工程的业务流、数据流及系统接口，初步形成数据目录，确保各部门建设内容无重复交叉，实现共建共享要求。框架方案确定后，各部门按照项目管理要求申请建设本部门参建内容。

各有关部门对于需要地方共享协同的政务信息化项目，应当按照统筹规划、分级审批、分级建设、共享协同的原则建设，并加强与地方已有项目的衔接。项目建设单位应当加强对地方的指导，统筹制定信息共享、业务协同的总体要求和标准规范。地方项目建设单位应当根据项目的总体目标、整体框架、建设任务、绩效目标及指标等，按照本地有关规定开展项目审批建设工作，并做好与国家有关项目建设单位的衔接配合。

第11条 可行性研究报告、初步设计方案应当包括信息资源共享分析篇（章）。咨询评估单位的评估报告应当包括对信息资源共享分析篇（章）的评估意见。审批部门的批复文件或者上报国务院的请示文件应当包括对信息资源共享分析篇（章）的意见。

项目建设单位应当编制信息资源目录，建立信息共享长效机制和共享信息使用情况反馈机制，确保信息资源共享，不得将应当普遍共享的数据仅向特定企业、社会组织开放。

信息资源目录是审批政务信息化项目的必备条件。信息资源共享的范围、程度以及网络安全情况是确定项目建设投资、运行维护经费和验收的重要依据。

第12条 各部门所有新建政务信息化项目，均应当在全国投资项目在线审批监管平台政务信息化项目管理子平台（以下简称管理平台）报批或者备案。

所有中央本级政务信息系统应当全口径纳入管理平台进行统一管理。各部门应当在管理平台及时更新本部门政务信息系统目录。管理平台汇总形成国家政务信息系统总目录。

第三章　建设和资金管理

第13条　项目建设单位应当确定项目实施机构和项目责任人，建立健全项目管理制度，加强对项目全过程的统筹协调，强化信息共享和业务协同，并严格执行招标投标、政府采购、工程监理、合同管理等制度。招标采购涉密信息系统的，还应当执行保密有关法律法规规定。

第14条　项目建设单位应当按照《中华人民共和国网络安全法》等法律法规以及党政机关安全管理等有关规定，建立网络安全管理制度，采取技术措施，加强政务信息系统与信息资源的安全保密设施建设，定期开展网络安全检测与风险评估，保障信息系统安全稳定运行。

第15条　项目建设单位应当落实国家密码管理有关法律法规和标准规范的要求，同步规划、同步建设、同步运行密码保障系统并定期进行评估。

第16条　项目应当采用安全可靠的软硬件产品。在项目报批阶段，要对产品的安全可靠情况进行说明。项目软硬件产品的安全可靠情况，项目密码应用和安全审查情况，以及硬件设备和新建数据中心能源利用效率情况是项目验收的重要内容。

第17条　项目建设单位应当充分依托云服务资源开展集约化建设。

第18条　对于人均投资规模过大、项目建设单位不具备建设运行维护能力的项目，应当充分发挥职能部门作用或者外包，减少自建自管自用自维。

第 19 条　国家政务信息化项目实行工程监理制，项目建设单位应当按照信息系统工程监理有关规定，委托工程监理单位对项目建设进行工程监理。

第 20 条　项目建设单位应当对项目绩效目标执行情况进行评价，并征求有关项目使用单位和监理单位的意见，形成项目绩效评价报告，在建设期内每年年底前向项目审批部门提交。

项目绩效评价报告主要包括建设进度和投资计划执行情况。对于已投入试运行的系统，还应当说明试运行效果及遇到的问题等。

第 21 条　项目建设过程中出现工程严重逾期、投资重大损失等问题的，项目建设单位应当及时向项目审批部门报告，项目审批部门按照有关规定要求项目建设单位进行整改或者暂停项目建设。

第 22 条　项目建设单位应当严格按照项目审批部门批复的初步设计方案和投资概算实施项目建设。项目建设目标和内容不变，项目总投资有结余的，应当按照相关规定将结余资金退回。

项目建设的资金支出按照国库集中支付有关制度规定执行。

第 23 条　项目投资规模未超出概算批复、建设目标不变，项目主要建设内容确需调整且资金调整数额不超过概算总投资 15%，并符合下列情形之一的，可以由项目建设单位调整，同时向项目审批部门备案：

（一）根据党中央、国务院部署，确需改变建设内容的；

（二）确需对原项目技术方案进行完善优化的；

（三）根据所建政务信息化项目业务发展需要，在已批复项目建设规划的框架下调整相关建设内容及进度的。

不符合上述情形的，应当按照国家有关规定履行相应手续。

第 24 条　初步设计方案和投资概算未获批复前，原则上不予下达项目建设投资。对于因开展需求分析、编制可行性研究报告和初步设计、购地、拆迁等确需提前安排投资的政务信息化项目，项目建设单位可以在项目可行性研究报告获批复后，向项目审批部门提出申请。

第25条 国家政务信息化项目建成后半年内，项目建设单位应当按照国家有关规定申请审批部门组织验收，提交验收申请报告时应当一并附上项目建设总结、财务报告、审计报告、安全风险评估报告（包括涉密信息系统安全保密测评报告或者非涉密信息系统网络安全等级保护测评报告等）、密码应用安全性评估报告等材料。

项目建设单位不能按期申请验收的，应当向项目审批部门提出延期验收申请。

项目审批部门应当及时组织验收。验收完成后，项目建设单位应当将验收报告等材料报项目审批部门备案。

第26条 项目建设单位应当按照国家有关档案管理的规定，做好项目档案管理，并探索应用电子档案。

未进行档案验收或者档案验收不合格的，不得通过项目验收。

第27条 项目建设单位应当在项目通过验收并投入运行后12至24个月内，依据国家政务信息化建设管理绩效评价有关要求，开展自评价，并将自评价报告报送项目审批部门和财政部门。项目审批部门结合项目建设单位自评价情况，可以委托相应的第三方咨询机构开展后评价。

第28条 加强国家政务信息化项目建设投资和运行维护经费协同联动，坚持“联网通办是原则，孤网是例外”。部门已建的政务信息化项目需升级改造，或者拟新建政务信息化项目，能够按要求进行信息共享的，由国家发展改革委会同有关部门进行审核；如果部门认为根据有关法律法规和党中央、国务院要求不能进行信息共享，但是确有必要建设或者保留的，由国家发展改革委报国务院，由国务院办公厅会同有关部门进行审核，经国务院批准后方可建设或者保留。

（一）对于未按要求共享数据资源或者重复采集数据的政务信息系统，不安排运行维护经费，项目建设单位不得新建、改建、扩建政务信息系统。

（二）对于未纳入国家政务信息系统总目录的系统，不安排运行维护经费。

（三）对于不符合密码应用和网络安全要求，或者存在重大安全隐患的政务信息系统，不安排运行维护经费，项目建设单位不得新建、改建、扩建政务信息系统。

第四章　监督管理

第29条　项目建设单位应当接受项目审批部门及有关部门的监督管理，配合做好绩效评价、审计等监督管理工作，如实提供建设项目有关资料和情况，不得拒绝、隐匿、瞒报。

第30条　国务院办公厅、国家发展改革委、财政部、中央网信办会同有关部门按照职责分工，对国家政务信息化项目是否符合国家有关政务信息共享的要求，以及项目建设中招标采购、资金使用、密码应用、网络安全等情况实施监督管理。发现违反国家有关规定或者批复要求的，应当要求项目建设单位限期整改。逾期不整改或者整改后仍不符合要求的，项目审批部门可以对其进行通报批评、暂缓安排投资计划、暂停项目建设直至终止项目。

网络安全监管部门应当依法加强对国家政务信息系统的安全监管，并指导监督项目建设单位落实网络安全审查制度要求。

各部门应当严格遵守有关保密等法律法规规定，构建全方位、多层次、一致性的防护体系，按要求采用密码技术，并定期开展密码应用安全性评估，确保政务信息系统运行安全和政务信息资源共享交换的数据安全。

第31条　审计机关应当依法加强对国家政务信息系统的审

计，促进专项资金使用真实、合法和高效，推动完善并监督落实相关制度政策。

第 32 条 项目审批部门、主管部门应当加强对绩效评价和项目后评价结果的应用，根据评价结果对国家政务信息化项目存在的问题提出整改意见，指导完善相关管理制度，并按照项目审批管理要求将评价结果作为下一年度安排政府投资和运行维护经费的重要依据。

第 33 条 单位或者个人违反本办法规定未履行审批、备案程序，或者因管理不善、弄虚作假造成严重超概算、质量低劣、损失浪费、安全事故或者其他责任事故的，相关部门应当予以通报批评，并对负有直接责任的主管人员和其他责任人员依法给予处分。

相关部门、单位或者个人违反国家有关规定，截留、挪用政务信息化项目资金，或者违规安排运行维护经费的，由有关部门按照《财政违法行为处罚处分条例》等相关规定予以查处。

第五章　附　　则

第 34 条 国务院有关部门可以根据本办法的规定及职责分工，制定本部门的具体管理办法。

各省、自治区、直辖市人民政府可以参照本办法制定本地区的管理办法。

第 35 条 本办法由国家发展改革委会同财政部负责解释。

第 36 条 本办法自 2020 年 2 月 1 日起施行。2007 年 8 月 13 日国家发展改革委公布的《国家电子政务工程建设项目管理暂行办法》同时废止。

● 部门规章及文件

2. 《交通运输政务数据共享管理办法》（2021 年 4 月 6 日）

第一章　总　则

第 1 条 为规范交通运输政务数据共享，推动交通运输数字政府建设，加快建设交通强国，依据国务院关于政务数据共享管理要求，制定本办法。

第 2 条 本办法所称交通运输政务部门（以下简称政务部门），是指交通运输主管部门及法律、法规授权行使交通运输行政管理职能的事业单位和社会组织。

本办法所称交通运输政务数据，是指政务部门在履行职责过程中直接或通过第三方依法采集、产生、获取的，以电子形式记录、保存的各类非涉密数据、文件、资料和图表等。

本办法所称提供部门，是指产生和提供政务数据的政务部门。本办法所称使用部门，是指因履行职责需要使用政务数据的政务部门。

第 3 条 本办法用于规范交通运输部及部际、部省相关政务部门因履行职责需要提供和使用政务数据的行为。

第 4 条 部科技主管部门负责管理、监督和评估政务数据共享工作，组织管理交通运输政务数据目录编制工作，组织推进部数据共享交换平台（以下简称部共享平台）政务数据接入，组织开展相关制度文件、标准规范的制修订和宣贯实施，监督部共享平台的运行。

综合交通运输大数据应用技术支持部门（以下简称技术支持部门）受部科技主管部门委托，负责部共享平台的建设运维、部共享平台政务数据目录和政务数据维护管理，并为政务数据共享和开发利用等工作提供技术支持。

提供部门负责组织开展本部门政务数据目录编制、政务数据提供和授权等相关工作，并对所提供政务数据质量负责。

使用部门依据政务数据目录申请使用政务数据、安全合规使用政务数据，并反馈使用情况。

第 5 条 政务数据共享应遵循以下原则：

（一）以共享为原则，不共享为例外。政务数据原则上均应共享，国家相关法律法规或政策制度明确不得共享的除外。

（二）需求导向，无偿使用。使用部门提出明确的共享需求和政务数据使用用途，提供部门应及时响应并无偿提供共享服务。

（三）统一标准，平台交换。按照国家及行业相关标准规范进行政务数据的编目、采集、存储、交换和共享工作。政务部门应基于部、省两级共享平台开展政务数据共享。

（四）建立机制，保障安全。建立健全政务数据共享管理机制。加强对政务数据共享全过程的身份鉴别、授权管理和安全保障，确保政务数据安全。

第二章　分类与要求

第6条　政务数据按共享类型分为无条件共享、有条件共享、不予共享三种类型。

可提供给所有政务部门共享使用的政务数据属于无条件共享类。

可提供给部分政务部门共享使用或仅部分内容能够提供给政务部门共享使用的政务数据属于有条件共享类。

不宜提供给其他政务部门共享使用的政务数据属于不予共享类。

第7条　政务数据共享类型划分应遵循以下要求：

（一）经脱密处理的交通运输基础设施空间和属性信息，以及运载工具基本信息、从业企业基本信息、从业人员基本信息、行政许可信息、执法案件结果信息、信用信息等基础数据是政务部门履行职责的共同需要，必须接入部共享平台实现集中汇聚、统筹管理、及时更新，供政务部门无条件共享使用。

（二）列入有条件共享类的政务数据，提供部门应明确共享条件。

（三）列入不予共享类的政务数据，提供部门应出具国家相关法律法规或政策制度依据。

第三章　目录编制与管理

第 8 条　政务数据目录是实现政务数据共享和业务协同的基础，是政务部门间政务数据共享的依据。

政务数据目录核心元数据包括分类、名称、提供部门、格式、信息项信息、更新周期、共享类型、共享条件、共享范围、共享方式、来源系统、安全分级等内容。政务数据目录应按照版本进行管理。

第 9 条　提供部门应依据相关技术规范在部共享平台编制政务数据目录，确保政务数据目录准确完整。通过合规性检测的政务数据目录方可在部共享平台发布。

政务数据目录一经发布，不得随意更改。因信息系统升级改造等原因造成数据变更，确需更改政务数据目录的，提供部门应及时在部共享平台上更新目录。数据正被使用的，提供部门应至少在数据变更前 3 个月进行登记。

第四章　提供与使用

第 10 条　凡涉及交通运输部的政务数据共享均应通过部共享平台实施，部共享平台提供联机查询、数据订阅、数据下载等共享服务。

第 11 条　新建的部级信息系统、部省联网运行的信息系统，须通过部共享平台实现政务数据共享。原有跨部门、跨层级的行业政务数据共享交换系统在升级改造时，须迁移到部共享平台。

第 12 条　使用部门申请共享政务数据时应明确使用用途。

申请无条件共享类政务数据的，经部共享平台身份验证通过后可自动获得授权。

申请有条件共享类政务数据的，技术支持部门应在 3 个工作日内完成申请信息初审；通过初审的，提供部门须在 7 个工作日内完成审核。拒绝共享的，提供部门应提供法律法规或政策制度依据。需提供其他证明材料的，提供部门应在共享条件中说明。

对于不予共享的政务数据，使用部门因履行职责确需使用的，由使用部门与提供部门协商解决。

第 13 条　已接入部共享平台的行业外政务数据，由部科技主管部门授权使用。未接入部共享平台的行业外政务数据，使用部门向部科技主管部门提交申请，由部科技主管部门协调接入。

第 14 条　提供部门可委托技术支持部门对政务数据申请进行审核，技术支持部门定期向提供部门反馈审核情况。

第 15 条　提供部门应保障所提供政务数据的完整性、准确性、时效性和可用性。对使用部门反馈的政务数据质量问题，提供部门应及时予以校核并反馈。

第 16 条　使用部门应依法依规使用政务数据，按照申请的使用用途将政务数据用于本部门履职需要，不得滥用、非授权使用、未经许可扩散或泄露所获取的政务数据，不得直接或以改变数据形式等方式提供给第三方，也不得用于或变相用于其他目的。需改变使用用途的，应重新申请并获得授权。

第 17 条　使用部门应在部共享平台上反馈共享政务数据使用情况，包括满足需求情况、数据质量以及使用效果。对于已授权但 3 个月内未使用的政务数据，授权部门可撤销授权。

第五章　监督与保障

第 18 条　部科技主管部门负责建立政务数据共享监督评估制度，组织开展政务数据检查和共享评估工作。

第 19 条　政务部门应遵循国家和行业网络安全管理法规、政策和制度，按照“谁管理、谁负责”和“谁使用、谁负责”的原则，建立健全政务数据安全保障机制，落实安全管理责任和数据分类分级要求，加强本部门政务数据提供渠道和使用环境的安全防护，切实保障政务数据采集、存储、传输、共享和使用安全。

第 20 条　部级信息系统应在立项阶段通过部共享平台预编政务数据目录，上线试运行前在部共享平台上编制正式政务数据目录，并在试运行6个月内接入政务数据。

部共享平台提供的编目回执将作为项目立项审批、上线试运行及验收等环节重要依据。通过政务数据预编目录合规性检测的，方可下载预编目回执；通过政务数据目录合规性检测并接入数据的，方可下载正式编目回执。

申请部补助资金的省级信息化建设项目，应按照部印发的建设指南、标准规范等指导性文件，落实政务数据共享要求。

第21条 政务部门应保障信息资源共享工作经费，将政务数据目录编制、共享平台建设及运行维护等工作经费纳入本部门年度预算。

第22条 政务部门主要负责人是本部门政务数据共享工作的第一责任人。政务部门应明确本部门实施机构和工作人员。

第23条 政务部门有下列情形之一的，由部科技主管部门通知整改：

（一）未按要求编制和更新政务数据目录的。

（二）未向部共享平台及时提供、更新政务数据的。

（三）向部共享平台提供的政务数据和实际掌握数据不一致的，或提供的政务数据不符合有关规范、无法使用的。

（四）对已发现不一致或有明显错误的政务数据，不及时校核的。

（五）对共享获取的政务数据管理失控，致使出现滥用、非授权使用、未经许可扩散或泄漏的。

（六）未经提供部门授权，擅自将政务数据提供给第三方或用于其他目的的。

（七）违反本办法规定的其他行为。

第24条 不按本办法要求执行且通报后拒不整改的，不予安排运行维护经费，不予提供硬件资源，不予审批新建、改建、扩建项目。

第六章　附　　则

第 25 条　本办法由部科技主管部门负责解释。

第 26 条　本办法自 2021 年 4 月 15 日起施行。2017 年 4 月 27 日交通运输部印发的《交通运输政务信息资源共享管理办法（试行）》（交科技发〔2017〕58 号）同时废止。涉及政务内网数据共享有关规定另行制定。

3.《文化和旅游部政务数据资源管理办法（试行）》（2020 年 11 月 18 日）

第一章　总　则

第 1 条　为进一步加强和规范文化和旅游部政务数据资源管理，保障政务数据资源安全，提高政务数据资源共享应用水平，根据《政务信息资源共享管理暂行办法》《促进大数据发展行动纲要》《政务信息系统整合共享实施方案》，制定本办法。

第 2 条　本办法用于规范文化和旅游政务部门开展的数据资源规划、采集、汇聚、共享、应用、安全及其有关管理活动。涉及国家秘密的政务数据资源管理，按照有关法律法规规定执行。

第 3 条　本办法所称文化和旅游政务部门（以下简称“政务部门”），是指文化和旅游部机关各司局、法律法规授权具有行政职能的部属事业单位。

第 4 条　本办法所称文化和旅游部政务数据资源（以下简称“数据资源”），是指政务部门在履行职责过程中产生或获取的，以一定形式记录、保存的文字、数字、图表、图像、音频、视频、电子证照、电子档案等各类结构化和非结构化数据资源，包括直接或通过第三方依法采集的、依法授权管理的、政府购买服务的和因履行职责需要依托政务信息系统形成的数据资源等。

第 5 条　本办法所称使用部门，是指因履行职责需要使用数据资源的部门。本办法所称提供部门，是指数据资源的产生和提供部门。

第 6 条　文化和旅游部网络安全和信息化领导小组（以下简称“部网信领导小组”）负责统筹协调、监督指导政务部门数据资源管理工作。文化和旅游部网络安全和信息化领导小组办公室（以下简称“部网信办”）承担政务数据资源管理相关具体工作。

第 7 条　政务部门按照各自法定职责做好本部门数据资源的采集、编目、汇聚、共享、应用和安全等有关工作。

第 8 条　文化和旅游部信息中心（以下简称“部信息中心”）负责牵头建立物理分散、逻辑集中、资源共享、互联互通、安全可靠的文化和旅游数据资源体系，组织实施数据资源汇聚整合、共享交换和开发应用等工作。

第 9 条　数据资源管理工作遵循统筹规划、共享开放、依法管理、安全可控、深化应用、创新发展等基本原则。

第二章　数据目录

第 10 条　数据资源实行统一目录管理。数据资源目录是对政务部门数据资源的统一编目，其编制规范由部网信办牵头制定，明确数据资源的分类、名称、提供部门、来源、信息摘要、格式、共享属性、共享方式、开放属性、更新周期、使用要求等内容。

第 11 条　政务部门应当按照数据资源目录编制规范，编制本部门数据资源目录。部网信办审核汇总政务部门提交的数据资源目录，形成统一的部级数据资源目录。

第 12 条　政务部门应当于法律法规作出修改或者行政管理职能发生变更之日起 15 个工作日内，向部网信办申请更新政务数据资源目录，部网信办备案后通知部信息中心组织技术实现。

第 13 条　部信息中心每年组织开展对政务部门政务信息系统与数据资源目录的一致性检测，并及时向部网信办提出数据资源目录更新建议。

第三章　采集汇聚

第 14 条　部网信办统筹协调数据资源标准化建设，指导建立数据资源采集、挖掘分析、开放利用的标准规范。

第 15 条　政务部门应当按照合法、必要、适度的要求，明确本部门政务数据采集、维护的规范和程序，按照法定职责在数据资源目录范围内采集数据。按照“一数一源、一源多用”的原则，实现数据资源一次采集、共享使用。除法律、法规另有规定外，可以通过共享方式获取的政务数据，不得重复采集、多头采集。

第 16 条　政务部门应当建立政府和社会共建共享、共同受益的大数据采集形成机制，并对采集的数据资源进行电子化、结构化、标准化处理，保障数据资源的完整性、准确性、时效性和可用性。

第 17 条　按照“谁生产、谁负责”的原则，政务部门应当对数据资源的质量进行校核管理，及时更新和维护数据资源，保障数据资源的完整性、准确性、时效性和可用性。委托其他单位提供数据资源的政务部门，对其委托单位提供的数据资源质量负责。

第 18 条　文化和旅游部数据共享交换平台系统（以下简称“部共享系统”）是政务部门开展数据资源目录管理、汇聚存储、互认共享、业务协作的基础平台和通道，由部信息中心负责建设、运行、管理和日常维护。政务部门间共享交换数据须通过部共享系统进行，已建立其他数据交换方式的，应当逐步向部共享系统整合。

第 19 条　政务部门已建成的政务信息系统，应当按照统一标准规范接入部共享系统，将系统数据资源纳入部级数据资源目录，并向部共享系统及时、无条件汇聚已产生的非涉密数据资源。

第20条　政务部门新建政务信息系统，应当同步规划编制数据资源目录，作为项目立项审批要件。新建政务信息系统上线试运行前应当按照规定将系统数据资源纳入部级数据资源目录，并及时、无条件向部共享系统汇聚已产生的非涉密数据资源。

第21条　部信息中心依托部共享系统，对政务部门汇聚的数据资源进行规范整编，将物理分散的海量数据汇聚整合为逻辑集中的行业数据资源体系，建立统一的文化和旅游基础信息资源库，实现对数据资源的集中汇聚、统筹管理、共享应用。

第四章　共享应用

第22条　按照“共享为原则、不共享为例外”的原则，政务部门应当将本部门政务信息系统接入部共享系统，以实现政务部门间数据资源的无偿共享交换。部共享系统按规定接入国家数据共享交换平台（以下简称“国家共享平台”）以实现部际间数据资源的无偿共享交换。

第23条　数据资源共享包括无条件共享、有条件共享、不予共享等三种类型。

（一）可提供给所有政务部门共享使用的数据资源属于无条件共享类；

（二）可提供给部分政务部门共享使用或仅部分内容能够提供给政务部门共享使用的数据资源属于有条件共享类；

（三）不宜提供给其他政务部门共享使用的数据资源属于不予共享类。

第24条　数据资源共享类型划分应当遵循以下要求：

（一）凡列入不予共享类的数据资源，应当有法律、行政法规或党中央、国务院政策作为依据，提供部门不得以部门内部管理办法作为不共享的依据；

（二）经脱密处理的文化和旅游基础资源数据、统计调查数据、政策法规信息、经营主体信息、从业人员信息、活动演出信息、行政许可信息、投诉举报信息、行政执法信息等基础数据资源是政务部门履行职责的共同需要，应当及时、无条件汇聚至部共享系统，供政务部门无条件共享使用；

（三）对列入有条件共享类的数据资源，提供部门应当明确共享范围、数据内容和使用用途。

第25条 属于无条件共享类的数据资源，提供部门应当通过部共享系统提供共享服务，使用部门在部共享系统上可直接获取。

第26条 属于有条件共享类的数据资源，使用部门应当通过部共享系统向提供部门提出申请，明确使用用途，提供部门应当在收到申请之日起10个工作日内予以答复，使用部门按答复意见使用共享数据资源，对拒绝共享的，提供部门应当说明理由，且不得再另设线下审批程序。

第27条 属于不予共享类的数据资源，以及属于有条件共享类但提供部门拒绝共享的数据资源，使用部门因履行职责确需使用的，由使用部门与提供部门协商解决，协商未果的，由使用部门报部网信领导小组协调解决。

第28条 对于涉及到重要敏感时期、重大节假日等时效性较高的数据资源共享，可由使用部门和提供部门根据实际协商确定共享方式，依托部共享系统共享数据资源。

第29条 向部外有条件共享的数据资源，在部外政务部门提出申请后，提供部门在10个工作日内予以答复并及时提供数据资源；向部外不予共享的数据资源，部外政务部门确因履行职责需要使用的，由部外政务部门与提供部门协商解决，协商未果的，由提供部门报部网信领导小组协调解决。

第30条 部外政务部门的无条件共享类数据资源，由使用部门向部信息中心提出申请，通过国家共享平台直接获取使用；

部外政务部门的有条件共享类数据资源，符合共享条件的，由使用部门向部信息中心提出需求，通过国家共享平台向提供部门提出申请，提出部门答复后，使用部门按答复意见使用共享数据资源。

第31条 使用部门对获取的共享数据资源有疑义或认为有错误的，可通过部共享系统向提供部门申请校核，提供部门应当在收到申请之日起10个工作日内予以校核。对多源异义数据资源，提供部门应当通过协商进行数据资源质量校核和业务规则修订，并明确数据资源的唯一来源。

第32条 使用部门应当按照明确的使用用途，将获取的共享数据资源用于本部门履职需要，不得直接或以改变数据形式等方式提供给第三方，也不得用于或变相用于其他目的。如需提供第三方或用于其他目的，应当与提供部门协商解决。因使用不当造成安全问题或不良影响的，根据有关法律法规追究使用部门及有关人员的责任。

第33条 政务部门应当按照有关法律法规规定开展数据资源应用，切实维护数据资源主体的合法权益，并定期向部网信领导小组报告有关开发应用情况。探索通过项目建设、合作研究、授权开发等方式，不断加强与社会资本、专业机构合作，有效拓展数据来源，深入挖掘数据价值，持续创新数据应用，全面提升分析决策能力和管理服务水平。

第34条 部信息中心依托部共享系统中汇聚的数据资源，推动建立文化和旅游数据资源体系，规划建设大数据决策支持系统和应用服务平台，逐步加强数据资源在行业治理、辅助决策、监测预警、公共服务、宣传推广等方面的汇聚整合与开发应用，积极开展面向政务部门、行业企业、社会公众的大数据应用服务。

第五章　安全管理

第35条 数据资源安全管理实行统一领导和分级管理，按照“谁主管谁负责、谁使用谁负责”的原则，牢固树立数据资源安全意识，严格落实数据资源管理责任，切实提高数据资源保护水平。

第36条 部网信办按照国家网络安全、数据安全有关法律法规规定，建立健全数据资源安全管理规范，开展风险评估和安全审查。

第37条 政务部门应当严格落实数据资源安全管理和网络安全等级保护要求，承担本部门数据资源的安全分级分类及数据使用安全工作，确保数据资源存储、管理、应用安全。根据职责和工作需要进行授权管理和保密审查，对使用共享数据的具体用途、使用人员、批准人员、数据内容、获取时间、获取方式和介质类型等数据进行记录和监管。

第38条 部信息中心严格履行部共享系统的安全防护和保密管理义务，指导督促政务部门强化业务数据、网络数据和用户个人信息安全保护，协助开展安全监测和预警预报工作，不断加强大数据环境下防攻击、防泄露、防窃取的监测、预警、控制和应急技术保障。

第六章　监督保障

第39条 政务部门应当在本部门财政预算中对数据资源管理工作所需经费予以必要保障。

第40条 政务部门应当落实本办法要求，明确本部门工作目标、责任和实施机构。政务部门主要负责人是本部门数据资源管理工作的第一责任人，并指定有关处室和人员落实数据资源管理工作。

第41条 政务部门及其工作人员有下列情形之一的，由部网信办通知整改。未在规定时限内完成整改的，部网信办将给予通报批评。

（一）未按要求编制和更新维护数据资源目录的；

（二）未按要求将政务信息系统接入部共享系统的；

（三）未按要求向部共享系统及时、无条件汇聚已产生的非涉密数据资源的；

（四）向部共享系统提供的数据资源和本部门所实际掌握的数据资源不一致的，或提供的数据资源不符合有关规范、无法使用的；

（五）重复采集数据资源或随意扩大数据资源采集范围的；

（六）未按要求受理、答复、复核数据资源共享需求申请的；

（七）对已发现不一致或有明显错误的数据资源，不及时校核修正的；

（八）伪造、篡改数据资源的；

（九）对共享获得的数据资源管理失控，致使出现滥用、非授权使用、未经许可的扩散以及泄漏的；

（十）未按要求开展数据资源开发应用的；

（十一）违反本办法规定的其他行为。

第七章　附　则

第 42 条　国家文物局参照执行本办法。

第 43 条　本办法由部网信办和信息中心负责解释。

第 44 条　本办法自印发之日起施行。

4.**《民政部关于统筹推进民政信息化建设的指导意见》**（2017 年 10 月 1 日）

二、构建民政业务纵横联动“一盘棋”

（四）推进民政业务应用全国一体化。坚持部省两级部署，深入推进民政业务应用一体化建设，通过系统整合、网络互联和信息共享，实现各项民政业务的协同联动。坚持省以上建设集约化、部署集中化、应用平台化，结合“金民工程”、国家社会组织法人基础信息库等重点信息化建设项目，全面集成社会救助、社会福利和慈善、防灾减灾救灾、专项社会事务管理、村委会

（居委会）登记管理、社会组织管理等民政业务，形成互联互通、信息共享、业务协同的“大系统”，并接入国家电子政务内外网数据共享交换平台，实现由分散建设向共建共享的模式转变。加快推动业务应用系统全国一体化建设进程，统一业务规则，优化业务流程，细化业务逻辑，规范业务操作，注重用户体验，先行试点示范，在具备条件的地区和业务领域探索实现全国集中统一应用。

（五）推进民政政务服务全国一体化。全面规范和公开网上服务事项和流程，依托民政部门户网站，建设民政统一政务服务平台，全面公开政务服务资源与数据，实现集中发布、便捷查询和一站式服务，政务服务形态逐步由“一个综合平台、N 个业务系统”向“一个综合平台、N 个应用服务”转变。积极推进省级民政综合业务服务平台建设，增加网上服务内容，拓展服务渠道，重点推进城乡社区为民服务窗口建设，扩展各类移动应用，积极探索与在线支付、递送服务等社会化网络平台的合作，提升移动政务服务的覆盖面和影响力。以公民身份证、社会组织法人和村委会（居委会）统一社会信用代码为标识，建立网上统一身份认证体系，推进各类服务事项“一号申请、一窗受理、一网通办”的“互联网+政务服务”新模式，让群众办事更方便、更快捷、更满意。

（六）推进民政信息化标准规范统一。充分利用和借鉴国家标准、行业标准和地方标准，围绕信息基础设施、信息资源、应用服务、信息安全等构建框架合理、层次清晰、权威科学、规范完整的民政信息化标准规范体系，充分发挥标准化在信息化工作中的基础性作用。优先制定数据资源、信息共享开放、系统整合共享、服务事项分类编码、业务操作规范、电子证照等标准规范，做好与国家基础数据库和重大信息化工程之间的标准衔接，推进办事材料目录化、标准化、电子化，做到

"同一事项、同一标准、同一编码"。建立标准体系执行状况检查机制，加大标准执行力度。

三、编织政务服务为民爱民"一张网"

（七）建设完善民政统一信息基础设施。统筹建设标准统一、资源集约、利用高效、安全可控的民政统一信息基础设施，提供云平台服务，形成有利于基础设施互联互通的制度环境，推动已建、在建和拟建的民政业务应用逐步向民政政务云平台迁移。推动国家电子政务外网、互联网、民政卫星视频网等资源的互联互通，保障民政业务跨地区办理、跨层级联动和跨部门协同。加快部机关政务内外网建设，实现与国家政务内外网平台安全接入，将现有业务应用按涉密和非涉密分类，分别向国家电子政务内网和外网迁移。加强网络安全态势感知、监测预警和应急处置能力建设，建立健全网络安全责任制和信息通报机制，完善网络安全检查、风险评估等制度，制定网络安全事件监测预警与应急预案，定期开展演练。

（八）全面构建民政"互联网+"信息惠民服务网。摸清部省两级信息系统情况，制定政务信息系统整合共享清单，重点整合以司局和处室名义存在的独立政务信息系统，加快推进政务信息系统统筹整合，形成民政一体化"互联网+政务服务"平台和服务网络。围绕社会组织、救助、养老、慈善、婚姻、殡葬，以及突发事件、未成年人保护、网上寻亲等便民惠民服务和基层社会治理事务，推进城乡社区公共服务综合信息平台建设。强化与本地政务服务平台对接，促进各项服务事项向基层延伸和服务渠道下沉，实现各类服务事项就近能办、同城通办、异地可办，让群众办事更加方便快捷。充分利用网络平台、自助终端、12349服务热线和第三方软件，提高政民互动和在线办事服务能力。加强民政网络宣传能力，加快构建大屏小屏交互联动、一网一端二微融合发展的网络传播新格局，宣传民政工作，讲好民政故事，引导舆论导向。提升民政部门户网站新闻舆论传播力、引导力、影响力、公信力，成为政务信息权威发布门户、新闻宣传旗舰媒体、政民互动主要桥梁、公共服务统一平台。

（九）引导促进民政信息化建设社会化发展。鼓励地方民政部门运用政府购买服务和财政补贴方式，加强各业务领域民政服务机构信息化能力建设，并与民政信息化工程充分衔接，通过数据实时汇集，提高管理能力和服务水平。打破理念束缚、发挥市场主体作用，鼓励采用委托代建、以租代建、服务外包等新模式，促进信息化建设主体和服务方式的多元化。完善社会工作、志愿服务、社会组织等社会化服务体系，引导和规范社会力量惠民服务进农村、进社区、进机构、进家庭，丰富产品供给，促进信息消费，补齐政府供给不足和基层民政人少事多的短板。扩大数字地球、空天遥感、通信广播和位置服务等技术应用，探索民生服务和社会治理领域新应用、新模式。加强民政信用体系建设和信用信息应用，实现公益慈善项目的全过程规范管理和结果客观评估。

四、培育民生民政数据治理新能力

（十）构建民政大数据资源体系。加强民政大数据资源体系统一规划，全面梳理各级各类数据资源，形成“全国统一、动态更新、共享校核、权威发布”的民政政务信息资源目录。强化对各级民政部门履行职责过程中形成的文件、资料、图表、电子证照等数据信息资源的收集、存储和更新管理，加强数据校验力度，提高数据质量，逐步形成覆盖自然人、家庭、村委会（居委会）、社会组织法人、民政服务机构的全要素、全口径、全生命周期管理数据库，做到统一编码、一数一源、多元校核、动态更新。通过自主采集、部门共享、市场采购等方式，加强基础数据源头采集能力，推进信息“一门采集、一档管理”，避免重复填报。推动身份证读卡器、高拍仪等信息采集设备装备的应用推广，在有条件的地方试点“一表式”登记采集，确保基础数据的一致性、准确性和时效性。

（十一）深化数据资源共享开放。建立全国一体化的民政大数据中心，实现民政业务数据、统计分析数据、共享交换数据、基础规范数据、系统管理数据等集中存储、统一管理和共享服务，有效支撑跨部门、跨区域、跨层级业务办理。做好民政统一数据共享交换平台与政府统一数据共享交换平台对接，大力推进与公安、税务、扶贫、人社、住建、残联等部门（组织）和金融机构间数据共享，建立数据交换、共享开放、质量控制和监督评估机制。编制民政公共信息资源开放目录，建立健全公共信息资源开放保密审查机制，实现民政数据对社会有序开放，支持各类市场主体对数据资源的创新利用。

（十二）提升民政大数据应用能力。加强数据资源开发利用，大力推进技术融合、业务融合、数据融合。充分发挥民政数据资源关联性强、耦合度高、覆盖面广、活动性大的特点，洞察百姓诉求、社情民意和民生状况，分析把握预判公众办事需求，动态监测评估预警相关风险，开展与民生紧密相关的甄别审批、主动发现、综合分析和资源配置等公共服务，实现“用数据说话、用数据管理、用数据决策、用数据创新”。鼓励各地民政部门结合自身需要，积极探索、先行先试，推进民政数据和社会数据深度融合和关联利用，推动民政信息化从数字化向精细化、精准化发展，促进相关社会治理从粗放向精细转变，从被动响应向主动预见转变，从经验判断向大数据科学决策转变。

五、优化信息化发展环境

（十三）加强信息化建设统一领导。在部党组的领导下，加强部网络安全和信息化领导小组对信息化工作的统一领导，统筹协调重大问题，实现人员、经费、资源统筹和归口管理。各级民政部门建立健全项目统筹、业务衔接、资源共享、运行保障的一体化工作机制，明确目标、责任和实施机构，避免职责交叉，确保信息化工作落到实处。信息化单位做好统筹设计和实施，建好系统，做好服务。业务单位主动参与，提好需求、用好数据、抓好应用。

（十四）加强人才队伍和智库建设。建立健全多层次、多类型的信息化人才培养体系，大力开展与高等院校和专业培训机构的合作，培养高端信息化技术管理人才。加强各级民政部门信息中心机构建设，促进各级民政部门信息化人员交流互动，培养既了解民政业务又熟悉信息化技术的复合型人才。加大人才引进力度，建立一支政治过硬、业务精湛、作风优良的信息化人才队伍。推进新型信息化智库建设，完善重大政策、重大项目专家咨询制度。

（十五）加强资金保障和政策支持。拓宽民政信息化建设资金渠道，积极争取国家各类资金投入。加强资金使用管理和监督，提高资金使用效益和信息化建设效能。鼓励推进并完善政府购买服务制度，发挥市场资金作用，建立与新技术、新模式相适应的建设投资和运行管理模式。创新多元化项目投资机制，积极探索 PPP 模式，充分利用社会资源，激发信息化领域相关市场主体活力和创造力。

（十六）加强信息化建设绩效评估。建立以是否满足业务需求和有效提升履职效能为核心，以信息资源承载力、信息系统联通力、信息服务覆盖率和数据信息准确率等指标要素为重点的信息化建设绩效评估制度，积极探索开展第三方评估、社会评估机制，切实发挥绩效评估的导向作用。建立健全信息化建设成效评价与行政问责、部门职能、建设经费、运维经费约束联动的管理机制，督促检查工作落实情况。完善信息化建设单位自觉接受财政、审计、纪检监察等部门监督的工作机制，确保符合廉政建设要求。

第四十三条　法律、法规授权的组织

法律、法规授权的具有管理公共事务职能的组织为履行法定职责开展数据处理活动，适用本章规定。

法　律

1. **《个人信息保护法》**（2021年8月20日）

第37条　法律、法规授权的具有管理公共事务职能的组织为履行法定职责处理个人信息，适用本法关于国家机关处理个人信息的规定。

2. **《行政处罚法》**（2021年1月22日）

第19条　法律、法规授权的具有管理公共事务职能的组织可以在法定授权范围内实施行政处罚。

3. **《行政许可法》**（2019年4月23日）

第23条　法律、法规授权的具有管理公共事务职能的组织，在法定授权范围内，以自己的名义实施行政许可。被授权的组织适用本法有关行政机关的规定。

4. **《行政强制法》**（2011年6月30日）

第70条　法律、行政法规授权的具有管理公共事务职能的组织在法定授权范围内，以自己的名义实施行政强制，适用本法有关行政机关的规定。

行政法规及文件

5. **《政府信息公开条例》**（2019年4月3日）

第54条　法律、法规授权的具有管理公共事务职能的组织公开政府信息的活动，适用本条例。

第六章　法律责任

第四十四条　数据安全风险的监管

有关主管部门在履行数据安全监管职责中，发现数据处理活动存在较大安全风险的，可以按照规定的权限和程序对有关组织、个人进行约谈，并要求有关组织、个人采取措施进行整改，消除隐患。

● 法　律

1. **《个人信息保护法》**（2021 年 8 月 20 日）

第 64 条　履行个人信息保护职责的部门在履行职责中，发现个人信息处理活动存在较大风险或者发生个人信息安全事件的，可以按照规定的权限和程序对该个人信息处理者的法定代表人或者主要负责人进行约谈，或者要求个人信息处理者委托专业机构对其个人信息处理活动进行合规审计。个人信息处理者应当按照要求采取措施，进行整改，消除隐患。

履行个人信息保护职责的部门在履行职责中，发现违法处理个人信息涉嫌犯罪的，应当及时移送公安机关依法处理。

2. **《网络安全法》**（2016 年 11 月 7 日）

第 5 条　国家采取措施，监测、防御、处置来源于中华人民共和国境内外的网络安全风险和威胁，保护关键信息基础设施免受攻击、侵入、干扰和破坏，依法惩治网络违法犯罪活动，维护网络空间安全和秩序。

第 56 条　省级以上人民政府有关部门在履行网络安全监督管理职责中，发现网络存在较大安全风险或者发生安全事件的，可以按照规定的权限和程序对该网络的运营者的法定代表人或者主要负责人进行约谈。网络运营者应当按照要求采取措施，进行整改，消除隐患。

部门规章及文件

3.《互联网新闻信息服务单位约谈工作规定》（2015年4月28日）

第2条 国家互联网信息办公室、地方互联网信息办公室建立互联网新闻信息服务单位约谈制度。

本规定所称约谈，是指国家互联网信息办公室、地方互联网信息办公室在互联网新闻信息服务单位发生严重违法违规情形时，约见其相关负责人，进行警示谈话、指出问题、责令整改纠正的行政行为。

第3条 地方互联网信息办公室负责对本行政区域内的互联网新闻信息服务单位实施约谈，约谈情况应当及时向国家互联网信息办公室报告。

对存在重大违法情形的互联网新闻信息服务单位，由国家互联网信息办公室单独或联合属地互联网信息办公室实施约谈。

第4条 互联网新闻信息服务单位有下列情形之一的，国家互联网信息办公室、地方互联网信息办公室可对其主要负责人、总编辑等进行约谈：

（一）未及时处理公民、法人和其他组织关于互联网新闻信息服务的投诉、举报情节严重的；

（二）通过采编、发布、转载、删除新闻信息等谋取不正当利益的；

（三）违反互联网用户账号名称注册、使用、管理相关规定情节严重的；

（四）未及时处置违法信息情节严重的；

（五）未及时落实监管措施情节严重的；

（六）内容管理和网络安全制度不健全、不落实的；

（七）网站日常考核中问题突出的；

（八）年检中问题突出的；

（九）其他违反相关法律法规规定需要约谈的情形。

第6条 国家互联网信息办公室、地方互联网信息办公室通过约谈，及时指出互联网新闻信息服务单位存在的问题，并提出整改要求。

互联网新闻信息服务单位应当及时落实整改要求，依法提供互联网新闻信息服务。

第7条 国家互联网信息办公室、地方互联网信息办公室应当加强对互联网新闻信息服务单位的监督检查，并对其整改情况进行综合评估，综合评估可以委托第三方开展。

互联网新闻信息服务单位未按要求整改，或经综合评估未达到整改要求的，将依照《互联网信息服务管理办法》、《互联网新闻信息服务管理规定》的有关规定给予警告、罚款、责令停业整顿、吊销许可证等处罚；互联网新闻信息服务单位被多次约谈仍然存在违法行为的，依法从重处罚。

第8条 国家互联网信息办公室、地方互联网信息办公室可将与互联网新闻信息服务单位的约谈情况向社会公开。

约谈情况记入互联网新闻信息服务单位日常考核和年检档案。

第9条 国家互联网信息办公室、地方互联网信息办公室履行约谈职责时，互联网新闻信息服务单位应当予以配合，不得拒绝、阻挠。

第四十五条 违反数据安全保护

开展数据处理活动的组织、个人不履行本法第二十七条、第二十九条、第三十条规定的数据安全保护义务的，由有关主管部门责令改正，给予警告，可以并处五万元以上五十万元以下罚款，对直接负责的主管人员和其他直接责任人员可以处一万元以上十万元以下罚款；拒不改正或者造成大量数据泄露等严重后果的，处五十万元以上二百万元以下罚款，并可以责令暂停相关业务、停业整顿、吊销相关业务许可证或者吊销营业执照，对直接负责的主管人员和其他直接责任人员处五万元以上二十万元以下罚款。

违反国家核心数据管理制度，危害国家主权、安全和发展利益的，由有关主管部门处二百万元以上一千万元以下罚款，并根据情况责令暂停相关业务、停业整顿、吊销相关业务许可证或者吊销营业执照；构成犯罪的，依法追究刑事责任。

法 律

1. **《数据安全法》**（2021 年 6 月 10 日）

第 27 条 开展数据处理活动应当依照法律、法规的规定，建立健全全流程数据安全管理制度，组织开展数据安全教育培训，采取相应的技术措施和其他必要措施，保障数据安全。利用互联网等信息网络开展数据处理活动，应当在网络安全等级保护制度的基础上，履行上述数据安全保护义务。

重要数据的处理者应当明确数据安全负责人和管理机构，落实数据安全保护责任。

第 29 条 开展数据处理活动应当加强风险监测，发现数据安全缺陷、漏洞等风险时，应当立即采取补救措施；发生数据安全事件时，应当立即采取处置措施，按照规定及时告知用户并向有关主管部门报告。

第 30 条 重要数据的处理者应当按照规定对其数据处理活动定期开展风险评估，并向有关主管部门报送风险评估报告。

风险评估报告应当包括处理的重要数据的种类、数量，开展数据处理活动的情况，面临的数据安全风险及其应对措施等。

2. **《个人信息保护法》**（2021 年 8 月 20 日）

第 66 条 违反本法规定处理个人信息，或者处理个人信息未履行本法规定的个人信息保护义务的，由履行个人信息保护职责的部门责令改正，给予警告，没收违法所得，对违法处理个人信息的应用程序，责令暂停或者终止提供服务；拒不改正的，并处一百万元以下罚款；对直接负责的主管人员和其他直接责任人员处一万元以上十万元以下罚款。

有前款规定的违法行为，情节严重的，由省级以上履行个人信息保护职责的部门责令改正，没收违法所得，并处五千万元以下或者上一年度营业额百分之五以下罚款，并可以责令暂停相关业务或者停业整顿、通报有关主管部门吊销相关业务许可或者吊销营业执照；对直接负责的主管人员和其他直接责任人员处十万元以上一百万元以下罚款，并可以决定禁止其在一定期限内担任相关企业的董事、监事、高级管理人员和个人信息保护负责人。

3. **《行政处罚法》**（2021 年 1 月 22 日）

第 8 条 公民、法人或者其他组织因违法行为受到行政处罚，其违法行为对他人造成损害的，应当依法承担民事责任。

违法行为构成犯罪，应当依法追究刑事责任的，不得以行政处罚代替刑事处罚。

第 9 条 行政处罚的种类：

（一）警告、通报批评；

（二）罚款、没收违法所得、没收非法财物；

（三）暂扣许可证件、降低资质等级、吊销许可证件；

（四）限制开展生产经营活动、责令停产停业、责令关闭、限制从业；

（五）行政拘留；

（六）法律、行政法规规定的其他行政处罚。

4.《刑法》(2020 年 12 月 26 日)

第 111 条 为境外的机构、组织、人员窃取、刺探、收买、非法提供国家秘密或者情报的，处五年以上十年以下有期徒刑；情节特别严重的，处十年以上有期徒刑或者无期徒刑；情节较轻的，处五年以下有期徒刑、拘役、管制或者剥夺政治权利。

第 219 条 有下列侵犯商业秘密行为之一，情节严重的，处三年以下有期徒刑，并处或者单处罚金；情节特别严重的，处三年以上十年以下有期徒刑，并处罚金：

（一）以盗窃、贿赂、欺诈、胁迫、电子侵入或者其他不正当手段获取权利人的商业秘密的；

（二）披露、使用或者允许他人使用以前项手段获取的权利人的商业秘密的；

（三）违反保密义务或者违反权利人有关保守商业秘密的要求，披露、使用或者允许他人使用其所掌握的商业秘密的。

明知前款所列行为，获取、披露、使用或者允许他人使用该商业秘密的，以侵犯商业秘密论。

本条所称权利人，是指商业秘密的所有人和经商业秘密所有人许可的商业秘密使用人。

第 253 条 邮政工作人员私自开拆或者隐匿、毁弃邮件、电报的，处二年以下有期徒刑或者拘役。

犯前款罪而窃取财物的，依照本法第二百六十四条的规定定罪从重处罚。

第 285 条 违反国家规定，侵入国家事务、国防建设、尖端科学技术领域的计算机信息系统的，处三年以下有期徒刑或者拘役。

违反国家规定，侵入前款规定以外的计算机信息系统或者采用其他技术手段，获取该计算机信息系统中存储、处理或者传输的数据，或者对该计算机信息系统实施非法控制，情节严重的，处三年以下有期徒刑或者拘役，并处或者单处罚金；情节特别严重的，处三年以上七年以下有期徒刑，并处罚金。

提供专门用于侵入、非法控制计算机信息系统的程序、工具，或者明知他人实施侵入、非法控制计算机信息系统的违法犯罪行为而为其提供程序、工具，情节严重的，依照前款的规定处罚。

单位犯前三款罪的，对单位判处罚金，并对其直接负责的主管人员和其他直接责任人员，依照各该款的规定处罚。

第 286 条 违反国家规定，对计算机信息系统功能进行删除、修改、增加、干扰，造成计算机信息系统不能正常运行，后果严重的，处五年以下有期徒刑或者拘役；后果特别严重的，处五年以上有期徒刑。

违反国家规定，对计算机信息系统中存储、处理或者传输的数据和应用程序进行删除、修改、增加的操作，后果严重的，依照前款的规定处罚。

故意制作、传播计算机病毒等破坏性程序，影响计算机系统正常运行，后果严重的，依照第一款的规定处罚。

单位犯前三款罪的，对单位判处罚金，并对其直接负责的主管人员和其他直接责任人员，依照第一款的规定处罚。

第四十六条 违反数据出境管理规定

违反本法第三十一条规定，向境外提供重要数据的，由有关主管部门责令改正，给予警告，可以并处十万元以上一百万元以下罚款，对直接负责的主管人员和其他直接责任人员可以处一万元以上十万元以下罚款；情节严重的，处一百万元以上一千万元以下罚款，并可以责令暂停相关业务、停业整顿、吊销相关业务许可证或者吊销营业执照，对直接负责的主管人员和其他直接责任人员处十万元以上一百万元以下罚款。

法　律

1.《数据安全法》（2021 年 6 月 10 日）

第 31 条　关键信息基础设施的运营者在中华人民共和国境内运营中收集和产生的重要数据的出境安全管理，适用《中华人民共和国网络安全法》的规定；其他数据处理者在中华人民共和国境内运营中收集和产生的重要数据的出境安全管理办法，由国家网信部门会同国务院有关部门制定。

2.《国家安全法》（2015 年 7 月 1 日）

第 25 条　国家建设网络与信息安全保障体系，提升网络与信息安全保护能力，加强网络和信息技术的创新研究和开发应用，实现网络和信息核心技术、关键基础设施和重要领域信息系统及数据的安全可控；加强网络管理，防范、制止和依法惩治网络攻击、网络入侵、网络窃密、散布违法有害信息等网络违法犯罪行为，维护国家网络空间主权、安全和发展利益。

3.《网络安全法》（2016 年 11 月 7 日）

第 37 条　关键信息基础设施的运营者在中华人民共和国境内运营中收集和产生的个人信息和重要数据应当在境内存储。因业务需要，确需向境外提供的，应当按照国家网信部门会同国务院有关部门制定的办法进行安全评估；法律、行政法规另有规定的，依照其规定。

第 66 条　关键信息基础设施的运营者违反本法第三十七条规定，在境外存储网络数据，或者向境外提供网络数据的，由有关主管部门责令改正，给予警告，没收违法所得，处五万元以上五十万元以下罚款，并可以责令暂停相关业务、停业整顿、关闭网站、吊销相关业务许可证或者吊销营业执照；对直接负责的主管人员和其他直接责任人员处一万元以上十万元以下罚款。

第四十七条 中介服务机构未履行义务

从事数据交易中介服务的机构未履行本法第三十三条规定的义务的，由有关主管部门责令改正，没收违法所得，处违法所得一倍以上十倍以下罚款，没有违法所得或者违法所得不足十万元的，处十万元以上一百万元以下罚款，并可以责令暂停相关业务、停业整顿、吊销相关业务许可证或者吊销营业执照；对直接负责的主管人员和其他直接责任人员处一万元以上十万元以下罚款。

法 律

1.《数据安全法》（2021年6月10日）

第33条 从事数据交易中介服务的机构提供服务，应当要求数据提供方说明数据来源，审核交易双方的身份，并留存审核、交易记录。

2.《网络安全法》（2016年11月7日）

第64条 网络运营者、网络产品或者服务的提供者违反本法第二十二条第三款、第四十一条至第四十三条规定，侵害个人信息依法得到保护的权利的，由有关主管部门责令改正，可以根据情节单处或者并处警告、没收违法所得、处违法所得一倍以上十倍以下罚款，没有违法所得的，处一百万元以下罚款，对直接负责的主管人员和其他直接责任人员处一万元以上十万元以下罚款；情节严重的，并可以责令暂停相关业务、停业整顿、关闭网站、吊销相关业务许可证或者吊销营业执照。

违反本法第四十四条规定，窃取或者以其他非法方式获取、非法出售或者非法向他人提供个人信息，尚不构成犯罪的，由公安机关没收违法所得，并处违法所得一倍以上十倍以下罚款，没有违法所得的，处一百万元以下罚款。

3.《行政处罚法》（2021 年 1 月 22 日）

第 9 条 行政处罚的种类：

（一）警告、通报批评；

（二）罚款、没收违法所得、没收非法财物；

（三）暂扣许可证件、降低资质等级、吊销许可证件；

（四）限制开展生产经营活动、责令停产停业、责令关闭、限制从业；

（五）行政拘留；

（六）法律、行政法规规定的其他行政处罚。

第四十八条 拒不配合数据调取

违反本法第三十五条规定，拒不配合数据调取的，由有关主管部门责令改正，给予警告，并处五万元以上五十万元以下罚款，对直接负责的主管人员和其他直接责任人员处一万元以上十万元以下罚款。

违反本法第三十六条规定，未经主管机关批准向外国司法或者执法机构提供数据的，由有关主管部门给予警告，可以并处十万元以上一百万元以下罚款，对直接负责的主管人员和其他直接责任人员可以处一万元以上十万元以下罚款；造成严重后果的，处一百万元以上五百万元以下罚款，并可以责令暂停相关业务、停业整顿、吊销相关业务许可证或者吊销营业执照，对直接负责的主管人员和其他直接责任人员处五万元以上五十万元以下罚款。

● 法 律

1.《数据安全法》（2021 年 6 月 10 日）

第 35 条 公安机关、国家安全机关因依法维护国家安全或者侦查犯罪的需要调取数据，应当按照国家有关规定，经过严格的批准手续，依法进行，有关组织、个人应当予以配合。

第 36 条 中华人民共和国主管机关根据有关法律和中华人民共和国缔结或者参加的国际条约、协定，或者按照平等互惠原则，处理外国司法或者执法机构关于提供数据的请求。非经中华人民共和国主管机关批准，境内的组织、个人不得向外国司法或者执法机构提供存储于中华人民共和国境内的数据。

2. **《国际刑事司法协助法》**（2018 年 10 月 26 日）

第 4 条 中华人民共和国和外国按照平等互惠原则开展国际刑事司法协助。

国际刑事司法协助不得损害中华人民共和国的主权、安全和社会公共利益，不得违反中华人民共和国法律的基本原则。

非经中华人民共和国主管机关同意，外国机构、组织和个人不得在中华人民共和国境内进行本法规定的刑事诉讼活动，中华人民共和国境内的机构、组织和个人不得向外国提供证据材料和本法规定的协助。

● 司法解释及文件

3. **《最高人民法院、最高人民检察院、公安部关于办理刑事案件收集提取和审查判断电子数据若干问题的规定》**（2016 年 9 月 9 日）

第 9 条 具有下列情形之一，无法扣押原始存储介质的，可以提取电子数据，但应当在笔录中注明不能扣押原始存储介质的原因、原始存储介质的存放地点或者电子数据的来源等情况，并计算电子数据的完整性校验值：

（一）原始存储介质不便封存的；

（二）提取计算机内存数据、网络传输数据等不是存储在存储介质上的电子数据的；

（三）原始存储介质位于境外的；

（四）其他无法扣押原始存储介质的情形。

对于原始存储介质位于境外或者远程计算机信息系统上的电子数据，可以通过网络在线提取。

为进一步查明有关情况，必要时，可以对远程计算机信息系统进行网络远程勘验。进行网络远程勘验，需要采取技术侦查措施的，应当依法经过严格的批准手续。

4. **《最高人民法院、最高人民检察院、公安部关于办理信息网络犯罪案件适用刑事诉讼程序若干问题的意见》**（2022年8月26日）

四、关于信息网络犯罪案件的取证

14. 公安机关向网络服务提供者调取电子数据的，应当制作调取证据通知书，注明需要调取的电子数据的相关信息。调取证据通知书及相关法律文书可以采用数据电文形式。跨地域调取电子数据的，可以通过公安机关信息化系统传输相关数据电文。

网络服务提供者向公安机关提供电子数据的，可以采用数据电文形式。采用数据电文形式提供电子数据的，应当保证电子数据的完整性，并制作电子证明文件，载明调证法律文书编号、单位电子公章、完整性校验值等保护电子数据完整性方法的说明等信息。

数据电文形式的法律文书和电子证明文件，应当使用电子签名、数字水印等方式保证完整性。

15. 询（讯）问异地证人、被害人以及与案件有关联的犯罪嫌疑人的，可以由办案地公安机关通过远程网络视频等方式进行并制作笔录。

远程询（讯）问的，应当由协作地公安机关事先核实被询（讯）问人的身份。办案地公安机关应当将询（讯）问笔录传输至协作地公安机关。询（讯）问笔录经被询（讯）问人确认并逐页签名、捺指印后，由协作地公安机关协作人员签名或者盖章，并将原件提供给办案地公安机关。询（讯）问人员收到笔录后，应当在首页右上方写明“于某年某月某日收到”，并签名或者盖章。

远程询（讯）问的，应当对询（讯）问过程同步录音录像，并随案移送。

异地证人、被害人以及与案件有关联的犯罪嫌疑人亲笔书写证词、供词的，参照执行本条第二款规定。

16. 人民检察院依法自行侦查、补充侦查，或者人民法院调查核实相关证据的，适用本意见第 14 条、第 15 条的有关规定。

17. 对于依照本意见第 14 条的规定调取的电子数据，人民检察院、人民法院可以通过核验电子签名、数字水印、电子数据完整性校验值及调证法律文书编号是否与证明文件相一致等方式，对电子数据进行审查判断。

对调取的电子数据有疑问的，由公安机关、提供电子数据的网络服务提供者作出说明，或者由原调取机关补充收集相关证据。

第四十九条 国家机关不履行数据安全保护义务

国家机关不履行本法规定的数据安全保护义务的，对直接负责的主管人员和其他直接责任人员依法给予处分。

法　律

1. **《网络安全法》**（2016 年 11 月 7 日）

第 72 条　国家机关政务网络的运营者不履行本法规定的网络安全保护义务的，由其上级机关或者有关机关责令改正；对直接负责的主管人员和其他直接责任人员依法给予处分。

2. **《个人信息保护法》**（2021 年 8 月 20 日）

第 68 条　国家机关不履行本法规定的个人信息保护义务的，由其上级机关或者履行个人信息保护职责的部门责令改正；对直接负责的主管人员和其他直接责任人员依法给予处分。

履行个人信息保护职责的部门的工作人员玩忽职守、滥用职权、徇私舞弊，尚不构成犯罪的，依法给予处分。

3.《监察法》（2018 年 3 月 20 日）

第 11 条 监察委员会依照本法和有关法律规定履行监督、调查、处置职责：

（一）对公职人员开展廉政教育，对其依法履职、秉公用权、廉洁从政从业以及道德操守情况进行监督检查；

（二）对涉嫌贪污贿赂、滥用职权、玩忽职守、权力寻租、利益输送、徇私舞弊以及浪费国家资财等职务违法和职务犯罪进行调查；

（三）对违法的公职人员依法作出政务处分决定；对履行职责不力、失职失责的领导人员进行问责；对涉嫌职务犯罪的，将调查结果移送人民检察院依法审查、提起公诉；向监察对象所在单位提出监察建议。

第 45 条 监察机关根据监督、调查结果，依法作出如下处置：

（一）对有职务违法行为但情节较轻的公职人员，按照管理权限，直接或者委托有关机关、人员，进行谈话提醒、批评教育、责令检查，或者予以诫勉；

（二）对违法的公职人员依照法定程序作出警告、记过、记大过、降级、撤职、开除等政务处分决定；

（三）对不履行或者不正确履行职责负有责任的领导人员，按照管理权限对其直接作出问责决定，或者向有权作出问责决定的机关提出问责建议；

（四）对涉嫌职务犯罪的，监察机关经调查认为犯罪事实清楚，证据确实、充分的，制作起诉意见书，连同案卷材料、证据一并移送人民检察院依法审查、提起公诉；

（五）对监察对象所在单位廉政建设和履行职责存在的问题等提出监察建议。

监察机关经调查，对没有证据证明被调查人存在违法犯罪行为的，应当撤销案件，并通知被调查人所在单位。

4.《**公务员法**》（2018 年 12 月 29 日）

第 61 条 公务员因违纪违法应当承担纪律责任的，依照本法给予处分或者由监察机关依法给予政务处分；违纪违法行为情节轻微，经批评教育后改正的，可以免予处分。

对同一违纪违法行为，监察机关已经作出政务处分决定的，公务员所在机关不再给予处分。

第五十条 国家工作人员失职

履行数据安全监管职责的国家工作人员玩忽职守、滥用职权、徇私舞弊的，依法给予处分。

法 律

1.《**个人信息保护法**》（2021 年 8 月 20 日）

第 68 条 国家机关不履行本法规定的个人信息保护义务的，由其上级机关或者履行个人信息保护职责的部门责令改正；对直接负责的主管人员和其他直接责任人员依法给予处分。

履行个人信息保护职责的部门的工作人员玩忽职守、滥用职权、徇私舞弊，尚不构成犯罪的，依法给予处分。

2.《**网络安全法**》（2016 年 11 月 7 日）

第 73 条 网信部门和有关部门违反本法第三十条规定，将在履行网络安全保护职责中获取的信息用于其他用途的，对直接负责的主管人员和其他直接责任人员依法给予处分。

网信部门和有关部门的工作人员玩忽职守、滥用职权、徇私舞弊，尚不构成犯罪的，依法给予处分。

3.《**保守国家秘密法**》（2010 年 4 月 29 日）

第 51 条 保密行政管理部门的工作人员在履行保密管理

4.《密码法》（2019 年 10 月 26 日）

第 40 条 密码管理部门和有关部门、单位的工作人员在密码工作中滥用职权、玩忽职守、徇私舞弊，或者泄露、非法向他人提供在履行职责中知悉的商业秘密和个人隐私的，依法给予处分。

5.《刑法》（2020 年 12 月 26 日）

第 93 条 本法所称国家工作人员，是指国家机关中从事公务的人员。

国有公司、企业、事业单位、人民团体中从事公务的人员和国家机关、国有公司、企业、事业单位委派到非国有公司、企业、事业单位、社会团体从事公务的人员，以及其他依照法律从事公务的人员，以国家工作人员论。

第五十一条 对非法数据处理活动的处罚

窃取或者以其他非法方式获取数据，开展数据处理活动排除、限制竞争，或者损害个人、组织合法权益的，依照有关法律、行政法规及文件的规定处罚。

● 法 律

1.《密码法》（2019 年 10 月 26 日）

第 32 条 违反本法第十二条规定，窃取他人加密保护的信息，非法侵入他人的密码保障系统，或者利用密码从事危害国家安全、社会公共利益、他人合法权益等违法活动的，由有关部门依照《中华人民共和国网络安全法》和其他有关法律、行政法规的规定追究法律责任。

2.《网络安全法》（2016 年 11 月 7 日）

第 44 条 任何个人和组织不得窃取或者以其他非法方式获取个人信息，不得非法出售或者非法向他人提供个人信息。

3.《刑法》（2020 年 12 月 26 日）

第 253 条之一 违反国家有关规定，向他人出售或者提供公民个人信息，情节严重的，处三年以下有期徒刑或者拘役，并处或者单处罚金；情节特别严重的，处三年以上七年以下有期徒刑，并处罚金。

违反国家有关规定，将在履行职责或者提供服务过程中获得的公民个人信息，出售或者提供给他人的，依照前款的规定从重处罚。

窃取或者以其他方法非法获取公民个人信息的，依照第一款的规定处罚。

单位犯前三款罪的，对单位判处罚金，并对其直接负责的主管人员和其他直接责任人员，依照各该款的规定处罚。

第五十二条 其他法律责任

违反本法规定，给他人造成损害的，依法承担民事责任。

违反本法规定，构成违反治安管理行为的，依法给予治安管理处罚；构成犯罪的，依法追究刑事责任。

● 法 律

1.《网络安全法》（2016 年 11 月 7 日）

第 74 条 违反本法规定，给他人造成损害的，依法承担民事责任。

违反本法规定，构成违反治安管理行为的，依法给予治安管理处罚；构成犯罪的，依法追究刑事责任。

2.《民法典》（2020 年 5 月 28 日）

第 179 条 承担民事责任的方式主要有：

（一）停止侵害；

（二）排除妨碍；

（三）消除危险；

（四）返还财产；

（五）恢复原状；

（六）修理、重作、更换；

（七）继续履行；

（八）赔偿损失；

（九）支付违约金；

（十）消除影响、恢复名誉；

（十一）赔礼道歉。

法律规定惩罚性赔偿的，依照其规定。

本条规定的承担民事责任的方式，可以单独适用，也可以合并适用。

3. **《治安管理处罚法》**（2012 年 10 月 26 日）

第 2 条 扰乱公共秩序，妨害公共安全，侵犯人身权利、财产权利，妨害社会管理，具有社会危害性，依照《中华人民共和国刑法》的规定构成犯罪的，依法追究刑事责任；尚不够刑事处罚的，由公安机关依照本法给予治安管理处罚。

4. **《刑法》**（2020 年 12 月 26 日）

第 253 条 邮政工作人员私自开拆或者隐匿、毁弃邮件、电报的，处二年以下有期徒刑或者拘役。

犯前款罪而窃取财物的，依照本法第二百六十四条的规定定罪从重处罚。

第 286 条 违反国家规定，对计算机信息系统功能进行删除、修改、增加、干扰，造成计算机信息系统不能正常运行，后果严重的，处五年以下有期徒刑或者拘役；后果特别严重的，处五年以上有期徒刑。

违反国家规定，对计算机信息系统中存储、处理或者传输的数据和应用程序进行删除、修改、增加的操作，后果严重的，依照前款的规定处罚。

故意制作、传播计算机病毒等破坏性程序，影响计算机系统正常运行，后果严重的，依照第一款的规定处罚。

单位犯前三款罪的，对单位判处罚金，并对其直接负责的主管人员和其他直接责任人员，依照第一款的规定处罚。

第 287 条 利用计算机实施金融诈骗、盗窃、贪污、挪用公款、窃取国家秘密或者其他犯罪的，依照本法有关规定定罪处罚。

● 行政法规及文件

5.**《关键信息基础设施安全保护条例》**（2021 年 7 月 30 日）

第 49 条 违反本条例规定，给他人造成损害的，依法承担民事责任。

违反本条例规定，构成违反治安管理行为的，依法给予治安管理处罚；构成犯罪的，依法追究刑事责任。

第七章　附　　则

第五十三条　涉及国家秘密，统计、档案工作个人信息的数据处理活动

开展涉及国家秘密的数据处理活动，适用《中华人民共和国保守国家秘密法》等法律、行政法规及文件的规定。

在统计、档案工作中开展数据处理活动，开展涉及个人信息的数据处理活动，还应当遵守有关法律、行政法规及文件的规定。

● 法　律

1.**《保守国家秘密法》**（2010 年 4 月 29 日）

第 2 条 国家秘密是关系国家安全和利益，依照法定程序确

定，在一定时间内只限一定范围的人员知悉的事项。

第4条 保守国家秘密的工作（以下简称保密工作），实行积极防范、突出重点、依法管理的方针，既确保国家秘密安全，又便利信息资源合理利用。

法律、行政法规规定公开的事项，应当依法公开。

第9条 下列涉及国家安全和利益的事项，泄露后可能损害国家在政治、经济、国防、外交等领域的安全和利益的，应当确定为国家秘密：

（一）国家事务重大决策中的秘密事项；

（二）国防建设和武装力量活动中的秘密事项；

（三）外交和外事活动中的秘密事项以及对外承担保密义务的秘密事项；

（四）国民经济和社会发展中的秘密事项；

（五）科学技术中的秘密事项；

（六）维护国家安全活动和追查刑事犯罪中的秘密事项；

（七）经国家保密行政管理部门确定的其他秘密事项。

政党的秘密事项中符合前款规定的，属于国家秘密。

2. **《网络安全法》**（2016年11月7日）

第77条 存储、处理涉及国家秘密信息的网络的运行安全保护，除应当遵守本法外，还应当遵守保密法律、行政法规的规定。

3. **《统计法》**（2009年6月27日）

第25条 统计调查中获得的能够识别或者推断单个统计调查对象身份的资料，任何单位和个人不得对外提供、泄露，不得用于统计以外的目的。

4. **《档案法》**（2020年6月20日）

第2条 从事档案收集、整理、保护、利用及其监督管理活动，适用本法。

本法所称档案，是指过去和现在的机关、团体、企业事业单位和其他组织以及个人从事经济、政治、文化、社会、生态文明、军事、外事、科技等方面活动直接形成的对国家和社会具有保存价值的各种文字、图表、声像等不同形式的历史记录。

第28条 档案馆应当通过其网站或者其他方式定期公布开放档案的目录，不断完善利用规则，创新服务形式，强化服务功能，提高服务水平，积极为档案的利用创造条件，简化手续，提供便利。

单位和个人持有合法证明，可以利用已经开放的档案。档案馆不按规定开放利用的，单位和个人可以向档案主管部门投诉，接到投诉的档案主管部门应当及时调查处理并将处理结果告知投诉人。

利用档案涉及知识产权、个人信息的，应当遵守有关法律、行政法规的规定。

第五十四条 军事数据安全的保护

军事数据安全保护的办法，由中央军事委员会依据本法另行制定。

● 法　律

1. **《立法法》**（2015年3月15日）

第103条 中央军事委员会根据宪法和法律，制定军事法规。

中央军事委员会各总部、军兵种、军区、中国人民武装警察部队，可以根据法律和中央军事委员会的军事法规、决定、命令，在其权限范围内，制定军事规章。

军事法规、军事规章在武装力量内部实施。

军事法规、军事规章的制定、修改和废止办法，由中央军事委员会依照本法规定的原则规定。

2. **《网络安全法》**（2016 年 11 月 7 日）

第 78 条 军事网络的安全保护，由中央军事委员会另行规定。

3. **《密码法》**（2019 年 10 月 26 日）

第 43 条 中国人民解放军和中国人民武装警察部队的密码工作管理办法，由中央军事委员会根据本法制定。

4. **《档案法》**（2020 年 6 月 20 日）

第 52 条 中国人民解放军和中国人民武装警察部队的档案工作，由中央军事委员会依照本法制定管理办法。

第五十五条 施行日期

本法自 2021 年 9 月 1 日起施行。

附录一

中华人民共和国国家安全法

（2015 年 7 月 1 日第十二届全国人民代表大会常务委员会第十五次会议通过　2015 年 7 月 1 日中华人民共和国主席令第 29 号公布　自公布之日起施行）

目　　录

第一章　总　　则

第一条　为了维护国家安全，保卫人民民主专政的政权和中国特色社会主义制度，保护人民的根本利益，保障改革开放和社会主义现代化建设的顺利进行，实现中华民族伟大复兴，根据宪法，制定本法。

第二条　国家安全是指国家政权、主权、统一和领土完整、人民福祉、经济社会可持续发展和国家其他重大利益相对处于没有危险和不受内外威胁的状态，以及保障持续安全状态的能力。

第三条 国家安全工作应当坚持总体国家安全观，以人民安全为宗旨，以政治安全为根本，以经济安全为基础，以军事、文化、社会安全为保障，以促进国际安全为依托，维护各领域国家安全，构建国家安全体系，走中国特色国家安全道路。

第四条 坚持中国共产党对国家安全工作的领导，建立集中统一、高效权威的国家安全领导体制。

第五条 中央国家安全领导机构负责国家安全工作的决策和议事协调，研究制定、指导实施国家安全战略和有关重大方针政策，统筹协调国家安全重大事项和重要工作，推动国家安全法治建设。

第六条 国家制定并不断完善国家安全战略，全面评估国际、国内安全形势，明确国家安全战略的指导方针、中长期目标、重点领域的国家安全政策、工作任务和措施。

第七条 维护国家安全，应当遵守宪法和法律，坚持社会主义法治原则，尊重和保障人权，依法保护公民的权利和自由。

第八条 维护国家安全，应当与经济社会发展相协调。

国家安全工作应当统筹内部安全和外部安全、国土安全和国民安全、传统安全和非传统安全、自身安全和共同安全。

第九条 维护国家安全，应当坚持预防为主、标本兼治，专门工作与群众路线相结合，充分发挥专门机关和其他有关机关维护国家安全的职能作用，广泛动员公民和组织，防范、制止和依法惩治危害国家安全的行为。

第十条 维护国家安全，应当坚持互信、互利、平等、协作，积极同外国政府和国际组织开展安全交流合作，履行国际安全义务，促进共同安全，维护世界和平。

第十一条 中华人民共和国公民、一切国家机关和武装力量、各政党和各人民团体、企业事业组织和其他社会组织，都有维护国家安全的责任和义务。

中国的主权和领土完整不容侵犯和分割。维护国家主权、统一和领土完整是包括港澳同胞和台湾同胞在内的全中国人民的共同义务。

第十二条 国家对在维护国家安全工作中作出突出贡献的个人和组织给予表彰和奖励。

第十三条 国家机关工作人员在国家安全工作和涉及国家安全活动中，滥用职权、玩忽职守、徇私舞弊的，依法追究法律责任。

任何个人和组织违反本法和有关法律，不履行维护国家安全义务或者从事危害国家安全活动的，依法追究法律责任。

第十四条 每年 4 月 15 日为全民国家安全教育日。

第二章 维护国家安全的任务

第十五条 国家坚持中国共产党的领导，维护中国特色社会主义制度，发展社会主义民主政治，健全社会主义法治，强化权力运行制约和监督机制，保障人民当家作主的各项权利。

国家防范、制止和依法惩治任何叛国、分裂国家、煽动叛乱、颠覆或者煽动颠覆人民民主专政政权的行为；防范、制止和依法惩治窃取、泄露国家秘密等危害国家安全的行为；防范、制止和依法惩治境外势力的渗透、破坏、颠覆、分裂活动。

第十六条 国家维护和发展最广大人民的根本利益，保卫人民安全，创造良好生存发展条件和安定工作生活环境，保障公民的生命财产安全和其他合法权益。

第十七条 国家加强边防、海防和空防建设，采取一切必要的防卫和管控措施，保卫领陆、内水、领海和领空安全，维护国家领土主权和海洋权益。

第十八条 国家加强武装力量革命化、现代化、正规化建设，建设与保卫国家安全和发展利益需要相适应的武装力量；实施积极防御军事战略方针，防备和抵御侵略，制止武装颠覆和分裂；开展国际军事安全合作，实施联合国维和、国际救援、海上护航和维护国家海外利益的军事行动，维护国家主权、安全、领土完整、发展利益和世界和平。

第十九条 国家维护国家基本经济制度和社会主义市场经济秩序，健全预防和化解经济安全风险的制度机制，保障关系国民经济命脉的重要行业和关键领域、重点产业、重大基础设施和重大建设项目以及其他重大经济利益安全。

第二十条 国家健全金融宏观审慎管理和金融风险防范、处置机制，加强金融基础设施和基础能力建设，防范和化解系统性、区域性金融风险，防范和抵御外部金融风险的冲击。

第二十一条 国家合理利用和保护资源能源，有效管控战略资源能源的开发，加强战略资源能源储备，完善资源能源运输战略通道建设和安全保护措施，加强国际资源能源合作，全面提升应急保障能力，保障经济社会发展所需的资源能源持续、可靠和有效供给。

第二十二条 国家健全粮食安全保障体系，保护和提高粮食综合生产能力，完善粮食储备制度、流通体系和市场调控机制，健全粮食安全预警制度，保障粮食供给和质量安全。

第二十三条 国家坚持社会主义先进文化前进方向，继承和弘扬中华民族优秀传统文化，培育和践行社会主义核心价值观，防范和抵制不良文化的影响，掌握意识形态领域主导权，增强文化整体实力和竞争力。

第二十四条 国家加强自主创新能力建设，加快发展自主可控的战略高新技术和重要领域核心关键技术，加强知识产权的运用、保护和科技保密能力建设，保障重大技术和工程的安全。

第二十五条 国家建设网络与信息安全保障体系，提升网络与信息安全保护能力，加强网络和信息技术的创新研究和开发应用，实现网络和信息核心技术、关键基础设施和重要领域信息系统及数据的安全可控；加强网络管理，防范、制止和依法惩治网络攻击、网络入侵、网络窃密、散布违法有害信息等网络违法犯罪行为，维护国家网络空间主权、安全和发展利益。

第二十六条 国家坚持和完善民族区域自治制度，巩固和发展平等团结互助和谐的社会主义民族关系。坚持各民族一律平等，加强民族交往、交流、交融，防范、制止和依法惩治民族分裂活动，维护国家统一、民族团结和社会和谐，实现各民族共同团结奋斗、共同繁荣发展。

第二十七条 国家依法保护公民宗教信仰自由和正常宗教活动，坚持宗教独立自主自办的原则，防范、制止和依法惩治利用宗教名义进行危害国家安全的违法犯罪活动，反对境外势力干涉境内宗教事务，维护正常宗教活动秩序。

国家依法取缔邪教组织，防范、制止和依法惩治邪教违法犯罪活动。

第二十八条 国家反对一切形式的恐怖主义和极端主义，加强防范和处置恐怖主义的能力建设，依法开展情报、调查、防范、处置以及资金监管等工作，依法取缔恐怖活动组织和严厉惩治暴力恐怖活动。

第二十九条 国家健全有效预防和化解社会矛盾的体制机制，健全公共安全体系，积极预防、减少和化解社会矛盾，妥善处置公共卫生、社会安全等影响国家安全和社会稳定的突发事件，促进社会和谐，维护公共安全和社会安定。

第三十条 国家完善生态环境保护制度体系，加大生态建设和环境保护力度，划定生态保护红线，强化生态风险的预警和防控，妥善处置突发环境事件，保障人民赖以生存发展的大气、水、土壤等自然环境和条件不受威胁和破坏，促进人与自然和谐发展。

第三十一条 国家坚持和平利用核能和核技术，加强国际合作，防止核扩散，完善防扩散机制，加强对核设施、核材料、核活动和核废料处置的安全管理、监管和保护，加强核事故应急体系和应急能力建设，防止、控制和消除核事故对公民生命健康和生态环境的危害，不断增强有效应对和防范核威胁、核攻击的能力。

第三十二条 国家坚持和平探索和利用外层空间、国际海底区域和极地，增强安全进出、科学考察、开发利用的能力，加强国际合作，维护我国在外层空间、国际海底区域和极地的活动、资产和其他利益的安全。

第三十三条 国家依法采取必要措施，保护海外中国公民、组织和机构的安全和正当权益，保护国家的海外利益不受威胁和侵害。

第三十四条 国家根据经济社会发展和国家发展利益的需要，不断完善维护国家安全的任务。

第三章 维护国家安全的职责

第三十五条 全国人民代表大会依照宪法规定，决定战争和和平的问题，行使宪法规定的涉及国家安全的其他职权。

全国人民代表大会常务委员会依照宪法规定，决定战争状态的宣布，决定全国总动员或者局部动员，决定全国或者个别省、自治区、直辖市进入紧急状态，行使宪法规定的和全国人民代表大会授予的涉及国家安全的其他职权。

第三十六条 中华人民共和国主席根据全国人民代表大会的决定和全国人民代表大会常务委员会的决定，宣布进入紧急状态，宣布战争状态，发布动员令，行使宪法规定的涉及国家安全的其他职权。

第三十七条 国务院根据宪法和法律，制定涉及国家安全的行政法规，规定有关行政措施，发布有关决定和命令；实施国家安全法律法规和政策；依照法律规定决定省、自治区、直辖市的范围内部分地区进入紧急状态；行使宪法法律规定的和全国人民代表大会及其常务委员会授予的涉及国家安全的其他职权。

第三十八条 中央军事委员会领导全国武装力量，决定军事战略和武装力量的作战方针，统一指挥维护国家安全的军事行动，制定涉及国家安全的军事法规，发布有关决定和命令。

第三十九条 中央国家机关各部门按照职责分工，贯彻执行国家安全方针政策和法律法规，管理指导本系统、本领域国家安全工作。

第四十条 地方各级人民代表大会和县级以上地方各级人民代表大会常务委员会在本行政区域内，保证国家安全法律法规的遵守和执行。

地方各级人民政府依照法律法规规定管理本行政区域内的国家安全工作。

香港特别行政区、澳门特别行政区应当履行维护国家安全的责任。

第四十一条 人民法院依照法律规定行使审判权，人民检察院依照法律规定行使检察权，惩治危害国家安全的犯罪。

第四十二条 国家安全机关、公安机关依法搜集涉及国家安全的情报信息，在国家安全工作中依法行使侦查、拘留、预审和执行逮捕以及法律规定的其他职权。

有关军事机关在国家安全工作中依法行使相关职权。

第四十三条 国家机关及其工作人员在履行职责时，应当贯彻维护国家安全的原则。

国家机关及其工作人员在国家安全工作和涉及国家安全活动中，应当严格依法履行职责，不得超越职权、滥用职权，不得侵犯个人和组织的合法权益。

第四章 国家安全制度

第一节 一般规定

第四十四条 中央国家安全领导机构实行统分结合、协调高效的国家安全制度与工作机制。

第四十五条 国家建立国家安全重点领域工作协调机制，统筹协调中央有关职能部门推进相关工作。

第四十六条 国家建立国家安全工作督促检查和责任追究机制，确保国家安全战略和重大部署贯彻落实。

第四十七条 各部门、各地区应当采取有效措施，贯彻实施国家安全战略。

第四十八条 国家根据维护国家安全工作需要，建立跨部门会商工作机制，就维护国家安全工作的重大事项进行会商研判，提出意见和建议。

第四十九条 国家建立中央与地方之间、部门之间、军地之间以及地区之间关于国家安全的协同联动机制。

第五十条 国家建立国家安全决策咨询机制，组织专家和有关方面开展对国家安全形势的分析研判，推进国家安全的科学决策。

第二节 情报信息

第五十一条 国家健全统一归口、反应灵敏、准确高效、运转顺畅的情报信息收集、研判和使用制度，建立情报信息工作协调机制，实现情报信息的及时收集、准确研判、有效使用和共享。

第五十二条 国家安全机关、公安机关、有关军事机关根据职责分工，依法搜集涉及国家安全的情报信息。

国家机关各部门在履行职责过程中，对于获取的涉及国家安全的有关信息应当及时上报。

第五十三条 开展情报信息工作，应当充分运用现代科学技术手段，加强对情报信息的鉴别、筛选、综合和研判分析。

第五十四条 情报信息的报送应当及时、准确、客观，不得迟报、漏报、瞒报和谎报。

第三节 风险预防、评估和预警

第五十五条 国家制定完善应对各领域国家安全风险预案。

第五十六条 国家建立国家安全风险评估机制，定期开展各领域国家安全风险调查评估。

有关部门应当定期向中央国家安全领导机构提交国家安全风险评估报告。

第五十七条 国家健全国家安全风险监测预警制度，根据国家安全风险程度，及时发布相应风险预警。

第五十八条 对可能即将发生或者已经发生的危害国家安全的事件，县级以上地方人民政府及其有关主管部门应当立即按照规定向上一级人民政府及其有关主管部门报告，必要时可以越级上报。

第四节 审 查 监 管

第五十九条 国家建立国家安全审查和监管的制度和机制，对影响或者可能影响国家安全的外商投资、特定物项和关键技术、网络信息技术产品和服务、涉及国家安全事项的建设项目，以及其他重大事项和活动，进行国家安全审查，有效预防和化解国家安全风险。

第六十条 中央国家机关各部门依照法律、行政法规行使国家安全审查职责，依法作出国家安全审查决定或者提出安全审查意见并监督执行。

第六十一条 省、自治区、直辖市依法负责本行政区域内有关国家安全审查和监管工作。

第五节 危 机 管 控

第六十二条 国家建立统一领导、协同联动、有序高效的国家安全危机管控制度。

第六十三条 发生危及国家安全的重大事件，中央有关部门和有关地方根据中央国家安全领导机构的统一部署，依法启动应急预案，采取管控处置措施。

第六十四条 发生危及国家安全的特别重大事件，需要进入紧急状态、战争状态或者进行全国总动员、局部动员的，由全国人民代表大会、全国人民代表大会常务委员会或者国务院依照宪法和有关法律规定的权限和程序决定。

第六十五条 国家决定进入紧急状态、战争状态或者实施国防动员后，履行国家安全危机管控职责的有关机关依照法律规定或者全国人民代表大会常务委员会规定，有权采取限制公民和组织权利、增加公民和组织义务的特别措施。

第六十六条 履行国家安全危机管控职责的有关机关依法采取处置国家安全危机的管控措施，应当与国家安全危机可能造成的危害的性质、程度和范围相适应；有多种措施可供选择的，应当选择有利于最大程度保护公民、组织权益的措施。

第六十七条 国家健全国家安全危机的信息报告和发布机制。

国家安全危机事件发生后，履行国家安全危机管控职责的有关机关，应当按照规定准确、及时报告，并依法将有关国家安全危机事件发生、发展、管控处置及善后情况统一向社会发布。

第六十八条 国家安全威胁和危害得到控制或者消除后，应当及时解除管控处置措施，做好善后工作。

第五章 国家安全保障

第六十九条 国家健全国家安全保障体系，增强维护国家安全的能力。

第七十条 国家健全国家安全法律制度体系，推动国家安全法治建设。

第七十一条 国家加大对国家安全各项建设的投入，保障国家安全工作所需经费和装备。

第七十二条 承担国家安全战略物资储备任务的单位，应当按照国家有关规定和标准对国家安全物资进行收储、保管和维护，定期调整更换，保证储备物资的使用效能和安全。

第七十三条 鼓励国家安全领域科技创新，发挥科技在维护国家安全中的作用。

第七十四条 国家采取必要措施，招录、培养和管理国家安全工作专门人才和特殊人才。

根据维护国家安全工作的需要，国家依法保护有关机关专门从事国家安全工作人员的身份和合法权益，加大人身保护和安置保障力度。

第七十五条 国家安全机关、公安机关、有关军事机关开展国家安全专门工作，可以依法采取必要手段和方式，有关部门和地方应当在职责范围内提供支持和配合。

第七十六条 国家加强国家安全新闻宣传和舆论引导，通过多种形式开展国家安全宣传教育活动，将国家安全教育纳入国民教育体系和公务员教育培训体系，增强全民国家安全意识。

第六章 公民、组织的义务和权利

第七十七条 公民和组织应当履行下列维护国家安全的义务：

（一）遵守宪法、法律法规关于国家安全的有关规定；

（二）及时报告危害国家安全活动的线索；

（三）如实提供所知悉的涉及危害国家安全活动的证据；

（四）为国家安全工作提供便利条件或者其他协助；

（五）向国家安全机关、公安机关和有关军事机关提供必要的支持和协助；

（六）保守所知悉的国家秘密；

（七）法律、行政法规规定的其他义务。

任何个人和组织不得有危害国家安全的行为，不得向危害国家安全的个人或者组织提供任何资助或者协助。

第七十八条 机关、人民团体、企业事业组织和其他社会组织应当对本单位的人员进行维护国家安全的教育，动员、组织本单位的人员防范、制止危害国家安全的行为。

第七十九条 企业事业组织根据国家安全工作的要求，应当配合有关部门采取相关安全措施。

第八十条 公民和组织支持、协助国家安全工作的行为受法律保护。

因支持、协助国家安全工作，本人或者其近亲属的人身安全面临危险的，可以向公安机关、国家安全机关请求予以保护。公安机关、国家安全机关应当会同有关部门依法采取保护措施。

第八十一条 公民和组织因支持、协助国家安全工作导致财产损失的，按照国家有关规定给予补偿；造成人身伤害或者死亡的，按照国家有关规定给予抚恤优待。

第八十二条 公民和组织对国家安全工作有向国家机关提出批评建议的权利，对国家机关及其工作人员在国家安全工作中的违法失职行为有提出申诉、控告和检举的权利。

第八十三条 在国家安全工作中，需要采取限制公民权利和自由的特别措施时，应当依法进行，并以维护国家安全的实际需要为限度。

第七章 附 则

第八十四条 本法自公布之日起施行。

中华人民共和国网络安全法

（2016年11月7日第十二届全国人民代表大会常务委员会第二十四次会议通过　2016年11月7日中华人民共和国主席令第53号公布　自2017年6月1日起施行）

目　　录

第一章　总　　则

第一条　为了保障网络安全，维护网络空间主权和国家安全、社会公共利益，保护公民、法人和其他组织的合法权益，促进经济社会信息化健康发展，制定本法。

第二条　在中华人民共和国境内建设、运营、维护和使用网络，以及网络安全的监督管理，适用本法。

第三条　国家坚持网络安全与信息化发展并重，遵循积极利用、科学发展、依法管理、确保安全的方针，推进网络基础设施建设和互联互通，鼓励网络技术创新和应用，支持培养网络安全人才，建立健全网络安全保障体系，提高网络安全保护能力。

第四条 国家制定并不断完善网络安全战略，明确保障网络安全的基本要求和主要目标，提出重点领域的网络安全政策、工作任务和措施。

第五条 国家采取措施，监测、防御、处置来源于中华人民共和国境内外的网络安全风险和威胁，保护关键信息基础设施免受攻击、侵入、干扰和破坏，依法惩治网络违法犯罪活动，维护网络空间安全和秩序。

第六条 国家倡导诚实守信、健康文明的网络行为，推动传播社会主义核心价值观，采取措施提高全社会的网络安全意识和水平，形成全社会共同参与促进网络安全的良好环境。

第七条 国家积极开展网络空间治理、网络技术研发和标准制定、打击网络违法犯罪等方面的国际交流与合作，推动构建和平、安全、开放、合作的网络空间，建立多边、民主、透明的网络治理体系。

第八条 国家网信部门负责统筹协调网络安全工作和相关监督管理工作。国务院电信主管部门、公安部门和其他有关机关依照本法和有关法律、行政法规的规定，在各自职责范围内负责网络安全保护和监督管理工作。

县级以上地方人民政府有关部门的网络安全保护和监督管理职责，按照国家有关规定确定。

第九条 网络运营者开展经营和服务活动，必须遵守法律、行政法规，尊重社会公德，遵守商业道德，诚实信用，履行网络安全保护义务，接受政府和社会的监督，承担社会责任。

第十条 建设、运营网络或者通过网络提供服务，应当依照法律、行政法规的规定和国家标准的强制性要求，采取技术措施和其他必要措施，保障网络安全、稳定运行，有效应对网络安全事件，防范网络违法犯罪活动，维护网络数据的完整性、保密性和可用性。

第十一条 网络相关行业组织按照章程，加强行业自律，制定网络安全行为规范，指导会员加强网络安全保护，提高网络安全保护水平，促进行业健康发展。

第十二条 国家保护公民、法人和其他组织依法使用网络的权利，促进网络接入普及，提升网络服务水平，为社会提供安全、便利的网络服务，保障网络信息依法有序自由流动。

任何个人和组织使用网络应当遵守宪法法律，遵守公共秩序，尊重社会公德，不得危害网络安全，不得利用网络从事危害国家安全、荣誉和利益，煽动颠覆国家政权、推翻社会主义制度，煽动分裂国家、破坏国家统一，宣扬恐怖主义、极端主义，宣扬民族仇恨、民族歧视，传播暴力、淫秽色情信息，编造、传播虚假信息扰乱经济秩序和社会秩序，以及侵害他人名誉、隐私、知识产权和其他合法权益等活动。

第十三条 国家支持研究开发有利于未成年人健康成长的网络产品和服务，依法惩治利用网络从事危害未成年人身心健康的活动，为未成年人提供安全、健康的网络环境。

第十四条 任何个人和组织有权对危害网络安全的行为向网信、电信、公安等部门举报。收到举报的部门应当及时依法作出处理；不属于本部门职责的，应当及时移送有权处理的部门。

有关部门应当对举报人的相关信息予以保密，保护举报人的合法权益。

第二章 网络安全支持与促进

第十五条 国家建立和完善网络安全标准体系。国务院标准化行政主管部门和国务院其他有关部门根据各自的职责，组织制定并适时修订有关网络安全管理以及网络产品、服务和运行安全的国家标准、行业标准。

国家支持企业、研究机构、高等学校、网络相关行业组织参与网络安全国家标准、行业标准的制定。

第十六条 国务院和省、自治区、直辖市人民政府应当统筹规划，加大投入，扶持重点网络安全技术产业和项目，支持网络安全技术的研究开发和应用，推广安全可信的网络产品和服务，保护网络技术知识产权，支持企业、研究机构和高等学校等参与国家网络安全技术创新项目。

第十七条 国家推进网络安全社会化服务体系建设，鼓励有关企业、机构开展网络安全认证、检测和风险评估等安全服务。

第十八条 国家鼓励开发网络数据安全保护和利用技术，促进公共数据资源开放，推动技术创新和经济社会发展。

国家支持创新网络安全管理方式，运用网络新技术，提升网络安全保护水平。

第十九条 各级人民政府及其有关部门应当组织开展经常性的网络安全宣传教育，并指导、督促有关单位做好网络安全宣传教育工作。

大众传播媒介应当有针对性地面向社会进行网络安全宣传教育。

第二十条 国家支持企业和高等学校、职业学校等教育培训机构开展网络安全相关教育与培训，采取多种方式培养网络安全人才，促进网络安全人才交流。

第三章 网络运行安全

第一节 一般规定

第二十一条 国家实行网络安全等级保护制度。网络运营者应当按照网络安全等级保护制度的要求，履行下列安全保护义务，保障网络免受干扰、破坏或者未经授权的访问，防止网络数据泄露或者被窃取、篡改：

（一）制定内部安全管理制度和操作规程，确定网络安全负责人，落实网络安全保护责任；

（二）采取防范计算机病毒和网络攻击、网络侵入等危害网络安全行为的技术措施；

（三）采取监测、记录网络运行状态、网络安全事件的技术措施，并按照规定留存相关的网络日志不少于六个月；

（四）采取数据分类、重要数据备份和加密等措施；

（五）法律、行政法规规定的其他义务。

第二十二条 网络产品、服务应当符合相关国家标准的强制性要求。网络产品、服务的提供者不得设置恶意程序；发现其网络产品、服务存在安全缺陷、漏洞等风险时，应当立即采取补救措施，按照规定及时告知用户并向有关主管部门报告。

网络产品、服务的提供者应当为其产品、服务持续提供安全维护；在规定或者当事人约定的期限内，不得终止提供安全维护。

网络产品、服务具有收集用户信息功能的，其提供者应当向用户明示并取得同意；涉及用户个人信息的，还应当遵守本法和有关法律、行政法规关于个人信息保护的规定。

第二十三条 网络关键设备和网络安全专用产品应当按照相关国家标准的强制性要求，由具备资格的机构安全认证合格或者安全检测符合要求后，方可销售或者提供。国家网信部门会同国务院有关部门制定、公布网络关键设备和网络安全专用产品目录，并推动安全认证和安全检测结果互认，避免重复认证、检测。

第二十四条 网络运营者为用户办理网络接入、域名注册服务，办理固定电话、移动电话等入网手续，或者为用户提供信息发布、即时通讯等服务，在与用户签订协议或者确认提供服务时，应当要求用户提供真实身份信息。用户不提供真实身份信息的，网络运营者不得为其提供相关服务。

国家实施网络可信身份战略，支持研究开发安全、方便的电子身份认证技术，推动不同电子身份认证之间的互认。

第二十五条 网络运营者应当制定网络安全事件应急预案，及时处置系统漏洞、计算机病毒、网络攻击、网络侵入等安全风险；在发生危害网络安全的事件时，立即启动应急预案，采取相应的补救措施，并按照规定向有关主管部门报告。

第二十六条 开展网络安全认证、检测、风险评估等活动，向社会发布系统漏洞、计算机病毒、网络攻击、网络侵入等网络安全信息，应当遵守国家有关规定。

第二十七条 任何个人和组织不得从事非法侵入他人网络、干扰他人网络正常功能、窃取网络数据等危害网络安全的活动；不得提供专门用于从事侵入网络、干扰网络正常功能及防护措施、窃取网络数据等危害网络安全活动的程序、工具；明知他人从事危害网络安全的活动的，不得为其提供技术支持、广告推广、支付结算等帮助。

第二十八条 网络运营者应当为公安机关、国家安全机关依法维护国家安全和侦查犯罪的活动提供技术支持和协助。

第二十九条 国家支持网络运营者之间在网络安全信息收集、分析、通报和应急处置等方面进行合作，提高网络运营者的安全保障能力。

有关行业组织建立健全本行业的网络安全保护规范和协作机制，加强对网络安全风险的分析评估，定期向会员进行风险警示，支持、协助会员应对网络安全风险。

第三十条 网信部门和有关部门在履行网络安全保护职责中获取的信息，只能用于维护网络安全的需要，不得用于其他用途。

第二节 关键信息基础设施的运行安全

第三十一条 国家对公共通信和信息服务、能源、交通、水利、金融、公共服务、电子政务等重要行业和领域，以及其他一旦遭到破坏、丧失功能或者数据泄露，可能严重危害国家安全、国计民生、公共利益的关键信息基础设施，在网络安全等级保护制度的基础上，实行重点保护。关键信息基础设施的具体范围和安全保护办法由国务院制定。

国家鼓励关键信息基础设施以外的网络运营者自愿参与关键信息基础设施保护体系。

第三十二条 按照国务院规定的职责分工，负责关键信息基础设施安全保护工作的部门分别编制并组织实施本行业、本领域的关键信息基础设施安全规划，指导和监督关键信息基础设施运行安全保护工作。

第三十三条 建设关键信息基础设施应当确保其具有支持业务稳定、持续运行的性能，并保证安全技术措施同步规划、同步建设、同步使用。

第三十四条 除本法第二十一条的规定外，关键信息基础设施的运营者还应当履行下列安全保护义务：

（一）设置专门安全管理机构和安全管理负责人，并对该负责人和关键岗位的人员进行安全背景审查；

（二）定期对从业人员进行网络安全教育、技术培训和技能考核；

（三）对重要系统和数据库进行容灾备份；

（四）制定网络安全事件应急预案，并定期进行演练；

（五）法律、行政法规规定的其他义务。

第三十五条 关键信息基础设施的运营者采购网络产品和服务，可能影响国家安全的，应当通过国家网信部门会同国务院有关部门组织的国家安全审查。

第三十六条 关键信息基础设施的运营者采购网络产品和服务，应当按照规定与提供者签订安全保密协议，明确安全和保密义务与责任。

第三十七条 关键信息基础设施的运营者在中华人民共和国境内运营中收集和产生的个人信息和重要数据应当在境内存储。因业务需要，确需向境外提供的，应当按照国家网信部门会同国务院有关部门制定的办法进行安全评估；法律、行政法规另有规定的，依照其规定。

第三十八条 关键信息基础设施的运营者应当自行或者委托网络安全服务机构对其网络的安全性和可能存在的风险每年至少进行一次检测评估，并将检测评估情况和改进措施报送相关负责关键信息基础设施安全保护工作的部门。

第三十九条 国家网信部门应当统筹协调有关部门对关键信息基础设施的安全保护采取下列措施：

（一）对关键信息基础设施的安全风险进行抽查检测，提出改进措施，必要时可以委托网络安全服务机构对网络存在的安全风险进行检测评估；

（二）定期组织关键信息基础设施的运营者进行网络安全应急演练，提高应对网络安全事件的水平和协同配合能力；

（三）促进有关部门、关键信息基础设施的运营者以及有关研究机构、网络安全服务机构等之间的网络安全信息共享；

（四）对网络安全事件的应急处置与网络功能的恢复等，提供技术支持和协助。

第四章 网络信息安全

第四十条 网络运营者应当对其收集的用户信息严格保密，并建立健全用户信息保护制度。

第四十一条 网络运营者收集、使用个人信息，应当遵循合法、正当、必要的原则，公开收集、使用规则，明示收集、使用信息的目的、方式和范围，并经被收集者同意。

网络运营者不得收集与其提供的服务无关的个人信息，不得违反法律、行政法规的规定和双方的约定收集、使用个人信息，并应当依照法律、行政法规的规定和与用户的约定，处理其保存的个人信息。

第四十二条 网络运营者不得泄露、篡改、毁损其收集的个人信息；未经被收集者同意，不得向他人提供个人信息。但是，经过处理无法识别特定个人且不能复原的除外。

网络运营者应当采取技术措施和其他必要措施，确保其收集的个人信息安全，防止信息泄露、毁损、丢失。在发生或者可能发生个人信息泄露、毁损、丢失的情况时，应当立即采取补救措施，按照规定及时告知用户并向有关主管部门报告。

第四十三条 个人发现网络运营者违反法律、行政法规的规定或者双方的约定收集、使用其个人信息的，有权要求网络运营者删除其个人信息；发现网络运营者收集、存储的其个人信息有错误的，有权要求网络运营者予以更正。网络运营者应当采取措施予以删除或者更正。

第四十四条 任何个人和组织不得窃取或者以其他非法方式获取个人信息，不得非法出售或者非法向他人提供个人信息。

第四十五条 依法负有网络安全监督管理职责的部门及其工作人员，必须对在履行职责中知悉的个人信息、隐私和商业秘密严格保密，不得泄露、出售或者非法向他人提供。

第四十六条 任何个人和组织应当对其使用网络的行为负责，不得设立用于实施诈骗，传授犯罪方法，制作或者销售违禁物品、管制物品等违法犯罪活动的网站、通讯群组，不得利用网络发布涉及实施诈骗，制作或者销售违禁物品、管制物品以及其他违法犯罪活动的信息。

第四十七条 网络运营者应当加强对其用户发布的信息的管理，发现法律、行政法规禁止发布或者传输的信息的，应当立即停止传输该信息，采取消除等处置措施，防止信息扩散，保存有关记录，并向有关主管部门报告。

第四十八条 任何个人和组织发送的电子信息、提供的应用软件，不得设置恶意程序，不得含有法律、行政法规禁止发布或者传输的信息。

电子信息发送服务提供者和应用软件下载服务提供者，应当履行安全管理义务，知道其用户有前款规定行为的，应当停止提供服务，采取消除等处置措施，保存有关记录，并向有关主管部门报告。

第四十九条 网络运营者应当建立网络信息安全投诉、举报制度，公布投诉、举报方式等信息，及时受理并处理有关网络信息安全的投诉和举报。

网络运营者对网信部门和有关部门依法实施的监督检查，应当予以配合。

第五十条 国家网信部门和有关部门依法履行网络信息安全监督管理职责，发现法律、行政法规禁止发布或者传输的信息的，应当要求网络运营者停止传输，采取消除等处置措施，保存有关记录；对来源于中华人民共和国境外的上述信息，应当通知有关机构采取技术措施和其他必要措施阻断传播。

第五章 监测预警与应急处置

第五十一条 国家建立网络安全监测预警和信息通报制度。国家网信部门应当统筹协调有关部门加强网络安全信息收集、分析和通报工作，按照规定统一发布网络安全监测预警信息。

第五十二条 负责关键信息基础设施安全保护工作的部门，应当建立健全本行业、本领域的网络安全监测预警和信息通报制度，并按照规定报送网络安全监测预警信息。

第五十三条 国家网信部门协调有关部门建立健全网络安全风险评估和应急工作机制，制定网络安全事件应急预案，并定期组织演练。

负责关键信息基础设施安全保护工作的部门应当制定本行业、本领域的网络安全事件应急预案，并定期组织演练。

网络安全事件应急预案应当按照事件发生后的危害程度、影响范围等因素对网络安全事件进行分级，并规定相应的应急处置措施。

第五十四条 网络安全事件发生的风险增大时，省级以上人民政府有关部门应当按照规定的权限和程序，并根据网络安全风险的特点和可能造成的危害，采取下列措施：

（一）要求有关部门、机构和人员及时收集、报告有关信息，加强对网络安全风险的监测；

（二）组织有关部门、机构和专业人员，对网络安全风险信息进行分析评估，预测事件发生的可能性、影响范围和危害程度；

（三）向社会发布网络安全风险预警，发布避免、减轻危害的措施。

第五十五条 发生网络安全事件，应当立即启动网络安全事件应急预案，对网络安全事件进行调查和评估，要求网络运营者采取技术措施和其他必要措施，消除安全隐患，防止危害扩大，并及时向社会发布与公众有关的警示信息。

第五十六条 省级以上人民政府有关部门在履行网络安全监督管理职责中，发现网络存在较大安全风险或者发生安全事件的，可以按照规定的权限和程序对该网络的运营者的法定代表人或者主要负责人进行约谈。网络运营者应当按照要求采取措施，进行整改，消除隐患。

第五十七条 因网络安全事件，发生突发事件或者生产安全事故的，应当依照《中华人民共和国突发事件应对法》、《中华人民共和国安全生产法》等有关法律、行政法规的规定处置。

第五十八条 因维护国家安全和社会公共秩序，处置重大突发社会安全事件的需要，经国务院决定或者批准，可以在特定区域对网络通信采取限制等临时措施。

第六章 法律责任

第五十九条 网络运营者不履行本法第二十一条、第二十五条规定的网络安全保护义务的，由有关主管部门责令改正，给予警告；拒不改正或者导致危害网络安全等后果的，处一万元以上十万元以下罚款，对直接负责的主管人员处五千元以上五万元以下罚款。

关键信息基础设施的运营者不履行本法第三十三条、第三十四条、第三十六条、第三十八条规定的网络安全保护义务的，由有关主管部门责令改正，给予警告；拒不改正或者导致危害网络安全等后果的，处十万元以上一百万元以下罚款，对直接负责的主管人员处一万元以上十万元以下罚款。

第六十条 违反本法第二十二条第一款、第二款和第四十八条第一款规定，有下列行为之一的，由有关主管部门责令改正，给予警告；拒不改正或者导致危害网络安全等后果的，处五万元以上五十万元以下罚款，对直接负责的主管人员处一万元以上十万元以下罚款：

（一）设置恶意程序的；

（二）对其产品、服务存在的安全缺陷、漏洞等风险未立即采取补救措施，或者未按照规定及时告知用户并向有关主管部门报告的；

（三）擅自终止为其产品、服务提供安全维护的。

第六十一条 网络运营者违反本法第二十四条第一款规定，未要求用户提供真实身份信息，或者对不提供真实身份信息的用户提供相关服务的，由有关主管部门责令改正；拒不改正或者情节严重的，处五万元以上五十万元以下罚款，并可以由有关主管部门责令暂停相关业务、停业整顿、关闭网站、吊销相关业务许可证或者吊销营业执照，对直接负责的主管人员和其他直接责任人员处一万元以上十万元以下罚款。

第六十二条 违反本法第二十六条规定，开展网络安全认证、检测、风险评估等活动，或者向社会发布系统漏洞、计算机病毒、网络攻击、网络侵入等网络安全信息的，由有关主管部门责令改正，给予警告；拒不改正或者情节严重的，处一万元以上十万元以下罚款，并可以由有关主管部门责令暂停相关业务、停业整顿、关闭网站、吊销相关业务许可证或者吊销营业执照，对直接负责的主管人员和其他直接责任人员处五千元以上五万元以下罚款。

第六十三条 违反本法第二十七条规定，从事危害网络安全的活动，或者提供专门用于从事危害网络安全活动的程序、工具，或者为他人从事危害网络安全的活动提供技术支持、广告推广、支付结算等帮助，尚不构成犯罪的，由公安机关没收违法所得，处五日以下拘留，可以并处五万元以上五十万元以下罚款；情节较重的，处五日以上十五日以下拘留，可以并处十万元以上一百万元以下罚款。

单位有前款行为的，由公安机关没收违法所得，处十万元以上一百万元以下罚款，并对直接负责的主管人员和其他直接责任人员依照前款规定处罚。

违反本法第二十七条规定，受到治安管理处罚的人员，五年内不得从事网络安全管理和网络运营关键岗位的工作；受到刑事处罚的人员，终身不得从事网络安全管理和网络运营关键岗位的工作。

第六十四条 网络运营者、网络产品或者服务的提供者违反本法第二十二条第三款、第四十一条至第四十三条规定，侵害个人信息依法得到保护的权利的，由有关主管部门责令改正，可以根据情节单处或者并处警告、没收违法所得、处违法所得一倍以上十倍以下罚款，没有违法所得的，处一百万元以下罚款，对直接负责的主管人员和其他直接责任人员处一万元以上十万元以下罚款；情节严重的，并可以责令暂停相关业务、停业整顿、关闭网站、吊销相关业务许可证或者吊销营业执照。

违反本法第四十四条规定，窃取或者以其他非法方式获取、非法出售或者非法向他人提供个人信息，尚不构成犯罪的，由公安机关没收违法所得，并处违法所得一倍以上十倍以下罚款，没有违法所得的，处一百万元以下罚款。

第六十五条 关键信息基础设施的运营者违反本法第三十五条规定，使用未经安全审查或者安全审查未通过的网络产品或者服务的，由有关主管部门责令停止使用，处采购金额一倍以上十倍以下罚款；对直接负责的主管人员和其他直接责任人员处一万元以上十万元以下罚款。

第六十六条 关键信息基础设施的运营者违反本法第三十七条规定，在境外存储网络数据，或者向境外提供网络数据的，由有关主管部门责令改正，给予警告，没收违法所得，处五万元以上五十万元以下罚款，并可以责令暂停相关业务、停业整顿、关闭网站、吊销相关业务许可证或者吊销营业执照；对直接负责的主管人员和其他直接责任人员处一万元以上十万元以下罚款。

第六十七条 违反本法第四十六条规定，设立用于实施违法犯罪活动的网站、通讯群组，或者利用网络发布涉及实施违法犯罪活动的信息，尚不构成犯罪的，由公安机关处五日以下拘留，可以并处一万元以上十万元以下罚款；情节较重的，处五日以上十五日以下拘留，可以并处五万元以上五十万元以下罚款。关闭用于实施违法犯罪活动的网站、通讯群组。

单位有前款行为的，由公安机关处十万元以上五十万元以下罚款，并对直接负责的主管人员和其他直接责任人员依照前款规定处罚。

第六十八条 网络运营者违反本法第四十七条规定，对法律、行政法规禁止发布或者传输的信息未停止传输、采取消除等处置措施、保存有关记录的，由有关主管部门责令改正，给予警告，没收违法所得；拒不改正或者情节严重的，处十万元以上五十万元以下罚款，并可以责令暂停相关业务、停业整顿、关闭网站、吊销相关业务许可证或者吊销营业执照，对直接负责的主管人员和其他直接责任人员处一万元以上十万元以下罚款。

电子信息发送服务提供者、应用软件下载服务提供者，不履行本法第四十八条第二款规定的安全管理义务的，依照前款规定处罚。

第六十九条 网络运营者违反本法规定，有下列行为之一的，由有关主管部门责令改正；拒不改正或者情节严重的，处五万元以上五十万元以下罚款，对直接负责的主管人员和其他直接责任人员，处一万元以上十万元以下罚款：

（一）不按照有关部门的要求对法律、行政法规禁止发布或者传输的信息，采取停止传输、消除等处置措施的；

（二）拒绝、阻碍有关部门依法实施的监督检查的；

（三）拒不向公安机关、国家安全机关提供技术支持和协助的。

第七十条 发布或者传输本法第十二条第二款和其他法律、行政法规禁止发布或者传输的信息的，依照有关法律、行政法规的规定处罚。

第七十一条 有本法规定的违法行为的，依照有关法律、行政法规的规定记入信用档案，并予以公示。

第七十二条 国家机关政务网络的运营者不履行本法规定的网络安全保护义务的，由其上级机关或者有关机关责令改正；对直接负责的主管人员和其他直接责任人员依法给予处分。

第七十三条 网信部门和有关部门违反本法第三十条规定，将在履行网络安全保护职责中获取的信息用于其他用途的，对直接负责的主管人员和其他直接责任人员依法给予处分。

网信部门和有关部门的工作人员玩忽职守、滥用职权、徇私舞弊，尚不构成犯罪的，依法给予处分。

第七十四条 违反本法规定，给他人造成损害的，依法承担民事责任。

违反本法规定，构成违反治安管理行为的，依法给予治安管理处罚；构成犯罪的，依法追究刑事责任。

第七十五条 境外的机构、组织、个人从事攻击、侵入、干扰、破坏等危害中华人民共和国的关键信息基础设施的活动，造成严重后果的，依法追究法律责任；国务院公安部门和有关部门并可以决定对该机构、组织、个人采取冻结财产或者其他必要的制裁措施。

第七章 附 则

第七十六条 本法下列用语的含义：

（一）网络，是指由计算机或者其他信息终端及相关设备组成的按照一定的规则和程序对信息进行收集、存储、传输、交换、处理的系统。

（二）网络安全，是指通过采取必要措施，防范对网络的攻击、侵入、干扰、破坏和非法使用以及意外事故，使网络处于稳定可靠运行的状态，以及保障网络数据的完整性、保密性、可用性的能力。

（三）网络运营者，是指网络的所有者、管理者和网络服务提供者。

（四）网络数据，是指通过网络收集、存储、传输、处理和产生的各种电子数据。

（五）个人信息，是指以电子或者其他方式记录的能够单独或者与其他信息结合识别自然人个人身份的各种信息，包括但不限于自然人的姓名、出生日期、身份证件号码、个人生物识别信息、住址、电话号码等。

第七十七条　存储、处理涉及国家秘密信息的网络的运行安全保护，除应当遵守本法外，还应当遵守保密法律、行政法规的规定。

第七十八条　军事网络的安全保护，由中央军事委员会另行规定。

第七十九条　本法自2017年6月1日起施行。

中华人民共和国个人信息保护法

（2021年8月20日第十三届全国人民代表大会常务委员会第三十次会议通过　2021年8月20日中华人民共和国主席令第91号公布　自2021年11月1日起施行）

目　　录

第一章　总　　则

第一条　为了保护个人信息权益，规范个人信息处理活动，促进个人信息合理利用，根据宪法，制定本法。

第二条　自然人的个人信息受法律保护，任何组织、个人不得侵害自然人的个人信息权益。

第三条　在中华人民共和国境内处理自然人个人信息的活动，适用本法。

在中华人民共和国境外处理中华人民共和国境内自然人个人信

息的活动，有下列情形之一的，也适用本法：

（一）以向境内自然人提供产品或者服务为目的；

（二）分析、评估境内自然人的行为；

（三）法律、行政法规规定的其他情形。

第四条 个人信息是以电子或者其他方式记录的与已识别或者可识别的自然人有关的各种信息，不包括匿名化处理后的信息。

个人信息的处理包括个人信息的收集、存储、使用、加工、传输、提供、公开、删除等。

第五条 处理个人信息应当遵循合法、正当、必要和诚信原则，不得通过误导、欺诈、胁迫等方式处理个人信息。

第六条 处理个人信息应当具有明确、合理的目的，并应当与处理目的直接相关，采取对个人权益影响最小的方式。

收集个人信息，应当限于实现处理目的的最小范围，不得过度收集个人信息。

第七条 处理个人信息应当遵循公开、透明原则，公开个人信息处理规则，明示处理的目的、方式和范围。

第八条 处理个人信息应当保证个人信息的质量，避免因个人信息不准确、不完整对个人权益造成不利影响。

第九条 个人信息处理者应当对其个人信息处理活动负责，并采取必要措施保障所处理的个人信息的安全。

第十条 任何组织、个人不得非法收集、使用、加工、传输他人个人信息，不得非法买卖、提供或者公开他人个人信息；不得从事危害国家安全、公共利益的个人信息处理活动。

第十一条 国家建立健全个人信息保护制度，预防和惩治侵害个人信息权益的行为，加强个人信息保护宣传教育，推动形成政府、企业、相关社会组织、公众共同参与个人信息保护的良好环境。

第十二条 国家积极参与个人信息保护国际规则的制定，促进个人信息保护方面的国际交流与合作，推动与其他国家、地区、国际组织之间的个人信息保护规则、标准等互认。

第二章　个人信息处理规则

第一节　一般规定

第十三条　符合下列情形之一的，个人信息处理者方可处理个人信息：

（一）取得个人的同意；

（二）为订立、履行个人作为一方当事人的合同所必需，或者按照依法制定的劳动规章制度和依法签订的集体合同实施人力资源管理所必需；

（三）为履行法定职责或者法定义务所必需；

（四）为应对突发公共卫生事件，或者紧急情况下为保护自然人的生命健康和财产安全所必需；

（五）为公共利益实施新闻报道、舆论监督等行为，在合理的范围内处理个人信息；

（六）依照本法规定在合理的范围内处理个人自行公开或者其他已经合法公开的个人信息；

（七）法律、行政法规规定的其他情形。

依照本法其他有关规定，处理个人信息应当取得个人同意，但是有前款第二项至第七项规定情形的，不需取得个人同意。

第十四条　基于个人同意处理个人信息的，该同意应当由个人在充分知情的前提下自愿、明确作出。法律、行政法规规定处理个人信息应当取得个人单独同意或者书面同意的，从其规定。

个人信息的处理目的、处理方式和处理的个人信息种类发生变更的，应当重新取得个人同意。

第十五条　基于个人同意处理个人信息的，个人有权撤回其同意。个人信息处理者应当提供便捷的撤回同意的方式。

个人撤回同意，不影响撤回前基于个人同意已进行的个人信息处理活动的效力。

第十六条 个人信息处理者不得以个人不同意处理其个人信息或者撤回同意为由，拒绝提供产品或者服务；处理个人信息属于提供产品或者服务所必需的除外。

第十七条 个人信息处理者在处理个人信息前，应当以显著方式、清晰易懂的语言真实、准确、完整地向个人告知下列事项：

（一）个人信息处理者的名称或者姓名和联系方式；

（二）个人信息的处理目的、处理方式，处理的个人信息种类、保存期限；

（三）个人行使本法规定权利的方式和程序；

（四）法律、行政法规规定应当告知的其他事项。

前款规定事项发生变更的，应当将变更部分告知个人。

个人信息处理者通过制定个人信息处理规则的方式告知第一款规定事项的，处理规则应当公开，并且便于查阅和保存。

第十八条 个人信息处理者处理个人信息，有法律、行政法规规定应当保密或者不需要告知的情形的，可以不向个人告知前条第一款规定的事项。

紧急情况下为保护自然人的生命健康和财产安全无法及时向个人告知的，个人信息处理者应当在紧急情况消除后及时告知。

第十九条 除法律、行政法规另有规定外，个人信息的保存期限应当为实现处理目的所必要的最短时间。

第二十条 两个以上的个人信息处理者共同决定个人信息的处理目的和处理方式的，应当约定各自的权利和义务。但是，该约定不影响个人向其中任何一个个人信息处理者要求行使本法规定的权利。

个人信息处理者共同处理个人信息，侵害个人信息权益造成损害的，应当依法承担连带责任。

第二十一条 个人信息处理者委托处理个人信息的，应当与受托人约定委托处理的目的、期限、处理方式、个人信息的种类、保护措施以及双方的权利和义务等，并对受托人的个人信息处理活动进行监督。

受托人应当按照约定处理个人信息，不得超出约定的处理目的、处理方式等处理个人信息；委托合同不生效、无效、被撤销或者终止的，受托人应当将个人信息返还个人信息处理者或者予以删除，不得保留。

未经个人信息处理者同意，受托人不得转委托他人处理个人信息。

第二十二条　个人信息处理者因合并、分立、解散、被宣告破产等原因需要转移个人信息的，应当向个人告知接收方的名称或者姓名和联系方式。接收方应当继续履行个人信息处理者的义务。接收方变更原先的处理目的、处理方式的，应当依照本法规定重新取得个人同意。

第二十三条　个人信息处理者向其他个人信息处理者提供其处理的个人信息的，应当向个人告知接收方的名称或者姓名、联系方式、处理目的、处理方式和个人信息的种类，并取得个人的单独同意。接收方应当在上述处理目的、处理方式和个人信息的种类等范围内处理个人信息。接收方变更原先的处理目的、处理方式的，应当依照本法规定重新取得个人同意。

第二十四条　个人信息处理者利用个人信息进行自动化决策，应当保证决策的透明度和结果公平、公正，不得对个人在交易价格等交易条件上实行不合理的差别待遇。

通过自动化决策方式向个人进行信息推送、商业营销，应当同时提供不针对其个人特征的选项，或者向个人提供便捷的拒绝方式。

通过自动化决策方式作出对个人权益有重大影响的决定，个人有权要求个人信息处理者予以说明，并有权拒绝个人信息处理者仅通过自动化决策的方式作出决定。

第二十五条　个人信息处理者不得公开其处理的个人信息，取得个人单独同意的除外。

第二十六条　在公共场所安装图像采集、个人身份识别设备，应当为维护公共安全所必需，遵守国家有关规定，并设置显著的提示标识。所收集的个人图像、身份识别信息只能用于维护公共安全的目的，不得用于其他目的；取得个人单独同意的除外。

第二十七条 个人信息处理者可以在合理的范围内处理个人自行公开或者其他已经合法公开的个人信息；个人明确拒绝的除外。个人信息处理者处理已公开的个人信息，对个人权益有重大影响的，应当依照本法规定取得个人同意。

第二节 敏感个人信息的处理规则

第二十八条 敏感个人信息是一旦泄露或者非法使用，容易导致自然人的人格尊严受到侵害或者人身、财产安全受到危害的个人信息，包括生物识别、宗教信仰、特定身份、医疗健康、金融账户、行踪轨迹等信息，以及不满十四周岁未成年人的个人信息。

只有在具有特定的目的和充分的必要性，并采取严格保护措施的情形下，个人信息处理者方可处理敏感个人信息。

第二十九条 处理敏感个人信息应当取得个人的单独同意；法律、行政法规规定处理敏感个人信息应当取得书面同意的，从其规定。

第三十条 个人信息处理者处理敏感个人信息的，除本法第十七条第一款规定的事项外，还应当向个人告知处理敏感个人信息的必要性以及对个人权益的影响；依照本法规定可以不向个人告知的除外。

第三十一条 个人信息处理者处理不满十四周岁未成年人个人信息的，应当取得未成年人的父母或者其他监护人的同意。

个人信息处理者处理不满十四周岁未成年人个人信息的，应当制定专门的个人信息处理规则。

第三十二条 法律、行政法规对处理敏感个人信息规定应当取得相关行政许可或者作出其他限制的，从其规定。

第三节　国家机关处理个人信息的特别规定

第三十三条　国家机关处理个人信息的活动，适用本法；本节有特别规定的，适用本节规定。

第三十四条　国家机关为履行法定职责处理个人信息，应当依照法律、行政法规规定的权限、程序进行，不得超出履行法定职责所必需的范围和限度。

第三十五条　国家机关为履行法定职责处理个人信息，应当依照本法规定履行告知义务；有本法第十八条第一款规定的情形，或者告知将妨碍国家机关履行法定职责的除外。

第三十六条　国家机关处理的个人信息应当在中华人民共和国境内存储；确需向境外提供的，应当进行安全评估。安全评估可以要求有关部门提供支持与协助。

第三十七条　法律、法规授权的具有管理公共事务职能的组织为履行法定职责处理个人信息，适用本法关于国家机关处理个人信息的规定。

第三章　个人信息跨境提供的规则

第三十八条　个人信息处理者因业务等需要，确需向中华人民共和国境外提供个人信息的，应当具备下列条件之一：

（一）依照本法第四十条的规定通过国家网信部门组织的安全评估；

（二）按照国家网信部门的规定经专业机构进行个人信息保护认证；

（三）按照国家网信部门制定的标准合同与境外接收方订立合同，约定双方的权利和义务；

（四）法律、行政法规或者国家网信部门规定的其他条件。

中华人民共和国缔结或者参加的国际条约、协定对向中华人民共和国境外提供个人信息的条件等有规定的，可以按照其规定执行。

个人信息处理者应当采取必要措施，保障境外接收方处理个人信息的活动达到本法规定的个人信息保护标准。

第三十九条 个人信息处理者向中华人民共和国境外提供个人信息的，应当向个人告知境外接收方的名称或者姓名、联系方式、处理目的、处理方式、个人信息的种类以及个人向境外接收方行使本法规定权利的方式和程序等事项，并取得个人的单独同意。

第四十条 关键信息基础设施运营者和处理个人信息达到国家网信部门规定数量的个人信息处理者，应当将在中华人民共和国境内收集和产生的个人信息存储在境内。确需向境外提供的，应当通过国家网信部门组织的安全评估；法律、行政法规和国家网信部门规定可以不进行安全评估的，从其规定。

第四十一条 中华人民共和国主管机关根据有关法律和中华人民共和国缔结或者参加的国际条约、协定，或者按照平等互惠原则，处理外国司法或者执法机构关于提供存储于境内个人信息的请求。非经中华人民共和国主管机关批准，个人信息处理者不得向外国司法或者执法机构提供存储于中华人民共和国境内的个人信息。

第四十二条 境外的组织、个人从事侵害中华人民共和国公民的个人信息权益，或者危害中华人民共和国国家安全、公共利益的个人信息处理活动的，国家网信部门可以将其列入限制或者禁止个人信息提供清单，予以公告，并采取限制或者禁止向其提供个人信息等措施。

第四十三条 任何国家或者地区在个人信息保护方面对中华人民共和国采取歧视性的禁止、限制或者其他类似措施的，中华人民共和国可以根据实际情况对该国家或者地区对等采取措施。

第四章 个人在个人信息处理活动中的权利

第四十四条 个人对其个人信息的处理享有知情权、决定权，有权限制或者拒绝他人对其个人信息进行处理；法律、行政法规另有规定的除外。

第四十五条 个人有权向个人信息处理者查阅、复制其个人信息；有本法第十八条第一款、第三十五条规定情形的除外。

个人请求查阅、复制其个人信息的，个人信息处理者应当及时提供。

个人请求将个人信息转移至其指定的个人信息处理者，符合国家网信部门规定条件的，个人信息处理者应当提供转移的途径。

第四十六条 个人发现其个人信息不准确或者不完整的，有权请求个人信息处理者更正、补充。

个人请求更正、补充其个人信息的，个人信息处理者应当对其个人信息予以核实，并及时更正、补充。

第四十七条 有下列情形之一的，个人信息处理者应当主动删除个人信息；个人信息处理者未删除的，个人有权请求删除：

（一）处理目的已实现、无法实现或者为实现处理目的不再必要；

（二）个人信息处理者停止提供产品或者服务，或者保存期限已届满；

（三）个人撤回同意；

（四）个人信息处理者违反法律、行政法规或者违反约定处理个人信息；

（五）法律、行政法规规定的其他情形。

法律、行政法规规定的保存期限未届满，或者删除个人信息从技术上难以实现的，个人信息处理者应当停止除存储和采取必要的安全保护措施之外的处理。

第四十八条 个人有权要求个人信息处理者对其个人信息处理规则进行解释说明。

第四十九条 自然人死亡的，其近亲属为了自身的合法、正当利益，可以对死者的相关个人信息行使本章规定的查阅、复制、更正、删除等权利；死者生前另有安排的除外。

第五十条 个人信息处理者应当建立便捷的个人行使权利的申

请受理和处理机制。拒绝个人行使权利的请求的，应当说明理由。

个人信息处理者拒绝个人行使权利的请求的，个人可以依法向人民法院提起诉讼。

第五章　个人信息处理者的义务

第五十一条　个人信息处理者应当根据个人信息的处理目的、处理方式、个人信息的种类以及对个人权益的影响、可能存在的安全风险等，采取下列措施确保个人信息处理活动符合法律、行政法规的规定，并防止未经授权的访问以及个人信息泄露、篡改、丢失：

（一）制定内部管理制度和操作规程；

（二）对个人信息实行分类管理；

（三）采取相应的加密、去标识化等安全技术措施；

（四）合理确定个人信息处理的操作权限，并定期对从业人员进行安全教育和培训；

（五）制定并组织实施个人信息安全事件应急预案；

（六）法律、行政法规规定的其他措施。

第五十二条　处理个人信息达到国家网信部门规定数量的个人信息处理者应当指定个人信息保护负责人，负责对个人信息处理活动以及采取的保护措施等进行监督。

个人信息处理者应当公开个人信息保护负责人的联系方式，并将个人信息保护负责人的姓名、联系方式等报送履行个人信息保护职责的部门。

第五十三条　本法第三条第二款规定的中华人民共和国境外的个人信息处理者，应当在中华人民共和国境内设立专门机构或者指定代表，负责处理个人信息保护相关事务，并将有关机构的名称或者代表的姓名、联系方式等报送履行个人信息保护职责的部门。

第五十四条　个人信息处理者应当定期对其处理个人信息遵守法律、行政法规的情况进行合规审计。

第五十五条　有下列情形之一的，个人信息处理者应当事前进行个人信息保护影响评估，并对处理情况进行记录：

（一）处理敏感个人信息；

（二）利用个人信息进行自动化决策；

（三）委托处理个人信息、向其他个人信息处理者提供个人信息、公开个人信息；

（四）向境外提供个人信息；

（五）其他对个人权益有重大影响的个人信息处理活动。

第五十六条 个人信息保护影响评估应当包括下列内容：

（一）个人信息的处理目的、处理方式等是否合法、正当、必要；

（二）对个人权益的影响及安全风险；

（三）所采取的保护措施是否合法、有效并与风险程度相适应。

个人信息保护影响评估报告和处理情况记录应当至少保存三年。

第五十七条 发生或者可能发生个人信息泄露、篡改、丢失的，个人信息处理者应当立即采取补救措施，并通知履行个人信息保护职责的部门和个人。通知应当包括下列事项：

（一）发生或者可能发生个人信息泄露、篡改、丢失的信息种类、原因和可能造成的危害；

（二）个人信息处理者采取的补救措施和个人可以采取的减轻危害的措施；

（三）个人信息处理者的联系方式。

个人信息处理者采取措施能够有效避免信息泄露、篡改、丢失造成危害的，个人信息处理者可以不通知个人；履行个人信息保护职责的部门认为可能造成危害的，有权要求个人信息处理者通知个人。

第五十八条 提供重要互联网平台服务、用户数量巨大、业务类型复杂的个人信息处理者，应当履行下列义务：

（一）按照国家规定建立健全个人信息保护合规制度体系，成立主要由外部成员组成的独立机构对个人信息保护情况进行监督；

（二）遵循公开、公平、公正的原则，制定平台规则，明确平台内产品或者服务提供者处理个人信息的规范和保护个人信息的义务；

（三）对严重违反法律、行政法规处理个人信息的平台内的产品或者服务提供者，停止提供服务；

（四）定期发布个人信息保护社会责任报告，接受社会监督。

第五十九条 接受委托处理个人信息的受托人，应当依照本法和有关法律、行政法规的规定，采取必要措施保障所处理的个人信息的安全，并协助个人信息处理者履行本法规定的义务。

第六章 履行个人信息保护职责的部门

第六十条 国家网信部门负责统筹协调个人信息保护工作和相关监督管理工作。国务院有关部门依照本法和有关法律、行政法规的规定，在各自职责范围内负责个人信息保护和监督管理工作。

县级以上地方人民政府有关部门的个人信息保护和监督管理职责，按照国家有关规定确定。

前两款规定的部门统称为履行个人信息保护职责的部门。

第六十一条 履行个人信息保护职责的部门履行下列个人信息保护职责：

（一）开展个人信息保护宣传教育，指导、监督个人信息处理者开展个人信息保护工作；

（二）接受、处理与个人信息保护有关的投诉、举报；

（三）组织对应用程序等个人信息保护情况进行测评，并公布测评结果；

（四）调查、处理违法个人信息处理活动；

（五）法律、行政法规规定的其他职责。

第六十二条 国家网信部门统筹协调有关部门依据本法推进下列个人信息保护工作：

（一）制定个人信息保护具体规则、标准；

（二）针对小型个人信息处理者、处理敏感个人信息以及人脸识别、人工智能等新技术、新应用，制定专门的个人信息保护规则、标准；

（三）支持研究开发和推广应用安全、方便的电子身份认证技术，推进网络身份认证公共服务建设；

（四）推进个人信息保护社会化服务体系建设，支持有关机构开展个人信息保护评估、认证服务；

（五）完善个人信息保护投诉、举报工作机制。

第六十三条 履行个人信息保护职责的部门履行个人信息保护职责，可以采取下列措施：

（一）询问有关当事人，调查与个人信息处理活动有关的情况；

（二）查阅、复制当事人与个人信息处理活动有关的合同、记录、账簿以及其他有关资料；

（三）实施现场检查，对涉嫌违法的个人信息处理活动进行调查；

（四）检查与个人信息处理活动有关的设备、物品；对有证据证明是用于违法个人信息处理活动的设备、物品，向本部门主要负责人书面报告并经批准，可以查封或者扣押。

履行个人信息保护职责的部门依法履行职责，当事人应当予以协助、配合，不得拒绝、阻挠。

第六十四条 履行个人信息保护职责的部门在履行职责中，发现个人信息处理活动存在较大风险或者发生个人信息安全事件的，可以按照规定的权限和程序对该个人信息处理者的法定代表人或者主要负责人进行约谈，或者要求个人信息处理者委托专业机构对其个人信息处理活动进行合规审计。个人信息处理者应当按照要求采取措施，进行整改，消除隐患。

履行个人信息保护职责的部门在履行职责中，发现违法处理个人信息涉嫌犯罪的，应当及时移送公安机关依法处理。

第六十五条 任何组织、个人有权对违法个人信息处理活动向履行个人信息保护职责的部门进行投诉、举报。收到投诉、举报的部门应当依法及时处理，并将处理结果告知投诉、举报人。

履行个人信息保护职责的部门应当公布接受投诉、举报的联系方式。

第七章　法律责任

第六十六条　违反本法规定处理个人信息，或者处理个人信息未履行本法规定的个人信息保护义务的，由履行个人信息保护职责的部门责令改正，给予警告，没收违法所得，对违法处理个人信息的应用程序，责令暂停或者终止提供服务；拒不改正的，并处一百万元以下罚款；对直接负责的主管人员和其他直接责任人员处一万元以上十万元以下罚款。

有前款规定的违法行为，情节严重的，由省级以上履行个人信息保护职责的部门责令改正，没收违法所得，并处五千万元以下或者上一年度营业额百分之五以下罚款，并可以责令暂停相关业务或者停业整顿、通报有关主管部门吊销相关业务许可或者吊销营业执照；对直接负责的主管人员和其他直接责任人员处十万元以上一百万元以下罚款，并可以决定禁止其在一定期限内担任相关企业的董事、监事、高级管理人员和个人信息保护负责人。

第六十七条　有本法规定的违法行为的，依照有关法律、行政法规的规定记入信用档案，并予以公示。

第六十八条　国家机关不履行本法规定的个人信息保护义务的，由其上级机关或者履行个人信息保护职责的部门责令改正；对直接负责的主管人员和其他直接责任人员依法给予处分。

履行个人信息保护职责的部门的工作人员玩忽职守、滥用职权、徇私舞弊，尚不构成犯罪的，依法给予处分。

第六十九条　处理个人信息侵害个人信息权益造成损害，个人信息处理者不能证明自己没有过错的，应当承担损害赔偿等侵权责任。

前款规定的损害赔偿责任按照个人因此受到的损失或者个人信

息处理者因此获得的利益确定；个人因此受到的损失和个人信息处理者因此获得的利益难以确定的，根据实际情况确定赔偿数额。

第七十条 个人信息处理者违反本法规定处理个人信息，侵害众多个人的权益的，人民检察院、法律规定的消费者组织和由国家网信部门确定的组织可以依法向人民法院提起诉讼。

第七十一条 违反本法规定，构成违反治安管理行为的，依法给予治安管理处罚；构成犯罪的，依法追究刑事责任。

第八章 附 则

第七十二条 自然人因个人或者家庭事务处理个人信息的，不适用本法。

法律对各级人民政府及其有关部门组织实施的统计、档案管理活动中的个人信息处理有规定的，适用其规定。

第七十三条 本法下列用语的含义：

（一）个人信息处理者，是指在个人信息处理活动中自主决定处理目的、处理方式的组织、个人。

（二）自动化决策，是指通过计算机程序自动分析、评估个人的行为习惯、兴趣爱好或者经济、健康、信用状况等，并进行决策的活动。

（三）去标识化，是指个人信息经过处理，使其在不借助额外信息的情况下无法识别特定自然人的过程。

（四）匿名化，是指个人信息经过处理无法识别特定自然人且不能复原的过程。

第七十四条 本法自 2021 年 11 月 1 日起施行。

全国人民代表大会常务委员会关于加强网络信息保护的决定

（2012年12月28日第十一届全国人民代表大会常务委员会第三十次会议通过）

为了保护网络信息安全，保障公民、法人和其他组织的合法权益，维护国家安全和社会公共利益，特作如下决定：

一、国家保护能够识别公民个人身份和涉及公民个人隐私的电子信息。

任何组织和个人不得窃取或者以其他非法方式获取公民个人电子信息，不得出售或者非法向他人提供公民个人电子信息。

二、网络服务提供者和其他企业事业单位在业务活动中收集、使用公民个人电子信息，应当遵循合法、正当、必要的原则，明示收集、使用信息的目的、方式和范围，并经被收集者同意，不得违反法律、法规的规定和双方的约定收集、使用信息。

网络服务提供者和其他企业事业单位收集、使用公民个人电子信息，应当公开其收集、使用规则。

三、网络服务提供者和其他企业事业单位及其工作人员对在业务活动中收集的公民个人电子信息必须严格保密，不得泄露、篡改、毁损，不得出售或者非法向他人提供。

四、网络服务提供者和其他企业事业单位应当采取技术措施和其他必要措施，确保信息安全，防止在业务活动中收集的公民个人电子信息泄露、毁损、丢失。在发生或者可能发生信息泄露、毁损、丢失的情况时，应当立即采取补救措施。

五、网络服务提供者应当加强对其用户发布的信息的管理，发现法律、法规禁止发布或者传输的信息的，应当立即停止传输该信息，采取消除等处置措施，保存有关记录，并向有关主管部门报告。

六、网络服务提供者为用户办理网站接入服务，办理固定电话、移动电话等入网手续，或者为用户提供信息发布服务，应当在与用户签订协议或者确认提供服务时，要求用户提供真实身份信息。

七、任何组织和个人未经电子信息接收者同意或者请求，或者电子信息接收者明确表示拒绝的，不得向其固定电话、移动电话或者个人电子邮箱发送商业性电子信息。

八、公民发现泄露个人身份、散布个人隐私等侵害其合法权益的网络信息，或者受到商业性电子信息侵扰的，有权要求网络服务提供者删除有关信息或者采取其他必要措施予以制止。

九、任何组织和个人对窃取或者以其他非法方式获取、出售或者非法向他人提供公民个人电子信息的违法犯罪行为以及其他网络信息违法犯罪行为，有权向有关主管部门举报、控告；接到举报、控告的部门应当依法及时处理。被侵权人可以依法提起诉讼。

十、有关主管部门应当在各自职权范围内依法履行职责，采取技术措施和其他必要措施，防范、制止和查处窃取或者以其他非法方式获取、出售或者非法向他人提供公民个人电子信息的违法犯罪行为以及其他网络信息违法犯罪行为。有关主管部门依法履行职责时，网络服务提供者应当予以配合，提供技术支持。

国家机关及其工作人员对在履行职责中知悉的公民个人电子信息应当予以保密，不得泄露、篡改、毁损，不得出售或者非法向他人提供。

十一、对有违反本决定行为的，依法给予警告、罚款、没收违法所得、吊销许可证或者取消备案、关闭网站、禁止有关责任人员从事网络服务业务等处罚，记入社会信用档案并予以公布；构成违反治安管理行为的，依法给予治安管理处罚。构成犯罪的，依法追究刑事责任。侵害他人民事权益的，依法承担民事责任。

十二、本决定自公布之日起施行。

附录二

本书所涉文件目录

一、法律

2007 年 8 月 30 日　中华人民共和国突发事件应对法
2009 年 6 月 27 日　中华人民共和国统计法
2010 年 4 月 29 日　中华人民共和国保守国家秘密法
2011 年 6 月 30 日　中华人民共和国行政强制法
2012 年 10 月 26 日　中华人民共和国治安管理处罚法
2014 年 8 月 31 日　中华人民共和国政府采购法
2015 年 3 月 15 日　中华人民共和国立法法
2015 年 7 月 1 日　中华人民共和国国家安全法
2015 年 8 月 29 日　中华人民共和国促进科技成果转化法
2016 年 11 月 7 日　中华人民共和国网络安全法
2016 年 11 月 7 日　中华人民共和国对外贸易法
2017 年 11 月 4 日　中华人民共和国境外非政府组织境内活动管理法
2017 年 11 月 4 日　中华人民共和国标准化法
2017 年 12 月 27 日　中华人民共和国招标投标法
2018 年 3 月 20 日　中华人民共和国监察法
2018 年 4 月 27 日　中华人民共和国国家情报法
2018 年 4 月 27 日　中华人民共和国反恐怖主义法
2018 年 8 月 31 日　中华人民共和国电子商务法
2018 年 10 月 26 日　中华人民共和国残疾人保障法
2018 年 10 月 26 日　中华人民共和国刑事诉讼法
2018 年 10 月 26 日　中华人民共和国国际刑事司法协助法

2018 年 12 月 29 日　中华人民共和国公务员法
2018 年 12 月 29 日　中华人民共和国老年人权益保障法
2019 年 3 月 15 日　中华人民共和国外商投资法
2019 年 4 月 23 日　中华人民共和国行政许可法
2019 年 4 月 23 日　中华人民共和国反不正当竞争法
2019 年 10 月 26 日　中华人民共和国密码法
2020 年 5 月 28 日　中华人民共和国民法典
2020 年 6 月 20 日　中华人民共和国档案法
2020 年 10 月 17 日　中华人民共和国生物安全法
2020 年 10 月 17 日　中华人民共和国出口管制法
2020 年 12 月 26 日　中华人民共和国刑法
2021 年 1 月 22 日　中华人民共和国行政处罚法
2021 年 4 月 29 日　中华人民共和国教育法
2021 年 6 月 10 日　中华人民共和国反外国制裁法
2021 年 6 月 10 日　中华人民共和国海南自由贸易港法
2021 年 8 月 20 日　中华人民共和国个人信息保护法
2021 年 12 月 24 日　中华人民共和国科学技术进步法
2022 年 4 月 20 日　中华人民共和国期货和衍生品法

二、行政法规及文件

2016 年 2 月 6 日　中华人民共和国电信条例
2019 年 4 月 3 日　中华人民共和国政府信息公开条例
2019 年 10 月 22 日　优化营商环境条例
2021 年 7 月 30 日　关键信息基础设施安全保护条例
2013 年 10 月 25 日　突发事件应急预案管理办法
2018 年 3 月 17 日　科学数据管理办法
2019 年 4 月 26 日　国务院关于在线政务服务的若干规定
2019 年 12 月 30 日　国家政务信息化项目建设管理办法
2022 年 6 月 6 日　国务院关于加强数字政府建设的指导意见
2022 年 9 月 13 日　全国一体化政务大数据体系建设指南

三、部门规章及文件

2005年8月18日	个人信用信息基础数据库管理暂行办法
2013年7月16日	电信和互联网用户个人信息保护规定
2015年4月28日	互联网新闻信息服务单位约谈工作规定
2016年8月17日	网络借贷信息中介机构业务活动管理暂行办法
2017年1月10日	国家网络安全事件应急预案
2017年8月9日	公共互联网网络安全威胁监测与处置办法
2017年10月1日	民政部关于统筹推进民政信息化建设的指导意见
2018年1月22日	教育部机关及直属事业单位教育数据管理办法
2018年7月12日	国家健康医疗大数据标准、安全和服务管理办法（试行）
2018年9月27日	证券期货业数据分类分级指引
2019年4月18日	国务院安委会办公室、国家减灾委办公室、应急管理部关于加强应急基础信息管理的通知
2019年7月26日	工业和信息化部、教育部、人力资源和社会保障部、生态环境部、国家卫生健康委员会、应急管理部国务院国有资产监督管理委员会、国家市场监督管理总局、国家能源局、国家国防科技工业局《加强工业互联网安全工作的指导意见
2019年12月15日	网络信息内容生态治理规定
2020年2月27日	工业数据分类分级指南（试行）
2020年9月15日	中国人民银行金融消费者权益保护实施办法
2020年9月23日	中国银保监会监管数据安全管理办法（试行）
2020年11月18日	文化和旅游部政务数据资源管理办法（试行）

2020年11月30日	文化和旅游部、国家发展改革委、教育部、工业和信息化部、公安部、财政部、交通运输部、农业农村部、商务部、市场监管总局《关于深化“互联网+旅游”推动旅游业高质量发展的意见》
2020年12月7日	互联网保险业务监管办法
2020年12月23日	国家发展改革委、中央网信办、工业和信息化部、国家能源局《关于加快构建全国一体化大数据中心协同创新体系的指导意见》
2021年1月9日	阻断外国法律与措施不当域外适用办法
2021年3月15日	网络交易监督管理办法
2021年4月6日	交通运输政务数据共享管理办法
2021年8月11日	小微型客车租赁经营服务管理办法
2021年8月16日	汽车数据安全管理若干规定（试行）
2021年9月15日	工业和信息化部关于加强车联网网络安全和数据安全工作的通知
2021年12月28日	网络安全审查办法
2022年7月7日	数据出境安全评估办法
2022年9月26日	民政部《贯彻落实〈国务院关于加强数字政府建设的指导意见〉的实施方案》

四、司法解释及文件

2016年9月9日	最高人民法院、最高人民检察院、公安部关于办理刑事案件收集提取和审查判断电子数据若干问题的规定
2022年1月26日	人民法院在线运行规则
2022年8月26日	最高人民法院、最高人民检察院、公安部关于办理信息网络犯罪案件适用刑事诉讼程序若干问题的意见

五、国家标准

2019 年 5 月 10 日　智能交通数据安全服务

2019 年 8 月 30 日　信息安全技术大数据安全管理指南

2019 年 8 月 30　信息安全技术数据安全能力成熟度模型

2020 年 11 月 19 日　信息安全技术政务信息共享数据安全技术要求

2020 年 12 月 14 日　信息安全技术健康医疗数据安全指南

图书在版编目（CIP）数据

数据安全法一本通／法规应用研究中心编．—北京：中国法制出版社，2023.1

（法律一本通；20）

ISBN 978-7-5216-3161-6

Ⅰ.①数… Ⅱ.①法… Ⅲ.①数据管理-安全管理-科学技术管理法规-基本知识-中国 Ⅳ.①D922.170.4

中国版本图书馆 CIP 数据核字（2022）第 215169 号

责任编辑：孙　静　　封面设计：杨泽江

数据安全法一本通

SHUJU ANQUANFA YIBENTONG

编者/法规应用研究中心

经销/新华书店

印刷/三河市国英印务有限公司

开本/880 毫米×1230 毫米　32 开　　印张/9.375　字数/223 千

版次/2023 年 1 月第 1 版　　2023 年 1 月第 1 次印刷

中国法制出版社出版

书号 ISBN 978-7-5216-3161-6　　定价：36.00 元

北京市西城区西便门西里甲 16 号西便门办公区

邮政编码：100053　　传真：010-63141600

网址：http：//www.zgfzs.com　　编辑部电话：010-63141787

市场营销部电话：010-63141612　　印务部电话：010-63141606

法律一本通丛书．第九版

1. 民法典一本通
2. 刑法一本通
3. 行政法一本通
4. 土地管理法一本通
5. 农村土地承包法一本通
6. 道路交通安全法一本通
7. 劳动法一本通
8. 劳动合同法一本通
9. 公司法一本通
10. 安全生产法一本通
11. 税法一本通
12. 产品质量法、食品安全法、消费者权益保护法一本通
13. 公务员法一本通
14. 商标法、专利法、著作权法一本通
15. 民事诉讼法一本通
16. 刑事诉讼法一本通
17. 行政复议法、行政诉讼法一本通
18. 个人信息保护法一本通
19. 行政处罚法一本通
20. 数据安全法一本通
21. 网络安全法、数据安全法、个人信息保护法一本通
22. 监察法、监察官法、监察法实施条例一本通
23. 法律援助法一本通
24. 家庭教育促进法、未成年人保护法、预防未成年人犯罪法一本通
25. 工会法一本通
26. 科学技术进步法一本通
27. 职业教育法一本通
28. 反垄断法一本通
29. 体育法一本通
30. 反电信网络诈骗法一本通
31. 农产品质量安全法一本通
32. 妇女权益保障法一本通
33. 治安管理处罚法一本通
34. 企业破产法一本通
35. 保险法一本通
36. 证券法一本通
37. 劳动争议调解仲裁法一本通
38. 劳动法、劳动合同法、劳动争议调解仲裁法一本通
39. 未成年人保护法、妇女权益保障法、老年人权益保障法一本通